《围棋与名城》丛书

围棋与桂林

桂林市围棋协会 编

白起一　王洪军 主编

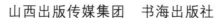

山西出版传媒集团　书海出版社

图书在版编目（CIP）数据

围棋与桂林 / 白起一，王洪军主编；桂林围棋协会
编 . —太原：书海出版社，2024.1
（围棋与名城丛书）
ISBN 978-7-5571-0132-9

Ⅰ . ①围…　Ⅱ . ①白…　②王…　③桂…　Ⅲ . ①围棋 -
体育文化 - 桂林　Ⅳ . ①G891.3

中国国家版本馆 CIP 数据核字（2023）第 237151 号

围棋与桂林

主　　编：	白起一　王洪军
编　　者：	桂林围棋协会
责任编辑：	傅晓红
复　　审：	冯　昭
终　　审：	梁晋华
装帧设计：	谢　成

出 版 者：山西出版传媒集团·书海出版社
地　　址：太原市建设南路 21 号
邮　　编：030012
发行营销：0351-4922220　4955996　4956039　4922127（传真）
天猫官网：https:// sxrmcbs.tmall.com　电话：0351-4922159
E - mail：sxskcb@163.com　发行部
　　　　　 sxskcb@126.com　总编室
网　　址：www.sxskcb.com

经 销 者：山西出版传媒集团·书海出版社
承 印 厂：山西出版传媒集团·山西人民印刷有限责任公司

开　　本：720mm×1020mm　　1/16
印　　张：20.5
字　　数：300 千字
版　　次：2024 年 1 月　第 1 版
印　　次：2024 年 1 月　第 1 次印刷
书　　号：ISBN 978-7-5571-0132-9
定　　价：68.00 元

如有印装质量问题请与本社联系调换

前　言

　　组织全国各地的围棋协会，编写出版反映各地著名城市的围棋历史、文化、人物、故事和发展现状的系列丛书，是新一届中国围棋协会为深入学习贯彻习近平总书记重要指示所抓的大型围棋文化工程。2004年10月，习近平同志在浙江省衢州市调研时首次提出"围棋文化"的概念，并明确指出："围棋文化要进一步提高运作水平，开展一些有影响的活动。"这是迄今党和国家主要领导人关于加强围棋文化建设的明确指示要求，具有重要而深远的指导意义。编写《围棋与名城》丛书，正是按照习总书记的要求，自觉坚守中华文化立场，挖掘、传承、弘扬围棋文化，讲好中国围棋故事的实际行动。

　　《围棋与名城》丛书旨在挖掘、整理全国各地有价值、有特色的围棋文化，讲好当地围棋故事，使之成为城市的一张特殊名片。丛书是一项基础性、系统性、开创性的文化工程，是全国围棋文化建设的重要组成部分，它的重要意义在于：第一，是推动围棋文化全面发展的基础性工作。围棋文化的发展方向众多，其中一项基础性工作，即地方围棋文化的挖掘、整理、研究。这项工作过去没有系统地、有组织地进行过。在围棋事业快速、多样化发展的今天，这种基础性工作越来越显示出它的重要性和必要性。第二，是国家围棋文化建设与地方围棋文化建设相结合的工程。讲好中国围棋故事是讲好中国故事的重要组成部分，中国围棋故事是由各地围棋故事组成的。第三，是推动中国围棋名城建设的品牌性、标志性项目。我们要打造围棋名城，首先要把名片做好，一本既有史料价值又有指导意义的围棋书就是金名片。第四，是实现围棋文化成果与人才培养双丰收的根本性措施。围棋文化要出成果，更要出人才。围棋文化人才潜在的数量很大，编写《围棋与名城》是对各地围棋文化人才的一次发现、检验、提高，有利于建设中国围棋文化人才库。

《围棋与名城》有明确的定位。一是围棋形态的史志书；二是当地领导者、围棋工作者、围棋教育者、围棋爱好者使用的教科书；三是方便查询、方便使用、方便宣传、方便传播的工具书；四是本城市作为"围棋名城"的说明书；五是讲好当地围棋故事、具有可读性的故事书。

丛书各册主要包括四方面内容：第一，历史。围棋在本地发展的历史脉络；第二，文化。围棋在本地发展过程中形成的独特文化以及与文学、书画、戏曲等其他文化互为载体的关系；第三，人物。古往今来的围棋人，包括下围棋的人、支持围棋事业的人、从事围棋行业的人，等等；第四，现实。就是围棋的现实发展，包括赛事、活动、普及、交流，等等。每本书都与城市的社会、经济、文化、体育发展相结合。

在编写过程中，我们要求各分册编委会严格把握五条标准，即：一、政治标准。就是以党的十九大精神，习近平新时代中国特色社会主义思想，特别是关于文化体育的论述为指导和要求。二、史志标准。所有的史料要经得起推敲。三、学术标准。涉及棋谱、课题的研究时，要达到学术要求。四、专业标准。就是围棋的专业标准。比如，提到的比赛、活动要符合体育总局、中国围棋协会的政策、要求、规范。五、出版标准。文字准确、精炼，图片清晰，体例、格式等符合出版社要求。

从2014年我组织调研到2019年主抓召开编写工作会议，历时7年，第一批43部书稿终于进入出版流程。在丛书编写过程中，各地体育部门、围棋协会的负责同志，以及具体的编写人员都本着积极奉献、责任担当、深入刻苦、包容大度、勇于创新、客观求实的态度，整合各方力量，调动各方积极性，很好地完成了各自的任务。山西人民出版社从承办会议到编辑设计，做了大量工作。作为身处伟大时代的围棋人，我们一起克服了很多困难，为解决棋迷的需要、国家的需要、时代的需要做出了贡献，承担了自己的责任担当，履行了自己的历史使命。我们要持之以恒，继续研究，不断改进，更好地完善这一无愧于时代，无愧于后人的重要基础性工程，为中华优秀围棋文化的传承发扬做出更大贡献。

中国围棋协会主席　林建超

2021年6月12日

目 录

概　述

　　"桂林山水甲天下"这句话流传已久，桂林以山水名城享誉世界，以至于掩盖了桂林作为历史文化名城的光彩，其实，桂林是国务院第一批公布的中国历史文化名城。

　　早在秦代时，秦大将史禄就带兵顺湘江而下，抵达桂林，并修筑了著名的水利工程灵渠，沟通湘江与漓江，不但使军队和粮食直入南疆，而且把中原文化通过荆楚大地送到岭南，桂林从此成为中原文化的转运站，也成为岭南重要的文化城。历代著名的文人如柳宗元、宋之问、李商隐都在桂林留下了足迹。围棋作为历代文人的喜好之物，也很早就传到了桂林，从唐代开始，每个时代都有围棋活动的记载和诗文，但都发展不快。

　　清末，桂林的围棋活动有了一次中兴。主要原因在于当时的桂林名人唐景崧喜欢围棋，倡导围棋。唐景崧于光绪年间曾因入越南组织抗法的军功，提为台湾署理巡抚。《马关条约》后清朝割让台湾，他受台湾士绅百姓推举组织抗日，后兵败逃回大陆，回老家桂林筑"五美园"居住，身边聚集了不少桂林当时的文人雅士，其中自然有不少围棋爱好者。唐景崧还专门修筑了一座"看棋亭"，成为桂林的弈棋胜地，其中也涌现了一些高手。听桂林围棋前辈黄槎客先生说，当时的桂林第一高手辛甫廷曾北上与大国手周小松弈棋，水平仅差两子。

　　后来国运颓败，桂林的围棋活动也日渐式微。但桂林全州雷家的围棋却大放异彩。雷家本就是围棋世家，清末民初，雷祖廸到北京为官，他的三个儿子都是围棋高手，特别是雷溥华曾与当时的少年神童吴清源对弈，少年吴清源已大有名气，但也败于雷溥华。新中国成立后，雷溥华还指导过聂卫平，此是后话了。

抗战时很多文化人聚集桂林，其中有一些围棋高手也流散到桂，如著名棋手刘棣怀就到过桂林。因当时的桂林名手汪振雄在上海就是刘的棋友和好友，且当时的国民政府桂林行辕主任李济深将军也是一位围棋爱好者，他曾聘用汪振雄为秘书。更兼当时广西的当政者李宗仁、白崇禧也懂围棋，所以对围棋活动也有所推动。但国事危艰，人民生活动荡不安，围棋活动也就没有了开展的环境。

直至新中国成立后，人民生活水平逐步改善，在政府的倡导下，桂林围棋逐渐活跃起来。在桂林乐群路有个乐群茶舍，供人喝茶下棋，但下象棋者居多，下围棋者少。大多数下围棋的人都是在家里下，因此桂林围棋只有著名的三大家：黄家、潘家、龚家。黄家是桂林书香门第，黄槎客先生是文化学者，诗书画俱佳，围棋也是桂林一流高手，所以他家里聚集了不少围棋高手，如赵世裕、黄文续、黄履先、侯正修等人。更兼他的小儿子黄进先初中时就崭露头角，所以黄家围棋是桂林最盛之地。潘家是世家大族，家人朋友里有不少围棋爱好者，加上潘家在50年代也出了一位少年高手潘世兰，棋艺仅次于黄进先，所以也常有棋友聚会。龚焕文两兄弟也是围棋好手，龚焕文的棋艺也是桂林一流，棋风彪悍，深得古棋士要旨，可惜年纪较大，家里去的棋手就少一些。

当时桂林围棋水平最高的就是汪振雄，是有名的国手，指导过陈祖德等青年才俊。但他常年在上海工作，回桂林的时间不多，所以桂林的棋手向他讨教的机会也少。这种现象直到袁兆骥老师来桂才有所改观。

袁兆骥是大学老师，50年代全国大学院系调整后到桂林冶金地质学校当老师。当时他30多岁，棋艺高超，与汪振雄在伯仲之间，1959年在广西第一届全运会上代表桂林队夺得冠军。袁老师乐于教人，黄进先、潘世兰都得到他的指点，进步很快，特别是黄进先，1962年在中南五省围棋赛中与袁老师并列冠军。1963年夺得广西冠军。机缘巧合，1963年，当时的华北局书记李立三到桂林，曾与黄进先对弈一局，很看重他的棋才，回京后向国家体委推荐，黄进先得以调入国家队。他进入国家队后进步很快，跻身国家一流棋手之列。在此期间，桂林围棋在体委的支持下，也蓬勃发展起来了，文化宫内有了固定的弈棋场所，成了职工们喜好的一项文娱活动。特别是黄槎客老先生家里从1963年开始就聚集了一帮学棋的少年，在市体委的支持下，办起了民间少年围棋班。虽然没有正式的名称，没有正规的训练，但共同的爱好使这些学生乐此不疲，而且棋艺逐渐超越前辈，成为桂林围棋的中坚力量。

"文革"初期，围棋活动停滞不前，直到70年代才有所恢复。令桂林棋迷津津乐道的是1974和1975两年，日本围棋代表团两次访问桂林，并且与中国国家队进行了两场比赛，令桂林棋友大开眼界，特别是聂卫平在当时正是人称"内战内行，外战外行"，逢日不胜的尴尬之时，在桂林的一战中胜了第一个日本专业棋手，从而一发不可收，开启了"聂旋风"时代。

1975年，重启的广西围棋比赛在桂林举行，来自南宁的广西冠军魏壮再次夺冠，而桂林的新一代棋手白起一也夺取了亚军。

"文革"结束后，迎来了改革开放的新时代，全国的围棋活动逐渐正常。桂林的围棋活动也焕发了生机，可惜的是袁老师在"文革"前已调往广东，黄进先也调往河南。桂林围棋缺少了国手级的领军人物，桂林的新一代青少年棋手依靠在各种比赛中摸索前进。值得骄傲的是桂林棋手在广西棋坛独执牛耳，70年代末的广西代表队主力队员都是桂林棋手。

1986年广西全运会围棋个人赛白起一夺得男子个人冠军后，每年的广西赛冠军大多在白起一、王民学、邓双陆三人手中。桂林围棋在广西独领风骚，但在全国还处于中游水平。

80年代后期，桂林围棋迎来了很好的发展契机。陈雨萍同志调任桂林市委书记，他懂围棋也很支持围棋。更兼当时体委也换上了年轻气盛、很有事业心的申银皎主任，他组建了桂林棋院，并兼任院长。当时广西围棋协会主席季桂明多次来桂林，与陈书记商谈振兴广西围棋之事。两人都想把黄进先调回桂林工作，并组建广西围棋专业队，以桂林为基地，争取赶超先进省市。可惜黄进先已是河南省三项棋类的领军人物，河南不肯放人。

1989年底，以季桂明为团长，申银皎为领队，白起一、蔡忠阳为队员的桂林围棋代表团，受中国围棋协会派遣，应邀参加了在美国洛杉矶举行的"中华杯"围棋锦标赛，在参赛的多个国际城市中脱颖而出，获得冠军。这是桂林队第一次在国际比赛中崭露头角，是桂林围棋走向世界棋坛的重要一步。

1990年，在季桂明主席和多方的努力下，广西区体委终于成立了广西围棋专业队，专业队分别设立于桂林和南宁。桂林方面以申银皎为领队，并得到黄进先的帮助，引入了河南的王洪军七段，与蔡忠阳同任教练。邹俊杰、周广、刘青琳等都是当年入队的队员。

广西队成立后，水平有了较大提高，最明显的标志就是1998年邹俊杰夺得全国"新人王"赛冠军。可惜的是广西区体委在1998年执行奥运战略，取消了不少广西专业队，围棋队又遭夭折。好在教练都还保留在桂林棋院，当时桂林棋院的教练有王洪军、蔡忠阳、白起一、刘雅洁。整体力量在广西还是最强的。

进入2000年的新世纪后，桂林围棋活动非常活跃，比赛很多，参与的人更加广泛。这其中一个重要因素就是企业的支持赞助和媒体的有力报道。其中最主要的就是桂林中族药业和桂林广陆数测公司。

桂林中族药业曾在2000年赞助过"山绿茶杯"桂柳围棋擂台赛，双方你追我赶，直杀到主将对决，当天还大盘讲解，很多棋迷竟从柳州赶来观战。从2004年开始，中族药业还联合《桂林晚报》连续10年派队参加全国"晚报杯"围棋赛，由市文化宫棋艺中心组织选拔和训练。比赛时还有随队记者，《桂林晚报》每天有专版报道赛事消息，在全国晚报中独树一帜。

桂林广陆数测公司从2006年起曾连续赞助了几届广西棋王争霸赛，吸引了广西各地的职业和业余棋手齐聚桂林，推动了桂林乃至广西的围棋发展。更令人称道的是广陆公司从2010年起至今，每年赞助桂林围棋联赛。职业棋手和业余棋手，老一辈棋手和少年棋手纹枰对阵，其乐融融。

2002年，桂林业余女棋手唐盈，代表广西参加全国围棋个人赛，在众多的职业女棋手中脱颖而出，出人意料地获得冠军，后被中国围棋协会特许定为职业初段，创造了中国棋坛的奇迹。第二年，她在广西举办的中日韩三国女子冠军赛中依然夺魁，表现了她的实力。

2017年，白起一受命担任广西围棋队总教练，组队参加第13届全运会围棋赛。桂林籍队员唐崇哲获得业余组男子个人亚军，收获一枚银牌，这也是广西在全运会棋类项目中获得的第一块奖牌。唐崇哲和另一位桂林籍女棋手黎念念一起获得团体第5名。

桂林的围棋人数在"文革"前也就一百多人，少年棋手也不过二三十人，改革开放后，喜欢围棋的人多了，80年代爱好者有三四百人，但少年棋手还是没过百人。现在原体委的四个教练都转向少年业余培训，少年棋手如雨后春笋般成长起来。特别是文化宫棋艺中心更是发展很快，经过十几年的开拓，已经有6个分校，在2019年达到了1600多人。桂林市在2019年的全市少年赛时，参赛人数已突破了两千，在学的少年棋手突破三千人了。

桂林围棋历经千年发展，历朝历代没有今天的鼎盛局面，再一次印证了"国运盛，棋运盛"这一真理。

－历史篇－

桂林围棋历史叙议

在中国地理大势上，桂林地处中原与岭南地区的一个重要隘口关节。从围棋活动的传播历史来看，相对于中原，桂林是围棋活动的传入地；而相对于岭南甚而扩大到越南等东南亚区域，桂林又曾经是围棋活动传播的一个重要扩散点。同时，在历史上，由于桂林长期负担为国家平定边疆、治理地方、教化蛮民、放谪刑犯的职责，这也使得围棋活动在桂林的传播有着一个从社会特殊群体向社会普遍人群普及的特点。

因此，围棋活动在桂林传播的时间、途径、形式等内容就成为人们探讨桂林围棋历史时无法回避的历史之谜。

在唐朝以前，桂林围棋活动的历史，于今已然无法细考。推测围棋最初从中原传入桂林的时间当在汉代或更早。早期传入的主要方式大致为伴随军旅征战、中原地方官员往来任职、学者教化附庸或民间零散围棋爱好者的迁徙引入等类型。

从湘漓通道自古为沟通中原和岭南的重要途径、桂林又扼岭南关隘的情况考察，被古人视为"兵法之类"[1]的围棋，在桂林的传入历史当不会太晚。战国时吴起平百越、秦始皇辟岭南、汉初平南越国、东汉马援征安南等重大战事，动辄数十万中原大军往来桂林，军中知弈之人，或直接留屯地方，或间接传与地方人士，都有可能在桂林播撒下普及围棋活动的种子。

---

[1]分别参见汉桓谭《新论》："世有围棋之戏，或言是兵法之类也。"马援之从孙马融《围棋赋》："略观围棋兮，法于用兵。三尺之局兮，为战斗场。"

在唐代以前，桂林地方还处于半蛮荒状态，治理官员基本为朝廷从外地派遣，这使得许多出生于中原并喜好围棋的官员，在远赴桂林时，就自然带来了围棋这一政余事毕有益于修身养性的高雅游戏，以适应桂林这一因远离国家政治中心或家乡所面临的寂寞环境。

同时，桂林也是湘漓通道上引导中原向岭南传播儒学、佛教、道教等文化的重要节点，而这些文化都青睐变化丰富、哲理深厚的围棋活动，这也使围棋伴与各种重要文化内容的传入而从中原播撒到岭南并落地桂林。

只是由于年代久远、史料凋零，今人已经难寻确切史料来佐证围棋活动通过上述途径传入桂林的具体信息了。目前所能推知的最早对桂林的围棋活动留下过影响的知弈之人应该是西汉时的著名学者贾谊。汉文帝四年（前176），对围棋持有"失礼迷风，围棋是也"观点的贾谊，从长安谪任长沙国第五代王吴著的太傅。当时桂林在行政区划上属于长沙国零陵郡管辖，两地官员、文人、商旅往来密切，因此，以贾谊当时在长沙国范围内所处的官方或学术地位及社会影响而言，不论是从正面还是从负面，贾谊的观点都会对围棋活动在桂林的兴衰起着不可忽视的作用。

三国时期，桂林地域先后归属蜀国、吴国管辖，而蜀、吴两国高层人士多有喜好围棋的风气，至今在桂林山水传说中还保留有多处与之相关的地名传说，如诸葛亮弈棋石台等。同时，随着儒学、佛教、道教等文化从中原传入，也使围棋在中原发展的最新成果迅速融进了桂林的地方围棋活动，如十九路围棋盘制等，促使桂林的围棋活动有了一个较高的起点。

1.盛唐桂弈续新笺

时至唐朝，由于开国皇帝李家父子好弈，李世民本人更是广借弈棋笼络各地豪杰参与反隋。史传李家造反前李世民曾与风尘三侠中的虬髯客以手谈明志，留下"天元一子定乾坤"的佳话。李世民留下《五言咏棋》二首，其一：手谈标昔美，坐隐逸前良。参差分两势，玄素引双行。舍生非假命，带死不关伤。方知仙岭侧，烂斧几寒芳。其二：治兵期制胜，裂地不要勋。半死围中断，全生节外分。雁行非假翼，阵气本无云。玩此孙吴意，怡神静俗氛。这对围棋文化在全国及桂林，特别是在桂林官场中的传播起到了极大的影响。李世民在与唐代以桂林为中心平定岭南的军神李靖探讨军事问题时，君臣间就曾以弈为喻，从棋理的角度探讨对军士排阵作战的要求或重要性。唐玄宗时朝廷还专门为棋手设置官职"棋待诏"。这些在促成围棋活动于唐朝有一个大发展的同时，也使棋活动在桂林的传播进入了一个有确切史实记载的历史时期。

史载唐武德四年（621），李靖奉诏至桂州，他以桂林为中心，广宣朝廷的怀柔政策，分路招抚了岭南各地的大首领如冯盎、李光庭等人，迅速为唐朝收纳96州、60万户，并就任岭南道安抚大使、检校桂州大总管。这是知弈之人在桂林留下印迹的最早记录。

唐代知名诗人桂林进士曹唐，在所著风靡一时《小游仙诗九十八首》百余著中，曾收有三首与棋相关的诗作，这应该是今天所见桂林人最早的言弈之作了。

在唐人莫休符所著的《桂林风土记》一书中，还记载有唐桂管观察使元晦所留迹的岩光亭石棋局，这是桂林最早有记载的与围棋相关的实物。该书中所述及的唐时才子张鷟，曾任桂林临桂县的县尉，也是一位喜好围棋的青年才俊，在所留美文《游仙窟》传奇小说中就有过对青年男女围棋对弈调笑场景的生动描绘。

广西历史上第一位状元桂林人裴说，也是有记载的第一位桂林本土成长起来的知弈之人，在其诗作《棋》中开篇第一句就是"十九条平路"，表明当时桂林的围棋对弈使用的就是十九路制的棋盘，明确破解了至今仍有专家学者在争论的唐代使用的围棋盘是十七路、十八路，还是十九路的纷扰。

由于唐代历任官员在治理地方事物上多执宽容施法的政策，所以理事风格也多推崇清静无为，常有余暇关注、享受桂林神奇的美妙山水景致。同时，官员群体中以弈为戏的风气也非常深厚。唐宝历元年（825），时任桂管都防御观察使李渤率携身边的七位幕僚同游李渤主导开发的隐山胜景，一行人看到隐山朝阳洞左近有一天然石台，立刻兴起，将之刻画出棋盘，以解弈棋之瘾。事后同行人中的吴武陵作《新开隐山记》、韦宗卿作《隐山六洞记》，都记载了此次雅事，并都郑重记录下这方宝贵的石制围棋盘。这是桂林围棋活动史上最早有明确时间记录的一个事件，其中所涉及的石制围棋盘，可以确定是中国围棋史上最早的、沿革记录最清晰、留存时间最长的人工石刻围棋盘，是桂林为围棋事业奉献的一个极其珍贵的实物。

唐代著名诗人刘禹锡在长诗《观棋歌送儇师西游》中还描写过一位围棋高手"长沙男子东林师"，赞美其人"行尽三湘不逢敌"。在当时，桂林的全州县、兴安县、灌阳县等地都属诗中所言的"三湘"中的"上湘"所在，从中也可感知围棋活动在桂林当已经有了相当广泛的情况。

在民间也开始出现了与桂林神秘的山水景致相关的围棋活动的神话传说，如记述唐代乾宁时，广西临贺令郑冠卿经过桂林，在七星岩栖霞洞中，遇见日华、月华二仙坐在石台上对弈，并劝导郑冠卿修仙向道的故事。

大致可说，唐代是围棋活动在桂林基本完成以多方途径传入并定型的历史时期。

2.两宋棋文八桂妍

到了宋代，由于受北方少数民族入侵的影响，两宋对岭南的开拓在深度或广度上都比前朝有更大的力度，桂林的围棋文化也从几个主要的特殊人群的小范围游戏活动扩大到了在社会各个层面都广泛留下影响的人文活动。这也从多方面促成围棋从高雅的官方娱乐进入社会各个阶层，在官员往来、文人唱和、僧侣布道、民间传说等多方面都留下了相应的记载。

特别是一些身兼官员与文人的喜好围棋的名士，如范成大、黄庭坚等，在途经桂林时，都对桂林围棋文化的普及发挥了极大的推动作用。

曾任广西经略安抚使并兼知静江府的宋代著名文士范成大，不仅以诗歌的方式描述过围棋场景，还在留刻于七星岩的《碧虚铭》中，将唐时流传的民间故事郑冠卿遇日华、月华对弈传说敷衍成文，传播到了桂林以外的更多地方。

在桂林留下过"黄庭坚系舟处"及多处碑刻的宋代名士黄庭坚，本人就曾是一位围棋高手，平生不但留传诸多的流连于围棋场景的诗词，还亲撰过《棋经诀》，其中所述及的"三败""六病"或"棋之在要，先手不可失"等教诲及提示，对促使桂林的围棋活动从爱好者的乱战上升到善战起到了极大的启发作用。

同时，各地途经桂林的涉身围棋的众多迁客骚人，如苏东坡等人，在主客间迎来送往的交流中，也对桂林的围棋活动有着积极的促进。

在此影响下，桂林本地官员、文士在寄情于山水间的同时，兼以围棋为乐，也成了一种风气，并在桂林繁复的摩崖文字中留下了许多精彩记载，折射出当时桂林围棋活动历史的真实写照。如广西转运使孙抗《朝阳洞》诗中所流露的"片石充棋局，凉坡递酒杯"的旷然心境；桂管幕僚李端臣《游元风洞诗三十韵》诗中对"盘跌不减二华君，妙阅枯棋战挑揎"手谈过程所描绘的弈中人的豁达情怀及《八桂堂记》中所刻画的"投骁壶而敲芳枰"的祥和气象；知静江府兼主管广西经略安抚司公事吕愿忠《仙弈洞》诗中所记怀的"杖藜又过烟霞洞，闻说当年烂斧柯"的人生感悟；广西经略使幕僚刘克庄在《送陈子东叙》中忆及与友人少年时在桂林"游钓吟弈必俱"的风华往事；主管广西转运司文字徐梦莘在《与乡人宴集弹子岩中作》中"棋矢以相娱，啸歌情意长"的亲民写照；知静江府并任广西经略安抚使兼广西转运使李曾伯在大战胜余与众幕僚相聚七星岩仙弈岩时相与唱和对弈的慷慨气氛"归骑行边了，戎旃获戍闲"（李曾伯）、"谭笑长城在，何人敢度关"（丰苣）；广南西路转运使兼经略安抚使并知静江府朱晞颜《朝阳洞》诗中所透露出的悲怀国事人生的"一枰胜负人何在，试问樵柯已烂否"的亡国忧虑等等。

宋代时，桂林各宗教流派也多借人们对围棋的喜爱来拓展各自的影响，佛教场所中已经烙下清晰的围棋印记，如与四川大足寺、云南鸡足寺、贵州扶风寺、广东南华寺齐名，被列为南方五大禅林之一的桂林西庆林寺旧址处，就建有棋盘寺。这是桂林最早的以棋具命名的佛寺，也是桂林历史上最早的以"棋盘"命名的建筑物；桂林城内的崇明寺中主持，即为棋僧义缘。道教修仙传说中，也完成了对郑冠卿遇日华、月华二仙弈棋故事的说教系统化。北宋末年还有桂林刘真人在京城开封游历多年，以好弈饮闻名于世。这是桂林弈人出游的最早明确记录。

宋代桂林围棋活动的多群体参与的特点，使宋代成为围棋活动在桂林落地生根的历史时期。

3.明季弈风入民家

元军南下，桂林处处屡经血战方陷，这对桂林围棋活动及相关史料的摧残极大。围棋活动基本只是凭靠自身的魅力在民间生生不息、默默发展。待明朝建立时，围棋活动经过近百年的乡野拓展，在桂林已经成为融入社会各阶层的日常游戏了，不但藩王喜爱，连乞丐都有热衷于此游戏的记载，还出现了本地编制围棋弈谱的风气。这使得明代无论是从对弈活动本身的广泛性还是标识围棋印记的留迹范围，都有了比前朝更加厚重的积淀。

在围棋活动的广泛性方面，与前朝的以流官为围棋活动的主体不同，静江王府成员上升为桂林围棋活动的重要参与群体，除至今留存于七星岩会仙岩的标记静江王府成员游乐写照的三人弈棋石刻图像、静江王陵出土的弈棋图梅瓶等文物外，并创作有许多相关围棋的诗作。宗室或坊间还流传有王府子弟与乞丐对弈的传奇故事：静江王宗室子弟奉国中尉朱约畲，年少时曾与一名号称善弈的乞丐对局过多次，后来在梦中遇此乞丐告诫说要注意26岁与64岁时各有一难，但对他本人无大碍。后来果然遭遇26岁丧妻、64岁丧子的痛楚。这段逸事还被郑重写入了朱约畲的墓志铭中。

明代各地至桂的知弈官员、文士仍是参与围棋活动的主要群体，留下大量的相关专题作品或记述。这其中就有曾任两广总督的王阳明、曾任广西提学佥事及两广巡抚的张岳、曾任广西镇守的周于德、知名学者俞安期、著名旅游家徐霞客、人文地理学家王士性等。

明代还承袭了元代通使越南的制度，使桂林在传播围棋文化的历史功能有了更具体的记载。如中国著名围棋高手杨靖曾途经桂林赴越，并留下有"猴弈"的传说故事：有一只老猴，因为看山中仙人下棋久了，也学会了下围棋的技巧，与人对弈时无人能胜。皇帝于是命善弈的杨靖去跟老猴对弈，杨靖请求在棋盘边摆放一盘鲜桃，结果老猴下棋时总在垂涎桃子而无心下棋，输掉了比赛。

在传统的桂林围棋景点延续方面，如隐山朝阳洞石棋盘、七星岩会仙岩对弈台、南溪山刘仙岩弈迹等，过往游人的吟咏之作相继不绝，如田汝成《游广西诸山记略》对隐山朝阳洞中唐刻围棋石枰的记载、周于德《朝阳洞诗并序》及俞安期、任朐、汪渊、王士性等专题诗文作品。连从未足涉过桂林的安徽好弈之人汪廷讷，也在其《卧游记》中浓墨重彩地记载有桂林与围棋相关的景点。同时，随着围棋活动的普及，桂林周边的阳朔、全州、荔浦等地还新开辟出了一些与围棋相关的地名。

从这一时期的桂林围棋文化特色而言，由于围棋活动的广泛化，大大降低了附着在围棋身上的各种神秘性，明代对围棋的神话基本执一种尊重历史文化传统的理性态度，并不刻意去追述前代的神话演绎。

明代桂林围棋活动的这种广泛性，促使明代成为桂林围棋活动开枝散叶的历史时期。

4.清代棋事牵国事

清代，桂林在文化开化方面基本已经与内地接近，多层次的好弈人群也都在历史上留下了相关的围棋活动记录。

清代桂林围棋活动不但日益普及，甚至民间已经出现在墓志铭上标注善弈的记载，众多普通民众也留下了参与围棋活动的各种记录。棋力水平也从娱乐活动开始提升到重视围棋专著的写作与研读。同时，由于清末的国势垂危，围棋爱好者们在喜爱围棋的同时，也发出了以弈事喻国事的声音，留下了围棋忧国的佳话。在留存的各类地方史书中，也正式录入有这些方面的内容。

曾任广西巡抚的陈元龙，所著的《格致镜原》"围棋"条目堪称最早的围棋百事通典，内容非常丰富，既有围棋的起源历史资料，也有历代的围棋趣闻，还记录有与围棋活动相关的各式器具的知识。其中棋具除中国各地名品外，还详细记载了日本产的玉棋子、楸木棋盘及越南产的桄榔树棋盘等。该书所保存并介绍的一种围棋记谱方法，改变了过往单纯以落子顺序标识的传统方式，在原理上已经与现代围棋的记谱方式相一致了："古棋图之法，以平上去入分，四隅为乱，交杂难辨，徐铉改为十九字，一天、二地、三才、四时、五行、六官、七斗、八方、九州、十日、十一冬、十二月、十三闰、十四雉、十五望、十六相、十七星、十八松、十九客，甚简便。"

由于湘漓通道的便利，来桂林游历的普通人也日渐增多，留下众多与围棋相关的诗文。如江西李秉礼的《游隐山》中"甘从金谷罚三觥"；黄粹然《隐山题诗》中"棋局空存参幻境"；曾在埏《隐山题诗》中的"仙乎去何年，棋罢琴停奏"；陈竹卿的《北牖洞题诗》中"仙人虽云杳，棋局抚来又"；夏松父《北牖洞题诗》中"樵子久烂柯，仙棋弹岂又"等。1851年太平天国运动在广西兴起，当洪秀全率领太平军攻占梧州永安并大封诸王时，广西提督向荣因屡吃败仗，率军在半年中只敢筑垒远围不敢进攻，致使太平军轻松突围并实施向省城桂林攻击约一个多月，有人在桂林旧靖江王府中发《独秀峰题壁三十首》，嘲讽向荣畏敌如虎只守不攻的自保策略是："剑影刀光列众官，重重帷幕独盘桓。围棋自许争先着，飞檄遥传失永安。固垒深沟容贼据，缺戕破斧心胆寒。孤城在望无人近，半载甘从壁上观。"

清末众多知弈人士在徜徉桂林美妙山水而引棋抒发人生感慨的同时，也留下了思棋忧国的声音，如林德均《普陀岩题诗——边防有感》中的"此局不堪重铸错，有人磨厉剑锋鸣"。其中桂林好弈之人唐景崧，在上慈禧太后力主对法作战的奏书中还直接以棋喻势，言"棋争先着，急宜暗使刘永福就近扼兵。及彼未来，犹易下手，恐稍纵则即逝矣"。获朝廷认可后唐景崧依策最终率刘永福、冯子材等众将在越南打胜了抗法之战。后唐景崧领导台湾抗击日本吞台失败回到桂林后，在无奈国势沦落之余，曾在家中筑有"看棋亭"，并亲题联句："纵然局外闲身，每到关怀惊劫急；多少棋中妙着，何堪束手让人先。"所抒发的仍是不甘国家命运受制于外人的弈者之情。

当时曾在桂林陆军小学任校长的蔡锷，也是一位好弈名人，教学之余无意间也在学员中散播下学弈知兵的种子，并在广西培养出一批如李宗仁、白崇禧、黄绍竑等后来成为桂系领军人物的知弈军人。

清代，是桂林围棋人士经过千年积淀，整体积蓄力量开始迈出广西的阶段，是促成民国时期桂林围棋在中国围棋界占据一席之地的关键时期。

5.越使往返传佳话

在桂林围棋史中，越南朝贡使臣往返途中所留下的与围棋相关的诗文，是难得的中越文化交融的珍贵资料，其与中国棋人的对局也是两国间棋人情谊的佳话。在诗文中透露出来的越南使臣对围棋棋理的把握也是非常有深度的。

提及越南的围棋，历来不为围棋史学者们所重视，这是非常令人遗憾的。

如见闻所著的《中国围棋史话》第10章在介绍围棋外传史时，述及了围棋活动在印度、朝鲜、日本、琉球的情况，甚至连印度尼西亚都有专门介绍，而却无越南围棋活动的情况记载。刘善承主编的《中国围棋》、张如安所著的《中国围棋史》等书也存在类似情况。

其实从历史上看，自秦始皇发兵南下，建置岭南各郡后，围棋活动就应该循湘漓通道而传入古交趾之地了。在越南旧史《大越史记全书》卷1"安阳王"条目中已有记载传说："佗发兵攻王，王不知弩机已失，围棋，笑曰：佗不畏吾神弩也？"[1]这可作为围棋活动传入越南历史悠久的一个参考。

---

[1]秦末动乱时，秦军驻扎岭南的最高统帅赵佗发兵攻交趾（今越南）。

在中国晋朝嵇含所著的《南方草木状》一书中，就有越南当地木材可制作优质棋盘的记载："桄榔，树似栟榈实，其皮可作绠，得水则柔韧，胡人以此联木为舟。皮中有屑如面，多者至数斛，食之与常面无异。木性如竹，紫黑色，有纹理，工人解之，以制弈枰。出九真、交趾。"

元代朝廷派越使臣中有一位侍郎李思衍，曾写过一首《安南观棋》："地席跏跌午坐凉，棋边袖手看人忙。防椰椰叶又春绿，送到谁家橘柚香。"[1] 另一位明代使臣徐明善在出使安南（即越南）时，也曾以观看当地贵胄子弟弈棋为题作了一首《安南春夜观棋赠世子》："绿沧庭院月娟娟，人在壶中小有天。身共一枰红烛底，心游万仞碧霄边。"至中国明代越南黎朝建国独立后，还曾于黎太祖顺天二年（1429）颁布过《围棋赌博律》，内有具体的文字细则规定："犯罪未发而自首者，原其罪；凡赌博则刖手五分，围棋则刖手一分；无故聚众饮酒茶者杖一百；收容此等歹徒者亦罪之，量刑时减罪一等。"这或许是世界围棋史上最早的国家级以围棋活动为专项内容的法律条文了。

明清两代，越南使臣赴京朝见渐成制度，在众多往返越使中，许多精通汉文化的越南使者也曾在途经桂林的路上留下过吟咏围棋的诗句，虽然其中有排遣路途寂寞、有与弈友手谈等不同场合，但文字仍能从多方面透露出越南使臣对围棋文化的喜爱或领悟。

如"数着争先棋局胜""棋非占腹难赢局"等诗句，若非精通中国围棋历代典籍，是很难如此自然地将围棋的战理清晰融入诗句之中的；又如"棋赋有人争老手""云封千古沧桑局"等句，也是与中国棋人千年以降感慨棋事沧桑的心境相通的；还如"雅量论交能有几，机心辍局更相忘""半枰棋遣旅中情"等，更是将围棋无言对弈、落子两心相知的手谈境界描绘得生动细微。

但愿在围棋活动的新历史中，湘漓通道上能呈现出更多中越围棋交流活动的友好记载。

---

[1]安南柚花甚香，如茉莉，岭北所无。

6.民国又焕新格调

桂林围棋活动发展到民国时代，厚积薄发，创下了桂林围棋历史上一个新的高度。

促成此纪录的原因大致有三个：一是围棋活动在桂林上千年的深耕，已经拥有人数众多的围棋爱好者；二是作为广西首府的桂林始终积极参与推翻清朝、创立民国的各种民族复兴运动，使得桂林政治、军事、文化等各方面人物从多渠道不间断地进入全国各领域的高层，同时为桂林的好弈人士提供了更广阔的交往空间；三是北伐、抗日战争等重大事件中，外省与桂林交往频繁，促进了桂林围棋整体的提升。

如桂林全州的雷家棋手、桂林市的汪振雄等相继跻身国手行列，其中后来曾为聂卫平启蒙老师的雷溥华甚至创下与当时第一国手吴清源二胜一负的战绩，弈谱还被吴清源收入所编纂的对弈全谱之中。另一桂林本土棋人汪振雄也在漫游全国的对弈交往中，保持了长期居于全国前列的良好战绩。又如僻居灌阳的王国梁，多次在自己的诗作中以弈言国，抒发自己关切国情救亡图存的心境："世事从来等弈棋，铜驼石马总堪悲。""奇局新凭廿纪棋，失机着着那堪悲。""借箸一筹全局稳，失机半着悔棋难。大声唤醒槐安国，拔剑长歌当罪言。"

以李宗仁、白崇禧等桂林籍军政人物为代表的新桂系成为中华民国的重要军事、政治力量后，更是带动桂林的好弈人士也日渐参与到国家的各种事物之中，不但地方行政长官的好弈成为社会时闻，同时也促使围棋活动日益规模化和社会化。

而在桂林抗战文化城时期，由于全国各地的上万政坛人物、军界人物、文艺人物、工商界人物等汇聚桂林，更是促成了桂林围棋史上的一个巅峰绝唱。

能表明民国时期桂林围棋活动发展至巅峰时期的标志有：

（1）桂林棋人的动态受到广泛的重视。

桂林籍著名棋手雷溥华、雷葆申、雷永锡不但在国内受到尊敬，连学者文人都在日记中以一睹雷氏兄弟对弈为佳事，在日本濑越宪作《支那棋界之现状》、木谷实《新布石之针路》等书中也对雷氏兄弟有所涉及。同时桂林围棋活动也与全国其他传统围棋大邑共同进入围棋活动评述家的笔下，甚至在专门的围棋刊物中也时有桂林籍围棋爱好者的信息披露。

（2）高层政治军事等人物的围棋活动成为社会热门关注点。

民国期间，如新桂系旗下的马君武、李济深、李宗仁等人的围棋活动开始成为新闻消息的追逐内容，也成为政治家展现个人风采的点缀，如报道李济深组织福建人民政府失败后的动向有言："贵客时来，围棋饮酒，步田间讲种香蕉法。"[1] 报道李宗仁无意与蒋介石争权心志则言："李宗仁副总统，自就任后，静居简出，终日以围棋作乐，意绪悠然。"

（3）桂林围棋活动本身发展到新高度。

当时不但桂林的某些社会组织内部设立有围棋活动，如"桂行营职员组织公余联欢会"，内言"社内经常设置各种书报，及围棋、象棋、军棋、球类、骑射及各种乐器等"。同时外省围棋名手来桂林访问也时有报道，并由中国政坛高层人物与围棋国手共同在桂林成立了冠名为"中国围棋研究社"的正式组织。

（4）在历史上留下了众多的记忆。

在民国期间浩繁的历史资料中，不但有文化人在记述文字中留存有在桂林进行围棋对弈的记录，连军人也都记载有相关围棋活动，如在1944年桂林保卫战中牺牲的吕旃蒙将军，就是一位喜好下围棋的抗战军人。桂林籍棋人汪振雄还曾在报刊上发表过题为《围棋丛话》的系列文章。

民国时期桂林围棋活动的高度虽然已经成为令人仰止的历史，但也成为桂林围棋人自我激励奋进的一项重要目标，期待桂林围棋在未来能有更耀眼的新成就。

（寄小文）

---

[1] 安居乡间

桂林围棋史料汇编^[1]

［唐］李靖^①《李卫公问对》"布阵如弈"

［唐］太宗曰："画方以见步，点圆以见兵。步教足法，兵教手法，手足便利，思过半乎？"靖曰："吴起云：'绝而不离，却而不散。'此步法也。教士犹布棋于盘，若无画路，棋安用之？孙武曰：'地生度，度生量，量生数，数生称，称生胜，胜兵若以镒称铢，败兵若以铢称镒^②。皆出于度量方圆也。"

太宗曰："朕观千章万句，不出乎'多方以误之'一句而已。"靖良久曰："诚如圣语。大凡用兵，若敌人不误，则我师安能克战？譬如弈棋，两敌均焉，一着或失，竟莫能救。是古今胜败，率由一误而已，况多失者乎！"

【注释】

①李靖（571—649）：字药师，雍州三原（今陕西三原）人。唐初军事家。太宗时历任兵部尚书、尚书右仆射等职，封卫国公。奉诏招抚岭南时，持重慎战，不战而下96州。唐武德四年（621）后任桂州总管。唐传奇言李靖曾促成虬髯客与李世民纹枰争天下的对局。［唐］莫休符《风土记》"卫国公李靖"条：承制度岭，至桂州，分路招抚大首领冯盎、李光庭

等，怀辑九十六州，六十万户。诏充岭南道安抚大使、检校桂州大总管。武德六年，镇压辅公祐于江淮，平之。又领兵出塞，屡显大功。拜右仆射、平章事，封卫国公。薨年七十九。桂州子城，自卫国公所制，号曰始安郡城。

②胜兵若以镒称铢，败兵若以铢称镒：意为打胜仗的军队对败兵犹如以重举轻；反之，犹如以轻举重。镒、铢同为古代衡制中的重量单位，一镒为二十两（一说为二十四两），一铢为一两之二十四分之一。

［唐］张鷟①《游仙窟》围棋诗

向来知道径，生平不忍欺。但令守行迹，何用数围棋。

【注释】

①张鷟（约660—740），字文成，号浮休子，深州陆泽县（今河北深州）人，唐代小说家。他于高宗李治调露年登进士第，当时著名文人骞味道读了他的试卷，叹为"天下无双"，被任为岐王府参军。后为长安县尉，又升为鸿胪寺丞。有"青钱学士"的雅称。开元二年（714）左右，御史弹劾他在文章中讥讽朝政，诬告他巡视江南时收受贿赂，于是张鷟被贬到临桂县（今广西桂林临桂一带）当县尉（从九品下）。

［唐］吴武陵①《新开隐山记》②选摘

南望，有结乳如薰笼，其白拥雪。自岩西南，上陟飞梯四十级，有碧石盆二，乳窦滴下，可以酌饮。又梯九级，得白石盆，盆色如玉，盆间有水无源，香甘自然，可以饮数十人不竭。还，自石盆东北上，又陟飞梯十二级，得石堂，足座三十人。乳穗骈垂，击之，铿然金玉声。堂间有石，方如棋局。即界之以弈，翛然不知柯之烂矣。

【注释】

①吴武陵（？—835），初名侃，信州贵溪（今江西贵溪）人。唐元和二年（807）进士，与韩愈善。宝历年间以待御史内供奉出为桂管都防御判

官。吴武陵官桂正史失载，唐莫休符《桂林风土记》载其轶事。著有《吴武陵集》《十三史驳议》。《新唐书》卷203有"吴武陵传"。

②此文《桂林风土记》、《全唐文》、《粤西文载》、嘉庆《临桂县志》等皆有载。原碑在桂林市隐山，为唐敬宗宝历元年（825）刻，今不存。引文选自《桂林石刻碑文集（上）》第45页。

［唐］韦宗卿①《隐山六洞记》②摘录

有贞石榻，勒为棋局，对以手谈，局之左右，可以偃仰。咏于斯，觞于斯，宾从徒侣，各有攸处。

【注释】

①韦宗卿，生卒年不详。唐朝官员，曾任侍御史、户部员外郎、益州刺史。唐宝历、大和年间应李渤之邀，来桂游览。

②此文《粤西文载》、嘉庆《临桂县志》等有载，碑刻今已不存。引文选自《桂林石刻碑文集（上）》第48页。

［唐］刘禹锡①《观棋歌送俣师西游》

长沙男子东林师，闲读艺经工弈棋。有时凝思如入定，暗覆一局谁能知。今年访予来小桂，方袍袖中贮新势。山人无事秋日长，白昼懵懵眠匡床。因君临局看斗智，不觉迟景沉西墙。自从仙人遇樵子，直到开元王长史。前身后身付馀习，百变千化无穷已。初疑磊落曙天星，次见搏击三秋兵。雁行布陈众未晓，虎穴得子人皆惊。行尽三湘②不逢敌，终日饶人损机格。自言台阁有知音，悠然远起西游心。商山夏木阴寂寂，好处徘徊驻飞锡。忽思争道画平沙，独笑无言心有适。蔼蔼京城在九天，贵游豪士足华筵。此时一行出人意，赌取声名不要钱。

【注释】

①刘禹锡（772—842），字梦得，河南洛阳人，唐朝文学家、哲学家。

②三湘，湖南旧曾依湘江水脉分称上湘、中湘、下湘，桂林的全州、灌阳、兴安等县在明朝洪武年前，皆为上湘地域。

［唐］曹唐①《游仙》诗选

（1）《小游仙》诗15：

白石山中自有天，竹花藤叶满溪烟。朝来洞口围棋了，赌得青龙值几钱。

（2）《小游仙》诗18：

洞里烟霞无歇时，洞中天地足金芝。月明朗朗溪头树，白发老人相对棋。

（3）《小游仙》诗69：

东皇长女没多年，从洗［一本作洒］金芝到水边。无事伴他棋一局，等闲输却卖花钱。

【注释】

①曹唐（797—866），字尧宾，桂州（今广西桂林）人。唐代诗人。初为道士，或言唐文宗李昂年间曾举进士，《唐才子传》《唐诗纪事》有记。著有《大游仙诗》《小游仙诗》百余首，《全唐诗》存诗两卷。

［唐］莫休符①《桂林风土记》②"岩光亭"

在北罗门外，台亭岩洞，亚于越亭。亦是元常侍③新置，有石棋局、烂柯石嶂。

【注释】

①莫休符，唐官吏、学者，广东封州开建（今封开县）人，晚年居桂林。

②《桂林风土记》，莫休符所著，成书于唐光化二年（899）。

③元晦，元稹之侄，饶州刺史元洪之子。生卒年不详，今河南沁阳人。唐会昌二年（842）为桂管观察使。

［唐］裴说①《棋》

十九条平路，言平又崚嶒。人心无算处，国手有输时。势迥流星远，声干下雹迟。临轩才一局，寒日又西垂。

【注释】

①裴说（生卒年不详），桂州（今广西桂林）人。唐哀帝天祐三年（906）状元及第。

嘉庆《平乐府志》胡宿①"寄昭潭王中立②"

［唐］王中立，寄兴高遐，游心物外。胡宿寄诗③曰：高弦一弄武陵深，六幕天空万里心。吴苑歌骊成久别，楚峰回雁好归音。十千美酒花期隔，三百枯棋弈思沈。莫上孤城频送目，浮云西北是家林。即诗意以观中立，其有道之士欤？

【注释】

①胡宿（995—1067），字武平，江苏常州人。《宋史》卷318有传。（此人归唐末或宋初，史学界有分歧）

②王中立，其人无考。除此诗外，文献另见胡宿《文恭集》卷3有"寄清漳护戎王中立"、卷15有"王中立可屯田员外郎制"。

③此诗以"寄昭潭王中立"名见收《全唐诗》卷731。《元和志》卷37"平乐县"："平乐溪在县南三里。水之西岸有昭潭，周回一里，其深不测。"《方舆纪要》卷107"平乐县"：乐川水"至郡城下汇于漓水，二水会处蓄而为潭，渊深莫测，谓之昭潭，亦名回龙潭"。

［宋］孙抗①《朝阳洞②诗》

险绝信天开，春萝荫古苔。不愁云影闭，先得日光来。片石充棋局，凉坡递酒杯。东风偏著意，草木烂成堆。

【注释】

①孙抗（998—1051），字和叔，安徽黟县人。北宋诗人。曾任广西转运使，卒于任。

②朝阳洞，桂林隐山六洞之一，内有唐人所刻石围棋盘。

[宋]《义缘龙隐岩造像记》①

城里崇明寺住持棋僧义缘，谨用斋资，命匠者镌庄就天台教主智者太师、擎天得胜关将军、坛越关三郎相仪圆，具在龙隐岩释迦寺开光斋僧，上报四恩，下资三友。至和②二年乙未九月五日谨题。

【注释】

①摩崖在龙隐岩。引文选自《桂林石刻碑文集（上）》第102页。

②宋至和二年为1055年。

[宋] 范成大①围棋文选

（1）《碧虚亭②碑铭》

唐乾宁中，临贺令郑冠卿赴调，止桂林。入栖霞洞，遇二道士坐石上对弈、酌酒、二青衣奏笛、弹箜篌。顾郑，与之笛，吹不成声。与之酒，仅余涓滴。各赠诗一篇，其末句云："不因过去行方便，那得今朝会碧虚！"倏不见。出，遇一樵叟，谓郑曰："洞中之游乐乎？"亦旋失所在。郑遂退居冯乘，寿至百四岁。乃知向所遇，为日华、月华君也。今于洞口建碧虚亭，而为之铭。

（2）《碧虚铭并序》③

唐郑冠卿遇日华、月华君于栖霞之洞，与之笛，不能成声；倾壶酒饮之，仅得滴沥；独记其赠诗二篇。出门，见二樵者，问曰："洞中乐乎？"跬步亦失所在。吴人范成大小筑其处，以识幽讨。按：诗卒章云："不缘过去行方便，那得今朝会碧虚？"即以扁榜，且铭之岩壁：

空洞维石，中函碧虚。谁欤知津，有翘负刍。我来扣门，两翁在否？虽不能笛，能醉君酒。为君作亭，表岩之扃。名翁所命，而我铭之。有宋淳熙改元嘉平日刻。

（3）《龙隐岩题记》④

淳熙元年初冬休暇日，吴郡范成大致能、长乐郑丙少融、睢阳杜易伯简、■已，出东观，遂过碧虚日华与月华之洞，泛舟驾船来游龙隐岩。历览千峰百嶂，溪流纵横，城东山水揽胜探奇■，盖尽得之眼前。景致水石之幽，趣味无穷。

【注释】

①范成大（1126—1193），字致能、幼元，号此山居士、石湖居士，江苏苏州人，乾道七年（1171）知静江府，兼广西经略安抚使。著有《骖鸾录》《桂海虞衡志》。

②亭原在桂林七星山，今不存。

③摩崖在桂林七星岩口，淳熙元年（1174）刻。引文选自《桂林石刻碑文集（上）》第346页。

④摩崖在桂林七星岩月牙山龙隐洞。引文选自《桂林石刻碑文集（上）》第346页。

［宋］李端臣①《游元风洞诗三十韵》②

李端臣同曹圣延③游风洞及七星观，逐成长句三十韵。

文英子建声华炬，少陵尝咏波澜阔。遒流亹亹钟宜春，观君紫芝真秀拔。华山骒耳汗血孙，奚取王良手刍抹。骎骎凌厉追遗风，胡为顿缨驰骆越。谁嗟长庚有寒裔，壮龄直欲排紫闼。初从附凤矫飞翔，晚乃射虎眈疏豁。强颜方喜安半筲，禀分何能愧圭撮。胸中琳琅萌埃壒，自恶铅锋乏破割。时过西邻蕲发药，溜引玉泉浇肺渴。新商执矩鲞威令，甘霆腾虚摧虐魑。约君飘然泛沧溟，背负青天无夭阏。风来空穴袭发毛，刷腋凉飚振绨葛，泠然便拟子列游，不待别起青蘋末。徐跻七星趾山椒，杓魁歆虚状旋幹。近君白雪热何有，高谈一激锥囊脱。扳肩作者古蹊径，余事篇章随击钵。盘跌不减二华君（日月二华君栖霞洞④在风洞⑤之北），妙阅枯棋战挑揎。光骄摇踪莫可留，四序翩翩几箭筈。顷看金柳流莺鸣，俄听玉露丛蝉聒。清辉默韵无弦琴，乌用擅槽挥一抹。我方骚愁愁到骨，潜睨蠹蟫眉目繴。徒操诗穷拥鼻吟，无或酒酣将月喝。生平刚肠久已屈，赖尔匹夫难志夺。故交纷纭翔赤霄，大钧播物昭穷达。德尊一代元坎坷，儒腐百年决粗粝。南溟垂翅云翼收，北窗默卧霜须捋。病马犹期青草长，涸鱼终需江水活。君行趋觐长安日，轶兴横秋畴可遏。公卿倾风定援手，鸿造机缄由一拨。江湖要作迥相忘，静言可笑相濡沫。

【注释】

①李端臣，即李彦弼（生卒年不详），字端臣、仲宣，江西吉安人。宋建中靖国元年（1101）至政和七年（1117）任桂管幕僚。

②曹圣延（生卒年不详），或为李彦弼同僚。

③摩崖在普陀山元风洞外。引文选自《桂林石刻碑文集（上）》第185页。

④栖霞洞，今称七星岩，宋称仙李岩、碧虚岩。

⑤风洞，元风洞，又称玄风洞，在桂林七星山庆林观后。

［宋］李彦弼①《八桂堂②记》

湘水之南，粤壤之西，是为桂林。秦以郡置，唐以管分，遥制海疆，旁控溪峒。宿兵授帅，襟喉二十有六州，巍然为会府，盖承圣宋之御图也。尧仁舜恩，覆被无外，黠獠效顺，师徒弗勤，而边境自拓，斯民乐其业而安其生，喜见太平官府，故桂邦之俗，岁时载榼提醪，口箫腰鼓，以游遨燕赏为事。然而郡山蜿蟺，环辖郛郭，幽岿邃壑，穷栏密槛，多栖于烟岚风磴之外，不足以容邦人车盖之盛，舆情患之。龙图阁鄱阳程公，自绍圣五载拥旄开府，今阅五春矣。公渊沦胸襟，恬淡坛宇，阖辟权谋，不运声气而威扬泽沾，瘴尘消廓，卧鼓边亭。于是裒轻带缓，时为逍遥游，因欲以豁邦人郁纡之情。乃度州治东北隅有隙野焉，兰皋芜原，陂陀轩霍，万景献秀，可以圃而堂之。尔乃薙莽斸榛，扫除猩猱魑魅，所以嗥风啸雨之区，而为穹台曲榭，峥嵘瑰丽之观，独秀屹其孤，伏波橐其伟。前缭以平湖，为菰蒲菡萏之境；中辟以广庭，为车骑乐舞之场。右峙迎曦，以宾朝暾；左开待月，以呼夕魄。山川满目，桃李成蹊。铺迟日以采蘩，激光风而转蕙。而封植丹桂，为苍苍之林，散蟾窟之天，馨飘薄于几席之间，是为八桂堂也。轮吸清漪，筒奔迅注，泛兰舟而载雕觞，环嘉宾而算醇醪，是为流桂泉也。凿芳沼而筭中洲，叩浅栏而数游鳞，翛然有濠上之趣，不减惠庄之真，是为知鱼阁也。因冈为台，凭高徙倚，蘸波影于檐楹，漱滩声于眉宇，而峻以青琼，荡空而嬉，士女喧咽，心醉物华，不知珥堕而簪遗，是为熙春台也。公乘休暇，则驱貔貅、抗幢旆，引贤士大夫而来游，相与傲清昼、撷芳鲜，酌桂浆之金波，浮先春之玉乳，投骁壶而敲芳枰。西晷颓光，鸣珂而归。夹道之人，仰公高致，邈在物表，谓公雍容燕衎，坐镇数千里于樽俎之上，若将与民相忘者。虽山季伦之醉习池、羊叔子之登岘山，风流之敏妙，僚侣之英华，未足多谢。彦弼乃招稠人而语之曰："尔知公之所以游乎？夫君子、长者之于人，未有不先同其忧，而后同其乐者。盖数炊秤爨，足以享己而不足以享人，此小知之士，所以长见笑于大方之家。公之帅桂也，明政事，练甲兵，销患未萌，而人无骇舆之变，此先同其忧也。公之辟圃也，敞扉通途，无隔塞之禁，而不忍擅一身之私，此后同其乐也。惟忧乐与斯人共之，是为公所以建八桂之意欤。"于是众口嗟咨，感公盛德，谓山石可泐，川湍可涸，斯堂之景，岂有既乎。虽然景则无时而尽，公则有时而去，一日归拜明光，密侍严凝，则吾人思公之心，亦岂有既乎。愿得公之文，以纪无既之景，垂无既之思。仆曰："公手植八桂于堂之砌，异时公归在朝，尔邦之人，拥翠干而培深根，徘徊抚玩于浓阴之下，想风采而咏芳馨，期为勿剪之千龄，则是真甘棠之思也。顾吾之文亦何与哉。"谨记。

【注释】

①李彦弼（生卒不详），字端臣、仲宣，江西吉安人。宋建中靖国元年

（1101）至政和七年（1117）任桂管幕僚。

②八桂堂，宋绍圣年间桂州知州程节所建。

［宋］尹穑①《仙迹记》②

唐郑冠卿，上都人。乾宁中，以临贺令考满赴调，路阻不果行，留止桂林。一日，步至栖霞洞口，遇二道士。揖与俱入，数十步，坐盘石上。列棋局、酒壶，傍有二青衣执笛，设筌蕍。既坐，道士曰："若何自来？"因具言其故。又问："何业？"冠卿曰："少承恩荫，不阅诗礼，粗习吏能。"道士乃历引学优则仕、闻诗闻礼、古经圣人之语，若诮冠卿者。冠卿踟蹰，请奉教。道士云："汝所谓大寒而后索衣裘也。"复问："颇能笛不？"云："稍得其妙。"即命青衣授之。撅捻失措，愈鼓咽作气力声，讫不应。道士顾曰："汝岂吹玉笛之手耶？"相与对饮、奏乐。冠卿但见其捧杯执器，了不闻其作何曲调也。道士曰："向作乐，汝亦闻乎？"冠卿曰："不。"二道士笑且曰："此非聋俗者哉？！"冠卿方目注酒壶，不瞬，道士识其意，取倾之，卒无甚出，杯中仅能滴沥。冠卿饮已，将辞去，各赠以诗。一云："倏忽而来暂少留，凡间风月已三秋。趋名竞利何时了，害物伤人早晚休。祸极累成为世谤，荣过恩却与身仇。君看虎战龙争处，几树白杨飘垄头。"一云："名利教疏便可疏，俗情时态莫踟蹰。人寰律历千回换，仙洞光阴数息余。顷信令威曾化鹤，今知庄叟羡游鱼。不缘过去行方便，那得今朝会碧虚。"诗既成，复曰："汝于宦途曾行何事？"冠卿徐云："每哀民贫，代偿租税。草野间，见暴骨必解衣瘗之。"道士曰："今之相遇，岂不以此乎！方今四海豆分，诸雄角立，重敛赡兵，盖亦天数。然古之为政，尚宽务俭，不眩聪察，至如王乔、许逊之徒，皆临官积功升济道果，汝其勉之。"冠卿出就路，忽二樵者相问："洞中酒乐与俗何如？"冠卿曰："酒不多得，乐无所闻。"樵者曰："此与不遇等耳。汝亦识其人乎？乃日华、月华君，还自南溟之宴，汝适逢耳。"行不数步，已失所在。既归，家人惊愕相语："去何许久？服已释矣。"冠卿遂绝意名宦，退居冯乘，一百四岁无疾而终云。

绍兴五年^③十一月冬至日，鲁国尹穑述。吴郡李弥大书。醴陵张昱摹刻。唐全、龙跃镌。

【注释】

①尹穑，生卒年不详，字少稷，山东兖州人，宋建炎年间避乱至桂林。

②摩崖在桂林七星岩内。引文选自《桂林石刻碑文集（上）》第247页。

③公元1135年。

［宋］吕愿忠^①《仙弈洞》^②

半世观山鬓已皤，欲求钓艇老渔蓑。杖藜又过烟霞洞，闻说当年烂斧柯。

【注释】

①吕愿忠，《宋史》卷363"李先传"等作"吕愿中"，字叔恭，河南洛阳人。宋绍兴二十四年（1154）知静江府兼主管广西经略安抚司公事。明张鸣凤《桂故》有专条。

②摩崖在隐山朝阳洞（隐山朝阳洞又名仙弈洞）。引文选自《桂林石刻碑文集（上）》第285页。

［宋］赵夔^①《桂林二十四岩洞歌二首》^②之二

宜人之地少陵诗，阅玩前贤词意奇。烂然五咏非虚语，位压坤方占一维。青青四顾列群山，生自天工巧若镊。玲珑拔地耸层秀，峥嵘嵯峨星斗间。其中有洞十二所，七星山下栖霞府。日月华君显迹灵，遇者当时郑冠卿。归到人间已三载，仙洞光阴时未改。至今旧记传无穷，玄岩蟠蛰闻白龙。一泓澄碧寒潭莹，水月圆明下翠峰。枕城楼观环俯视，绿锁乔林春日媚。秦碑柳记已难观，漓水南流泛渺漫。庆林巽穴玄风出，华景高明隐丹室。西方虚秀贯山腰，南华朝阳风景饶。夕阳北牖通仙径，白雀嘉莲池渌净。许多佳致卒难题，留与词人赓雅咏。

①赵夔，生卒年不详，号漳川居士，人称赵贤良，福建龙海人。宋绍兴年间游桂林，居正悟寺。

②摩崖在桂林南溪山穿云岩。引文选自《桂林石刻碑文集（上）》第275页。

［宋］刘克庄^①围棋诗文摘录

（1）《送陈子东^②叙》

金华叶潜仲^③，君子人也。曩仕于抚^④，予捧檄至焉，始定交。后十年，予从事广西经略使府，潜仲适佐漕幕，岭外少公事，多暇日，予二人游钓吟弈必俱。神崖鬼洞，束蕴而进；唐镌宋刻，刜苔疾读。登巘放鹤，俯湫呼龙。平生乐事，莫如桂州时也。……

（2）《栖霞洞诗二首》

往闻耆老言，兹洞深无际。暗中或识路，尘外别有世。几思绝人事，赍粮穷所诣。棋终出易迷，炬绝入难继。孤亭渺云端，于焉小休憩。凭高眺城阙，扰扰如聚蚋。尽捐滓秽念，遂有飞举势。山灵娟清游，雨意来极锐。蒙蒙湿莎草，泹泹凉松桂。暝色不可留，怅望岩扉闭。

直路幽阴侧路明，玉为墙壁雪为城。殷勤报有诗翁到，无一仙人肯出迎。

【注释】

①刘克庄（1187—1269），初名灼，字潜夫，号后村，福建省莆田市人，吏部侍郎刘弥正之子。嘉定十四年（1221）任广西经略使胡槻幕僚。

②宋淳熙年间广西提刑司属官。

③叶任道（生卒年不详），一作叶岂潜，字潜仲，浙江缙云人。宋嘉定间官静江府教授。

④抚，江西临川西。

[宋] 徐梦莘①《与乡人宴集弹子岩②中作》③

吾侪生江南，远近俱邻乡。一官皆为贫，糊口走四方。遇合良独难，动如参与商。谁知自有时，朋盍聚炎荒。外台参计画，幕府佐纪纲。出宰得壮县，分教莅郡庠。曹掾胜三语，簿领真仇香。不止似人喜，顿觉吾军张。合坐尊序齿，避席敬行觞。岩洞纵登览，杖屦陪徜徉。棋矢以相娱，啸歌情意长。举酒起祝规，爱我药石良。古人尚植立，君子道其常。平生学忠孝，馀力从文章。临节不可夺，当官有何强。穷乃见节义，老当志弥刚。鸿鹄在寥廓，骐骥终腾骧。愿言各勉旃，事业要辉光。它日先上道，富贵无相忘。

【注释】

①徐梦莘（1126—1207），字商老，今江西樟树市人，宋淳熙八年授广西路转运司，主管文字。

②位于桂林七星公园普陀山。

③摩崖在桂林普陀山弹子岩，时宋淳熙八年（1181）。引文选自《桂林石刻碑文集（上）》第389页。

[宋] 刘过①《沁园春　送辛幼安②弟③赴桂林官》

天下稼轩，文章有弟，看来未迟。正三齐盗起，两河民散，势倾似土，国泛如杯。猛士云飞，狂胡灰灭，机会之来人共知。何为者，望桂林西去，一骑星驰。离筵不用多悲，唤红袖佳人分藕丝。种黄柑千户，梅花万里，等闲游戏，毕竟男儿。入幕来南，筹边如北，翻覆手高来去棋。公余且，画玉簪珠履，倩米元晖。

【注释】

①刘过（1154—1206），字改之，号龙洲道人，江西泰和人。

②辛弃疾（1140—1207），原字坦夫，后改字幼安，别号稼轩居士，山东历城县人。

③疑为辛弃疾族弟茂嘉，生平不详，曾因事贬官桂林。辛弃疾有《贺新郎·别茂嘉十二弟》相赠。

［宋］方信孺①《为张自明②作碧瑶坛③铭【并序】》

如踞虎豹，如驾鼋鼍，或坐而弈，或倚而哦，布席而饮，植杖而歌。

【注释】

①方信孺（1177—1222），字孚若，号好庵、紫帽山人，福建莆田人。嘉定六年（1213）为广西提点刑狱。

②张自明，生卒不详，字成子，一作诚子，号丹霞，或作丹瑕。江西南城人。与方信孺友善，经桂林时互有唱和。

③张自明曾筑碧瑶坛于桂林西山。

［宋］李曾伯①《游隐山诗并序》②

河内李曾伯再牧桂之明年③，实开庆改元。上命三衢柴士表视边隘，竣事将还。夏六月二十有六日，约宪仓四明丰茝，兵帅浮光朱广用、符离朱焕，载酒千山观，访招隐，过仙弈，感今怀昔，风物固无恙也。时火伞张空，水花蘸碧，相与仿佯其间，清不受暑，因得四十字，并识诸石。

自重来岭峤，岂暇访湖山。归骑行边了，戎旃护戍闲。相看群玉拱，一笑六郎间。回首西风静，何愁老汉关？

【注释】

①李曾伯（1198—1268），字长孺，号可斋，河南沁阳人。淳祐九年（1249）曾知静江府、广西经略安抚使兼广西转运使。

②摩崖在隐山北牖洞。引文选自《桂林石刻碑文集（上）》第534页。

③公元1259年。

［宋］丰蓖①《用李曾伯韵隐山题诗》

阃相②可翁先生偕五人为湖山游，蓖获侍坐。先生有诗，辄用韵。门人丰蓖③

西郊陪衮绣，云步入千山。行乐五星聚，浮生半日闲。寻棋枫叶下，载酒藕花间。谈笑长城在，何人敢度关。

【注释】

①丰蓖，生卒不详，浙江鄞县人。原名芸。绍定三年（1230）进士。开庆元年（1259），官广西提刑兼提举。

②阃相，指领兵在外的统帅。

③摩崖今存桂林隐山北牖洞。引文选自《桂林石刻碑文集（上）》第535页。

［宋］朱晞颜①《朝阳洞②诗》

湖上初惊八月秋，岭头又见桂香浮。巾车几忆陶彭泽，竹马多惭郭细侯。未遣林泉还旧隐，且同岩壑访真游。一枰胜负人何在，试问樵柯已烂否？

【注释】

①朱晞颜（1133—1200），安徽休宁人。字子渊，一作名希颜，字子团。淳熙十五年（1188）任广西转运使；绍熙四年（1193）任广南西路转运使兼经略安抚使，知静江府。《两宋名贤小集》卷、嘉庆《临桂县志》、《粤西诗载》等作"朱晞贤"。

②朝阳洞，桂林隐山六洞之一。

［宋］祝穆①《方舆胜览》②《隐山》③条摘录

……至朝阳。潭水尤清冽，其上石壁，有碧石、白石二盆，盆中常有水。洞有石榻，刻为博局，故又名仙弈。

【注释】

①祝穆（1190—1256），字和甫，初名祝丙，徽州歙县人。

②《方舆胜览》70卷，宋祝穆撰，约成于宋理宗时。

③见《方舆胜览》卷38"静江府"。

［宋］项大受①《题桂林兴安县乳洞诗并序》

冷清生活与赋拙何异？围棋酌酒，其乐无涯。再得一律②

□［簪?］带无遗赏，寻盟乳洞仙。万山如玉立，三穴自珠联。局外棋尤审，杯余酒更传。回头笑牛女，虹气直冲天。

【注释】

①项大受，一名项西畴，南宋理宗、度宗时出家人，曾传有弟子法碥（字润庵，华亭人）。

②摩崖今存桂林市兴安县乳洞。拓本《北京图书馆藏中国历代石刻拓本汇编》中有收。

［明］王兆云①《说圃识余》《杨靖与猴弈》条

西番有二仙，弈于山中树下，一老猴于树上日窥其运子之法，因得其巧。国人闻而往观，仙者遁去，猴即下与人弈，遍国中莫之胜。国人奇之，献于朝。上诏征能弈者与之较，皆不敌。或言杨靖②善弈，时杨靖以事系于狱，诏释出之。靖请以盘盛桃，置于猴前，猴心牵于桃，无心弈，遂败。

【注释】

①王兆云（生卒年不详），字元桢，湖北麻城人。明代志怪小说作家。

②杨靖（1360—1397），淮安人。洪武二十九年（1396）曾奉使越南途经桂林。

［明］《玉庵①逸庵②等三人刻像并联句诗》③

清游联句

盛世甄陶礼乐中（逸）

清闲人物即仙翁（玉）

有时三五谈玄妙（慎）

无事寻常醉石空（逸）

境界清虚思老氏（玉）

风光幽雅忆壶公（慎）

兴来得句镌岩壁（逸）

难尽形容造化工（慎）

宗室玉庵约麚、宗室逸庵规■、宗室慎庵约■

【注释】

①②玉庵、逸庵、慎庵等皆为靖江王第四、第五世宗室人物。

③摩崖在七星岩的会仙岩口东南壁，并有三人围坐弈棋石像。时为大明正德六年（1511）。引文选自《桂林石刻碑文集（中）》第220页。

［明］张吉①《武缘②李氏族谱后序》

……予见世之好事者，于文、于绘、于诗、于琴、于弈，以至摄生、烹饪之宜，卉木莳植之法，意见所及，辄与谱之，而独于其家乘阙焉。……

【注释】

①张吉（1451—1518），字克修，号翼斋，别号古城、默庵、怡窝，江西余干人。曾任广西按察副使、广西左参政、广西右布政使、贵州布政使。著有《古城集》。

②今广西武鸣。

[明] 田汝成①《觐贺将行游广西诸山记略》

隐山旧有六洞，惟此可寻。悬磴层起，北户绝壁百尺，俯视木杪。洞中有盘石，勒为棋枰，俗称烂柯石。

【注释】

①田汝成（1503—1557），字叔禾，浙江杭州人，任广西右参议时曾途经桂林。

[明] 王阳明①《题四老围棋图》

世外烟霞亦许时，至今风致后人思。却怀刘项当年事，不及山中一着棋。

【注释】

①王守仁（1472—1529），幼名云，字伯安，别号阳明。宁波余姚人。因曾筑室于会稽山阳明洞，自号阳明子，亦称王阳明。明代著名的思想家、文学家、哲学家和军事家，陆王心学之集大成者，精通儒家、道家、佛家。曾任两广总督等职。

[明] 张岳①《和可斋饮驻仙亭》

亭阴青翠筱，树影摇青枫。偶此殊方会，翛然满槛风。棋敲静夜子，月挂下弦弓。不为流连饮，天涯任转蓬。

①张岳（1492—1552），福建泉州人，字维乔，号净峰。曾任广西提学金事、广西巡抚。

[明] 周于德①《朝阳洞诗并序》

隐山六洞，唐吴武陵、韦宗卿各记其奇绝，宋张南轩②欲构亭其侧而不果。世季兵燹，湮塞■■。迨元及今，予始按《志》寻求，■■伐石，六洞复开。嘉靖丁巳③秋九月也，各诗以志之。

［朝阳洞诗］未明发蒙■，凌晨来山阿。虚岩籍■■，■■■希和。夙步粤城西，■■■■■。石门循险入，黝谷应■■。■■■云户，心目豁以多。■回■■■，■■不停梭。石枰道（下缺）④

【注释】

①周于德（生卒年不详），字南墩（有作"号兰墩"），淮安人，曾任广西镇守。《江南通志》《广西通志》《明诗综》有载。著有《兰墩诗稿》。喜好围棋，吴承恩曾有《围棋歌赠鲍景远》长诗述及：

海内即今推善弈，温州鲍君居第一。我于二十五年前，已见纵横妙无匹。当时弱冠游淮安，后来踪迹多江南。品流不让范元博，收奖先蒙杨邃庵。能棋处处争雄长，一旦遇君皆怅惘。甲第公侯饰马迎，玉堂学士题诗访。去年我客大江东，鸡鸣寺中欣相逢。四方豪隽会观局，丈室之间围再重。架肩骈头密无缝，四座寂然凝若梦。忽时下子巧成功，一笑齐声海潮哄！揭来解臂各天涯，胡为又见条侯家。团宾转主十日饮，欢喜连宵通烛花。河桥鸣冰雪涂树，别我又将何处去？文楸玉子即为家，野鹤闲云本无往。由来绝艺合烟霄，何事尘中仍布袍。愿尔逢人权放着，世间万事忌孤高。（条侯，旧指汉名将周亚夫，此处指淮安周于德。）

②张南轩即张栻（1133—1180），字敬夫，号南轩，四川绵竹人。南宋著名哲学家、教育家、文学家。淳熙元年（1174）曾知静江府兼广南西路安抚使。

③嘉靖三十六年（1557）。

④摩崖在桂林隐山朝阳洞，部分字毁无法释读。引文选自《桂林石刻碑文集（中）》第420页。

［明］何自学①《桂岭樵归》诗②

惯寻幽径入云岩，伐木丁丁野兴添。两束轻烟随负担，一湾新月映腰镰。

看棋不觉柯先烂，好学宁知妇已嫌。对此观风勤访问，若人还有隐间阎。

【注释】

①何自学（1397—1452），字思举、思学，江西金溪人。明宣德二年（1427）进士，曾任广西按察佥事。

②见嘉庆《平乐府志》卷39。

［明］吕调阳①《奉国中尉约畬②墓志铭》摘录

奉国中尉梅窗，讳约畬，靖江宗室也。……方弱冠时，遇一丐，自负善弈，公与对局，颇异之。后不知所往。过数年，梦一老人破衲敝屣，若丐者状，揖公曰："不记昔日谈棋之乐乎？汝年二十六及六十四俱有一否，然于汝无妨也。"至二十六，果丧妻；六十四，丧长子。夫神仙荒诞，不可知其有无，或者公悫诚所感，鬼神默启之也。

【注释】

①吕调阳（1516—1580），字和卿，号豫所，广西桂林人。曾任少傅兼太子太保、吏部尚书、建极殿大学士。

②朱约畬（1475—1558），号梅窗，靖江王宗室。

［明］汪必东①《粤右②督饷言怀》

永日劳不息，中夜郁以思。三旬摄吏篆，六月逢王师。议礼甫罢讼，谈兵复弈棋。折冲让才彦，飞轺敢复辞。所嗟钱谷理，口舌难空施。况引诸州籴，遥供万灶炊。较量悉升斗，负荷穷氂倪。火轮正骄亢，羽檄仍纷驰。经营一失理，缓急将何裨。号令苟不信，焉能措鞭棰。但知忧国急，未暇轸农时。反心良戚戚，欲语复期期。安得凯歌速，燕喜续周诗。

【注释】

①汪必东（生卒年不详），字希曾，一作希会，湖北崇阳县人。曾任广西左参议时途经桂林。

②旧称两广中的广东为粤左，广西为粤右。

［明］俞安期①旅桂诗文选

（1）《刘仙岩②十咏为张质卿③赋（并序）》

刘仙岩，仙人刘仲远所居，抵山之半……又左为仙迹岩，足迹宛然，趾轮可辨。传谓仲远所示。出岩稍左，有石方平，径五笏，余可设弈具，曰弈石。……

（2）《仙迹岩》

刘仙住岩下，足迹留石间。谅非斧斤力，不类潘吾山。

（3）《弈石》

石面五笏平，恰称围棋坐。误教傍立人，樵柯烂几个。

（4）《隐山六洞诗（并序）》

在昔诸洞，得水增观，西湖既陆，洞壑亦枯。往侈名称，未厌余意。既读韦、吴二记④，想其湖池台榭之盛，盖不胜陵迁谷变之慨焉。

（5）《朝阳洞》

云窦玲珑开，石浆涓滴洒。晚来含日华，垂垂雨犹下。

【注释】

①俞安期（约1551—1618），初名策，字公临，一字羡长，江苏吴江人。曾游历桂林，赋有山水吟作多篇。

②位于桂林南溪山。

③张文熙，字念华，桂林人。曾任太仆寺卿。万历三十二年（1604）曾重新营建南溪山刘仙岩。

④指唐代韦宗卿《隐山六洞记》、吴武陵《新开隐山记》。

［明］任朏①《隐山题诗》②

日贯玲珑六洞通，晴岚高揭万山雄。一轮真火炉中炫，四壁明灯窟内笼。稍子寻舟湖海变，樵人探局石枰空。要知造化更农业，试问朝阳一老翁。

【注释】

①朱任甽，字绍桥，明万历、天启、崇祯年间靖江王府宗室。

②摩崖位于隐山朝阳洞内，留款时间是〔明〕天启元年（1621）。引文选自《桂林石刻碑文集（中）》第578页。

〔明〕汪廷讷①《坐隐先生集》之《卧游记》

桂林府东栖霞洞，近七星岩，入洞行百余级始得平地，盛夏无暑，隆冬不寒，又有生成石几、石凳，石几之上有棋盘仙迹，世传通九嶷山。

【注释】

①汪廷讷（1573—1619），字昌朝，一字无如，号坐隐先生、全一真人、无无居士。安徽休宁人。著有《坐隐先生集》（12卷）等书。

〔明〕徐霞客①《粤西游日记》②（四）摘录

初二日 ……七星岩。……栖霞洞。其洞宏朗雄拓，门亦西北向，仰眺崇赫。洞顶横裂一隙，有〔石〕鲤鱼从隙悬跃下向，首尾鳞腮，使琢石为之，不能酷肖乃尔。其旁盘结蟠盖，五色灿烂。西北层台高叠，缘级而上，是为老君台。由台北向，洞若两界，西行高〔台〕之上，东循深壑之中。由台上行，入一门，直北至黑暗处，上穹无际，下陷成潭，溃洞弥漫无际峭裂，忽变夷为险。时余先觅导者，燃松明于洞底以入洞，不由台上，故不及从，而不知其处之亦不可明也。乃下台，仍至洞底。导者携灯前趋，循台东壑中行，始见台〔壁〕攒裂绣错，备诸灵幻，更记身之自上来也。直北入一天门，石楹垂立，仅度单人。既入，则复穹然高远，其左有石栏横列，下陷深黑，杳不见〔底〕，是为獭子潭。导者言其渊深通海，未必然也。盖即老君台③北向下坠处，至此则高深易位，丛辟交关，又成一境矣。

其内又连进两天门，路渐转而东北，内有"花瓶插竹"、"撒网"、"弈棋"、"八仙"、"馒头"诸石，两旁善财童子，中有观音诸像。

【注释】

①徐霞客（1587—1641），名弘祖，字振之，号霞客，江苏省江阴市人。

②《徐霞客游记》成书于崇祯十五年（1642），《粤西游日记》为书中"西南游记"的一部分。

③老君台，桂林七星岩内第一洞天，岩石天生如台，唐开元间在台上建有老君祠（今已无存），故名。

［明］张楷①《游荔浦鹅翎岩②》

谁谓剑阁险，鹅翎险更奇。谁谓齐云胜，鹅翎胜与齐。孤峰危峭壁，小径通翠微。着履穿云窦，倚杖蹑崔嵬。石门天自造，一见惊且疑。中有空洞天，宛若神人池。入谷复出谷，犹有仙界遗。禽鸟不到处，虎豹不敢栖。万山班若列，万野坦如墀。水旋环若带，花嗅醉如泥。上有龙津吐，挂缀如琉璃。隐隐月窟窝，皎皎素蛾眉。疑是巫山女，常与云雨期。疑是玉台观，上帝移来峙。疑是蓬莱岛，秦皇望断时。疑是商山担，四皓原采薇。疑是庐山鹤，欲度梁武骑。疑是山鹿巅，飞锡先来记。云移山自若，风急无宁枝。洞口浮烟薄，岩深暑气微。藤萝生壁薜，红日照仙芝。侃侃铭刻在，载有贤人题。整容式庄诵，铿然天籁希。临神一展拜，恍然英爽依。崖高迥万丈，蹑足天可梯。此去云程近，争有赤子啼。金声鸣紫陌，桴鼓续黄衣。山叟出新茗，老衲钹空已。归云遂返驾，疏雨湿征衣。凛然一声震，倏忽江雾迷。何如赤松游，黄石神其机。何如华岳登，鬼谷呈其异。何如承露台，折有金茎绮。何如仙人掌，调有玉屑卮。何如九疑上，丹霄从可几。何如烂柯山，千古一局棋。何如天目山，湛湛玉泉池。何如瀑布山，泉沸勇如飞。何如登云谷，万山若转移。何如白鹿洞，朱陆辨支离。何如天真山，一觉悟天知。嗟予初逝时，行迈且靡靡。登览兴便勃，徘徊日已西。尚须期达士，重与拜希夷。

①张楷（生卒年不详），浙江余姚人，隆庆年间曾任荔浦知县。

②鹅翎岩，在桂林荔浦县南7里，又名娥英岩。

［明］汪渊①《游朝阳洞诗》②

昔日平湖今日田，看山疋马稳如船。洞中老子得真意，一局棋残知几年？

【注释】

①汪渊（约1480—1535），字景颜，明代上饶人。正德六年（1511）进士，授大名知县，擢广东道监察御史。嘉靖初，巡按广西。明嘉靖三年（1524）建桂林书院。后累官大理寺左寺臣，嘉靖十四年卒于家。

②摩崖在桂林隐山朝阳洞。引文选自《桂林石刻碑文集（中）》第301页。

［明］卢仲佃①《七星山诗》

七星之秀伊何者，岩峭空旷县壶天。扪萝援藤上半脊，梵宫斜立生青烟。主人倒屣出迎客，把炬照路寻石室。室中玲珑开八座，天窗高卷呼幻日。杖履逍遥解冠服，萧然物外人如玉。仰看太液流石涎，石柱根根垂玉烛。一山一空曲复曲，令人四顾想黄鹄。山中棋砰敲石声，超超城市为蓬瀛。远水入望盘绿墅，半空苍石啼黄莺。笑傲尽日酒杯错，人生何用微名缚。洞口独立俯空壑，四顾寥寥天地阔。纡回屈曲入地中，洞门谁着白云封。从此穿洞尚三里，夏日洞阴尽积水。洞中变幻状万千，无能入洞采奇美。洞门高处昂石鲤，青首黄鳞谁所使。下有屹石成昂龙，鱼龙飞跃海山宫。入山未深情未已，直待冬清穷到底。手探月窟攀天根，足跨石龙采玄米。耳目轩豁得未曾，下视尘寰皆敝屣。但得名山纵奇探，何用五湖追范蠡。

【注释】

①卢玄（1521—1587），字汝田，号怀莘，东阳卢宅人。万历八年（1580）任广西布政使。

［明］顾璘^①《寿杨山人》

巾舄飘飘山泽臞，偶然游戏入皇都。花前丝竹堪陶写，橘里棋枰绝叫呼。旧说登仙多鹤骨，谁家生子尽龙驹。汉廷丞相张苍老，羡尔能传大药垆。

【注释】

①顾璘（1476—1545），字华玉，号东桥居士，世称"东桥先生"，江苏省吴县人，寓居上元（今江苏省南京市）。明代政治家、文学家。正德八年（1513），顾璘被贬为全州知州。

［明］王士性^①《栖霞洞^②》

七星岩，峙江东里许，列岫如北斗。山半有洞名栖霞。时惟中秋，与臬副李君约入洞，而后至省春岩。李君畏不敢入，余乃径入。入洞，石倒挂崚嶒，手扪壁走暗中百余武，已复大明，犹然上洞也。下洞更在其下。下数十级，更益宏朗，如堂皇。仰首见鲤鱼跃洞顶，正视之，忘其非真也。已过三天门，每过则石楣垂立，仅度单人，第乏肩铁镭耳过。已则，又黝然深黑，目力不能穷，高或十寻，阔或百尺，束炬照之，傍列万形，命黄冠一一指之：此为象，则卷鼻卧。此为狮，则抱球而弄。此为骆驼，则长颈而鞍背。此为湘山佛，则合掌立。此为布袋和尚，则侧坐开口而胡卢。半为石乳，万古滴沥自成，巧于雕刻，如水精状；半乃真石，想其初亦乳结也。谁为为此？真造物之奇哉！其他如床如几，如晒网，如弈棋，如鱼如鸟，如佛手足，顾此失彼，不得尽瞩，亦不得而尽名之。风凛凛出岭岈间，虽傍烟炬尚寒栗。行稍远，则鸣钲鼓噪，恐有怪物逼也。又多歧路，恐迷行。则时相呼集，或云通九嶷山。龙潭一，水洌而深黑不得底，久立魄悸。业已可七八里，忽复璚涛雪浪，中立一圆阜丈许，俗称海水浴金山也。怪矣。近游者，又得一岐里许，名禅房，半壁坐一菩萨像，黑石，隐隐可七寸，房中暖气更融融也。从此又东行，见白圆光，乃有一洞口，出山之背，下庆林观，粤中多蛇虺，独洞中不栖，故得酣游焉，亦若鬼神呵护之。洞有玄风、弹丸为左右翼，余未暇去。

【注释】

①王士性（1547—1598），字恒叔，号太初、玄白道人，浙江人。

②栖霞洞，位于桂林七星岩中。

［清］昭梿①《啸亭续录》卷4《记孙延龄②事》摘录

孙延龄者，孔定南③之婿也。定南殉粤西难，女嗣贞④，年十二，乳媪携之遁民间得免。顺治十年（1653），将军线国安⑤收复桂林，嗣贞归京师。既长，适龄，王在时所许字也。康熙三年（1664），延龄出镇衡州，六年（1667）六月，移镇桂林，以王永年、孟一茂、戴良臣为副都统，受延龄制。延龄所居，明靖江王府也。既居之，忽忽若失，或头目眩晕。不视军事，学围棋，鼓琴，临池摹榻古帖，挟弹丸，张罾罟取鱼鸟以为乐。

【注释】

①爱新觉罗·昭梿（1776—1833），字汲修，号檀樽主人。满洲正红旗人，清朝宗室大臣，史学家。有《啸亭杂录》《礼府志》《啸亭续录》《蕙荪堂烬存草》等书传世。

②孙延龄（？—1677），汉军正红旗人，康熙十二年（1673）吴三桂举兵叛清，康熙帝命孙延龄为抚蛮将军，与广西巡抚马雄镇一起镇守广西并合谋剿灭吴三桂叛军。但孙延龄于康熙十三年（1674）投向吴三桂，不久，孔四贞劝其反正，代孙延龄上书乞降，康熙帝准许，孙延龄又准备叛吴投清。吴三桂派其从孙吴世琮计杀孙延龄以及他与孔四贞的独生子。

③孔定南，即孔有德（1602？—1652），字瑞图，今辽宁省盖县人，原籍山东，初为明朝将领，后投降清朝。顺治六年（1649）被封定南王，

顺治九年（1652），孔有德在桂林被南明将领李定国击败，自刎而死。

④嗣贞，即孔四贞（1635—1713），清初定南王孔有德之女。孔有德死后，孔四贞逃往北京，被孝庄太后收为养女，封和硕格格，即民间野史所传之还珠格格。

⑤线国安（？—1676），原明军将领，后随孔有德降清，康熙十三年（1674）随孙延龄在桂林叛清，康熙十五年（1676）病死。

[清] 曹云路① 《游砻岩》②

桂山多突兀，乃在湘之浒。湘岭翠如攒，兹岩独奇古。咄哉造物灵，幻作崆峒府。丹崖郁高阁，绿嶂穴幽户。不假五丁凿，奚倩娲皇补。中有琅玕髓，疑成冰雪乳。玉粒糁琼田，青莲挂碧宇。金光晃舍利，宝气腾瑶圃。盘坳蛰蛟螭，狰狞怒犀虎。鱼披贴壁鳞，凤梳栖谷羽。或堆防风骨，或簇肃慎弩。廉刿森剑戟，缜润析圭组。倒者悬钟磬，侧者欹锜釜。空嵌饶神力，镵削笑鬼斧。

氤氲隐药灶，错落横棋谱。何年遗仙蜕，谁代布佛武。风涌暑生寒，溜滴晴亦雨。云雷恒屯复，日月争吞吐。有时瀑布飞，澎湃轰钲鼓。有时晶帘泻，戞击鸣球琥。我来秉烛游，心神独踽踽。欲探骊龙珠，莫觏骑羊竖。划然舒长啸，山魅潜呼舞。平生躭邱壑，殊觉红尘苦。把酒约山灵，尔我相宾主。

【注释】

①曹云路（生卒年不详），清代书法家，全州西隅人，康熙六年（1667）中进士。

②砻岩，位于桂林全州县。引文选自雍正版《广西通志》第125卷。

[清] 刘仙岩道士立 《修建本山碑记》①摘录

始安郡，郡之南，壁突出一拳，名曰南溪。碧凌釜翠，丹夺云红，嶙峋奇绝，石室清幽，此天造地设，以为至人栖真之所。所谓：山不在高，有仙则名，而山久待仙而名者也。于大宋元丰，果有一玄隶字紫阳者，参透文玄，玄泄非人，配流于是。遇白屋弃屠刀而慕道，构黄堂解组绶而修行。机缘凑合，三人同入谷中，书翻鸿宾，文演琴心，还丹炼就，飘然轻举矣。于是而得其名焉，故名之曰：刘仙岩。岩有所遗迹，药炉、丹井、棋枰、黍臼，种种不一，往来登眺，不过赏鉴而已。惟于崇祯庚辰岁，靖江十三代王孙驾下内臣刘应科、李增寿、赵吉祥、杨继先游玩于斯，致惜仙峰灵境年深颓败，慨然捐资，嘱托住持曹和明、傅守一竭力助建通明虚阁及上下左右亭台。精舍庄严，皇金彩，焕然一新，朗秀天开，精华郁丽，乃成始安一大观也。兹有黄冠、许得仑，治乱相承，创守兼任，目经成坏，几番修饰。诚恐日久湮没前功，因而勒石以垂百世不朽云。

【注释】

①摩崖在桂林南溪山刘仙岩，时康熙六年（1667）。引文选自《桂林石刻碑文集（下）》第44页。

［清］孟亮揆①《游七星岩诗有序》②

盖闻粤右山川胜，秀绝人间。始安岩壑之奇，甲于天下。伏波祠畔，无非玉笋瑶簪；诸葛亭边，不少烟鬟雾髻。独有栖霞一洞，上临贯斗七星，翠尽拈天苍真。拔地丹梯直上，为玄元老子崇祀之场。紫逻盘来，乃日月华君栖真之所。寻源有路，羽人既艺竹，前行探胜无穷，游者亦塞裳竞进。才逾鹤岭，别有陂陀。一渡虹梁，遽然空阔。钟乳缘崖而下坠，滴残万朵芙蓉，幔城卷雾，以齐开放出千林翡翠。为仙兽、为仙禽、为仙果，肖厥形者，似耶？非耶？如玉瓶、如玉几、如玉床，谛而视之，幻乎真矣。何来灵境？疑通圆峤、方壶。此去列真，定遇安期、曼倩。然而阴寒骇瞩，怅怅何之？幽窅迷人，茫茫莫辨。设松灯一熄，奚差碧落黄泉？恐芒鞵归来，已变桑田沧海。嘿焉心悸，悄矣魂飞。乃于山穷水尽之时，忽得心旷神怡之象。曾公之桥甫过，依稀月吐三更。石湖之洞重穿，仿佛天门一线。

倏尔东方之白，依然北郭之青。回看花潭竹屿之间，红尘已隔。欲问药杵棋枰之迹，白石将枯。与世共言，必诧为凿空之论。谓余不信，试证诸出世之交。他年之某水、某丘，定形梦寐；此日之一觞、一咏，实快平生。散步而还，微吟一叶溪边之句；挑灯起坐，用成八公山上之篇。

（1）洞门列巘插天齐，渡得危桥路又西。石鲜滴泉岩乳下，苔衣蚀土碣文迷。听残玉笛云犹合，控住青鸾日未低。十树桃花虽不见，分明身入武陵溪。

（2）追随陈迹到山椒，簪带怡云为寂寥。别有亭台开境界，从无车马接尘嚣。棋声已绝空留局，涧道余寒每堕樵。咫尺仙源迷出处，烟光大半入诗瓢。

【注释】

①孟亮揆（生卒年不详），字绎来，江苏苏州人。康熙九年（1670）进士，官翰林侍讲学士。康熙三十六年（1697）曾游历桂林。

②诗文见《栖霞寺志》（下）《诗文志》。

［清］张本真①《桂林刘真人②传迹》③

仙翁姓刘，名景，字仲远，桂林人也。幼尚气节，初为屠，次为商，常贩私铅。遇方士，与刘的谕以法禁之严。翁告以贫而不能矣。方士大笑，取所荷铅一块，药之，即为银以授之。达旦失方士所在，于是大悟，乃习医卜，遍历名山。至京师，馆于贾承丞相昌朝④家二十年，好弈饮，或终日不食。冬夏一裘，瞑目诵庄老周易。皇祐间还乡，容色不衰。父老异之，知其得道者也。乃栖于所居南溪山之阳石室中。妻孥时欲省之，至山下辄见毒蛇猛兽，不得进。公性嗜酒，每出，市人争见之，欣然应接，樵歌而归。或有问道者，即指真心，真心即可学也。人以忧虞求者，无不应验。有疾病告者，施以药，随愈。远近皆爱敬之。公自号大空子，人问点化之术，即笑而不答。天台张平叔真人，赠以长歌，叙以神仙造化之妙。公警悟，即与平叔施眉吾从游，人莫知其契也。元丰八年九月，告其子曰：此形不可恃，吾亡日当以火化。一夕，无恙而逝。其子依遗言，将举火，发棺视之，惟存布袍绦履而已。后百余日，廉州合浦还珠驿密授东山逍遥子金玄秘要诀并至家书于桂林。人知公尸解化矣。寿年一百一十八岁。后游山士夫，惟见《张真人歌》，而《刘翁歌》缺，今获此，恐久而蒙没。余遂勒以石，以存仙迹。是垂不朽云。

【注释】

①张本真（生卒年不详），字一元，号南溪山人、南溪黍谷道人、南溪谷士，清代桂林道士，住持南溪山刘仙岩。

②刘景，字仲远，桂林人，传说宋治平年间在刘仙岩得道成仙。

③摩崖在桂林南溪山刘仙岩，时康熙三十九年（1700）。引文选自《桂林石刻碑文集（下）》第117页。

④贾昌朝（997—1065），字子明，河北石家庄市人。

[清] 甘霖溥① 《桂岭樵归》②

山中罢采薪，城上残霞暮。行吟一局棋，烂我柯何故。

【注释】

①甘霖溥，平乐人，康熙四十四年（1705）举人。

②诗见康熙版《平乐县志》。

[清] 郡人张弘① 《叠彩山题诗》② （二首）

（1）白苹风冷雁南飞，闲步秋山挹翠微。半醉呼童频度酒，苦吟得句迥忘归。登临此日逢佳节，谈笑终朝坐夕晖。入眼黄花偏弄色，清香到处袭人衣。

（2）高踞云峰百尺楼，满城树色淡烟浮。杯倾菊酒金风爽，鬓插花枝玉宇秋。往事低徊同弈局，寄身天地等蜉蝣。拼教一醉呼桑落，买得名山作胜游。

①张弘（生卒年不详），字松臬，号虞峰，桂林人。康熙三十八年（1699）乡试解元。

②摩崖在叠彩山风洞内，时约康熙四十七年（1708）。引文选自《桂林石刻碑文集（下）》第152页。

［清］陈元龙①《九日七星岩登高小饮阜成书院纪游次载侯侄韵》

郊原秋获后，万壑白云连。令节逢晴日，襄帷庆有年。风高驱瘴气，露湛洗凉天。江绕严城外，峰回古寺边。停骖环野老，选胜集群贤。玉立千寻壁，珠溅百曲泉。岩花霜未压，涧草晚逾妍。欲卧仙人石，还登天子田。娱宾殊蔌蔌，怀古孰便便。授简皆能赋，忘机更论禅。棋枰消昼永，丝竹奏风前。纵目胸休隘，登高力尚坚。村中多积廪，郭外喜添防。客倚茱觞醉，花看木末鲜。落霞催返辔，新月皎初弦。香饭炊新稻，柴门起暮烟。旌旗屏拥卫，童叟听争先。民气因时乐，君恩此地专。公余农亦暇，人朴意生怜。绥辑诚何有，熙恬亦偶然。高吟惊座就，丽句列星编。老我成芜秽，闲情未弃捐。和章蛮女唱，韵事异乡传。敕吏摩崖石，留镌九日篇。

【注释】

①陈元龙（1652—1736），字广陵，号乾斋，浙江海宁人，康熙五十年（1711）任广西巡抚，治桂8年。曾在桂林七星岩创办阜成书院，并勒碑《阜成书院记》。

［清］李秉礼①《游隐山》四首（之四）

挥毫拈韵曲同赓，醉后清风两掖生。惟有淳川②吟思苦，甘从金谷③罚三觥。

【注释】

①李秉礼（1748—1830），字敬之，号松圃、七松老人，江西临川人，

长居桂林。

②陆钟辉，字南圻，号淳川，江都人。官南阳同知。著有《放鸭亭小稿》。

③唐朝围棋国手王积薪故事。相传王积薪曾与同时围棋高手冯汪在太原尉陈九言的"金谷第"对弈九局，传下"金谷园九局图"。后世多以"金谷"言弈局。

［清］何毅夫①《棋盘石》②

仙人最是难方物，烂柯山中传七日。巴邛霜老橘朱殷，其中曾不减商山。今古悠悠棋一局，一输一赢皆缚束。仙人游戏以出之，胜负无心神自足。昭江马滩滩下流，天工斲石成文楸。云树苍茫容坐隐，临湍清泚暨金沟。古仙会弈曾于此，还有枰间夫敛子。千年历却无穷期，眼看世上须臾耳。我闻青龙九部王积薪，溪居孤姥为铺陈。东五西九南十二，愿乞一枰服世人。服尽世人终后著，圣贤不贵争强弱。螳螂怒臂枉当车，雄如刘项成一嚄。细看此局未曾终，岂无敌手分雌雄。万物相争不相下，卒之此物还太空。不如得已且姑已，盘中相对留余技。神仙当不尽所长，应知天下尝如是。

【注释】

①何毅夫，生卒年不详，名懋士，以字行，号介园，广东顺德人。乾隆十年（1745）进士，曾任职昭平（平乐）知县。著有《浣花堂集》。

②诗见嘉庆版《平乐府志》卷39。

［清］李文藻①《岭南诗集·桂林集》摘录

［乾隆四十一年（1776）］十二月十二日羊城解缆，顺德张毓东（日珣）、张药房（锦芳）、黎二樵（简）、黄铭室（丹书）送至佛山镇，舟中弹琴、围棋、赋诗、作画至次日夜半，过沙口始别。

①李文藻（1730—1778），讳文藻，字素伯（一字茝晚或茝畹），号南涧，山东益都人。乾隆进士，曾任广西桂林府同知。有《琉璃厂书肆记》《粤西金刻记》《山东元碑录》《粤谚》《桂林日记》《岭南诗集》《南涧文集》《南北史考略》《国朝献征录》等作品传世。

［清］黄粹然《隐山题诗》②（二首）之一

地僻山深一径幽，天开楼阁五云浮。花依洞口常时发，泉挂岩头得间流。棋局空存参幻境，蒲团静坐悟虚舟。此邦从古侈名胜，啸傲于兹尽日留。

【注释】

①黄粹然，字汉村，生平不详。

②摩崖在桂林隐山朝阳洞。时乾隆五十八年（1793）。引文选自《桂林石刻碑文集（下）》第308页。

［清］曾燠①《游隐山六洞题诗》

峰峰漓水绿，复作漓水绉。桂林烟景多，坐使客程逗。隐山本神工，翻若人工就。一方水若玉，谁与细雕镂。楼阁交玲珑，日以风泉漱。风泉漱不已，窃恐石根瘦。诘曲蚁穿珠，逶巡蛇出窦。天心探到才，月胁转来又。每当狭路穷，辄得广厦覆。轩窗面面启，尽挹川原秀。仙人适何之，棋局犹未收。琴荐亦宛然，冰弦几回奏。（自注：棋局、琴荐皆洞中石。）兹山诚可隐，今我亦何谬。家有白头亲，方从峻坂走。

【注释】

①曾燠（1759—1831），字庶蕃、唐蕃，号宾谷、西溪渔隐，斋名题襟馆、艺学轩、赏雨茅屋，江西南城人。嘉庆二十年（1815）由广东布政使升贵州巡抚曾途经桂林。

②摩崖在桂林隐山北牖洞，时嘉庆二十年。引文选自《桂林石刻碑文

集（下）》第355页。

［清］嘉庆《临桂县志》"华景石洞"条

旧志，在宝积山之北，又名华景岩。岩扉东向，空明轩豁，可容数榻，中多唐人遗刻，有穴直通山后。由石径循雉堞南行，竟达武侯祠下。洞内有石棋局、烂柯石。

［清］曾在埏[1]《隐山题诗》[2]

昔读米家画，酷爱墨痕皱。每遇山水窟，程便十日逗。看山既成癖，似向有道就。奇哉桂林峰，天然胜刻镂。兹洞更奇辟，尘腐尽盥漱。崖摩老君像，一把仙骨瘦。绿水环小桥，清风引虚窦。纤曲转弥转，客讶相逢又。此处非人间，朝夕白云覆。岩壑嵲然耳，乃夺乾坤秀。拂衣扫石磴，爽气辄坐收。仙乎去何年，棋罢琴停奏。我来饱游览，此行颇未谬。怅怅不久留，策马来朝走。

【注释】

①曾在埏，曾燠之子，清道光十七年（1837）曾路过桂林。

②摩崖在桂林隐山北牖洞。引文选自《桂林石刻碑文集（下）》第449页。

［清］陈竹卿[1]《北牖洞题诗》[2]

隐山石层层，嵬峨堆众皱。白云起岩岫，绕洞时逗留。岂是巨灵擘，抑亦化工就。玲珑曲复曲，吉金新刻镂。刻镂亦天然，况有流泉漱。古藤匝四壁，蛟龙几枝瘦。今我再来游，伛偻入虚窦。仙人虽云杳，棋局抚来又。漉酒礼佛龛，手把金瓯覆。出视最高峰，南天耸独秀。杜鹃红满山，日出雨初收。眠琴偶一弹，松风入初奏。一弹复再鼓，声韵无丝谬。曲终卸银甲，欲跨青牛走。

【注释】

①陈竹卿，生卒年不详，清道光年间曾游历桂林。

②摩崖在桂林隐山北牖洞。引文选自《桂林石刻碑文集（下）》第431页。

［清］夏松父①《北牖洞题诗》②

隐山山水奇，山奇水复皱。崖洞曲而深，出入行而逗。触目惊玲珑，镜凿其谁就。岂若昆山玉，片片旨雕镂。静听壁上泉，旦夕鸣玉漱。旦夕漱不已，窈恐云根瘦。虚腹开龙潭，引云穿石窦。樵子久烂柯，仙棋弹岂又。琴荐迹隐然，尽被苔衣覆。（原注：棋局、琴荐皆洞中石）静中见太古，魂嵬石竞秀。抱瓮汲西湖，（原注：洞旁有湖，久废。沈小楼先生凿之，仍其名曰西湖）清泉我其收。松风响谡谡，声叶丝桐奏。烟萝无俗态，隐此亦何谬。芳信到梅花，忽向庾岭走。

【注释】

①夏松父，生卒年不详，即为夏仪，字心畬，湖北襄阳人。清道光年间曾游桂林。

②摩崖在桂林隐山北牖洞。引文选自《桂林石刻碑文集（下）》第431页。

［清］郑献甫①《张允勋墓志铭》②

［咸丰八年五月初八］君讳允勋，姓张氏，字荣堂，世为吾乡临桂之苏桥驿人。……性颇豁达自喜，凡书画琴棋词曲靡不能为。

【注释】

①郑献甫（1801—1872），字小谷，号愚一、识字耕田夫、白石，斋名补学轩。道光二十七年（1847）后为桂林榕湖书院、秀峰书院主讲。

②见《桂林墓志碑文》。

［清］唐景崧①围棋艺文选

（1）光绪八年八月初五日上慈禧太后书：

……棋争先着，急宜暗使刘永福就近扼兵。及彼未来，犹易下手，恐稍纵则即逝矣。……

（2）"看棋亭"②并题对联：

纵然局外闲身［心？］，每到［未免？］关怀惊劫急；

多少棋中妙［要？］着，何堪束手［搔首？］让人先。

【注释】

①唐景崧（1842—1903），字维卿、薇卿，斋名五梅堂、得一山房、居闲吟馆，桂林灌阳县人。清光绪八年（1882）赴越南率刘永福部黑旗军抗击法军，光绪十七年（1891）任台湾布政使、台湾巡抚。台湾沦陷后回桂，曾任桂林经古书院山长。

②在桂林市榕湖南面的五美塘之唐景崧私邸内。

［清］张亦孙①、陈楚卿②《七星岩题名》③

光绪丙戌（1886）仲夏廿二日，武彝山樵张子亦孙、菩阳山人陈子楚卿来此投壶赌酒、画石围棋。

【注释】

①张亦孙，名张哲文，福建人。

②陈楚卿，名陈维湘，番禺人，工画。

③摩崖在桂林普陀山七星岩。时光绪十二年（1886）。

[清] 林德均①围棋诗选

(1)《风洞题诗》二首之一②：

登高有约续重阳，叠彩凭看眼界张。天际云开惊石峭，洞中风爽爱秋凉。奕仙翻怪棋声冷，眠佛方饶睡味长。笑语山灵可相识，别来潘鬓已全霜。

(2)《普陀岩题诗》——边防有感③：

荒州斗大卧山城，入夜风嘶战马声。岭指分茅刚划界（自注：汉马援立铜柱于此），营依细柳共谈兵。西南半角谁收拾（自注：谓越南国），夷夏一家也太平（自注：法夷款和）。此局不堪重铸错，有人磨厉剑锋鸣。

【注释】

①林德均，生卒年不详，字紫坪，广东信宜人。光绪十七年（1891）曾游历桂林。

②摩崖在桂林叠彩山风洞，时光绪十八年（1892）。引文选自《桂林石刻碑文集（下）》第630页。

③摩崖在桂林普陀山。引文选自《桂林石刻碑文集（下）》第634页。

[清] 黄中通①《同胡、彭二公②游栖霞》③

与君系马宿郊原，短树离披隐菊园。半野棋声宾和主，一行风韵弟兼昆。诗成暂托霞封寺，客去应呼僧扫门。莫厌秋思生岭外，岩边姓氏几个存。

【注释】

①黄中通，福建晋江人。清顺治十七年（1660）曾任广西按察使。

②二人生平不详。

③文出《栖霞寺志（下）》之《诗文志》。

[清] 陈恂①围棋诗文选

(1)《游七星岩栖霞寺》

平生多慷慨，雅抱山水癖。畴昔潇湘来，穷搜穿两屐。一自入桂林，玉笋讶林立。遥瞩七星岩，列宿排空碧。初春风日佳，壶觞随所适。夜半落寒铓，去天才咫尺。辅星傍北辰，斗柄明如揭。块圠渺无垠，华荨层层坼。招提幽以清，丘壑窈而辟。崖悬树逆垂，石褶花横刺。朝霞餐独秀，夕照回象鼻。岩屋泻流泉，水流鸣虢虢。竹木阜成环，贻教光文德。吾昔游浯溪，流连元结宅。光景更过之，不与唐亭易。况此栖霞洞，鬼斧裁崱屴。阴道扪小门，古磴度雪液。天然群鹤纹，回翔刷双翮。开豁过碧虚，灵根蕴诡谲。龙门百尽高，髻鬛翻青赤。底柱凿何年，桃花流贝阙。步障涌仙幢，紫气凌空结。安得飞梯升，五千访前席。列炬东南行，百怪撼青壁。分类肖化工，目炫恣物色。或放优昙花，或落蓬莱实。或如猿暗偷，或如鹰侧击。或追狨象群，或授丹铅诀。大视太华莲，细裹连城璧。登高俨建瓴，就下趣响屧。有时经栈道，侧足窘彳亍。有时俯黑河，射引防沙碛。中虚造化生，奥窅乾坤窄。迢迢阻且长，幽灯互明灭。候露一线光，东方惊乍白。翛然隔尘凡，仿佛天台客。濑子水潺潺，桑麻几荒辟。逍遥曾公桥，百感增驹隙。独有三壶山，飘渺风前折。大药未易成，橘中数残弈。

（2）《自龙隐诸岩过栖霞寺得古体四首》之一

龙隐百尺高，漓水绕其下。雨声无阴晴，龙涎沥幽铔。中有党籍碑，摩崖秽石骼。名贤揭日星，拓本贵纸价。摩挲米石题，蛇蚓光四射。白黑随判染，墨妙无假借。片石任磨奢，一避残棋罢。骖鸾已成尘，莓苔荒庌舍。龙兮龙兮几时化？历尽春秋忘昼夜。抱珠稳睡不记年，当见花开与花谢。一亩宫，一顷稼，残荷败叶堆仙蔗。脱却鱼钩与鸟樊，姓名免使旁人诧。松风一榻洞门间，破除烦热无长夏。

【注释】

①陈恂，生卒年不详，字相宜，号缄庵。浙江钱塘人，康熙末年曾游历桂林。

[清] 徐绍桢①《学寿堂丁卯日记（卷9）》（251页）

桢少年时亦好弈，尝取当时名家棋谱录之，嫌其画为棋盘，寻子较难，则改用计行记子之法：第一着在某行某路，第二着在某行某格，以至终局为着在某行某格，寻取打谱甚易矣。有龚亮臣刺史，当时推为第二手者也，尝与余对弈，亦以余记子之法，选取名谱刊之。又有兴辅庭通判、谢继香茂才，时推作第三手者，均余之弈友也。后余年三十五，重客桂林，则龚、兴、谢三君均去世。余八兄季同，亦善弈者，先一年由桂林赴江苏，余遂无人对弈，心亦颇厌其纷争，尝教门人勿复为之。岁丁巳余回粤，偶得于晦若与吾八兄论弈局书，作一诗云：吾性厌纷争，博弈非所好。偶观旁人弈，只觉增烦恼。吾兄却嗜之，谓可敛怀抱。纳神此方寸，庶免骛八表。（八兄尝言吾人此心，日驰八表之外，惟弈时可收诸方寸之地，亦养心之道云。）于君有同嗜，相对忘晚早。君固治世才，图大先鉴小。兹事虽游戏，放手敢潦草。苦心明得失，沈思费颠倒。深防一子误，坐使全局忧。于今四十年，弈了心未了。世事正如弈，变化不可考。前棋难再覆，是非谁共晓。一局纵云胜，再局可能保。不如无所为，自然归天道。吾友已云亡，吾兄亦衰老。偶尔得遗书，咸此百端绕。

【注释】

①徐绍桢（1861—1936），广州市人，字固卿。清光绪举人。光绪二十年（1894）中举后曾任广西桂林知府文案，组织过算学会、农学会，刊印过《农学月》，后桂林太守李兴锐擢升为江西巡抚，提拔徐绍桢任江西常备军统领。光绪三十一年（1905）任新军第九镇统制，倡行征兵制。宣统三年（1911）11月率第九镇新军呼应武昌起义，被推为江浙联军总司令，12月2日攻克南京。次年1月中华民国临时政府成立，任南京卫戍总督，3月辞职。后参加护法运动，历任广州卫戍总司令兼陆军部练兵督办、参军长和广东省省长等职。1926年任临时参政院参政。晚年寓居上海。着有《学寿堂丛书》等。

（另据《学寿堂丁卯日记》：余12岁时，随宦桂林。生于咸丰十一年，

12 岁当为同治十二年）

［民国］蔡锷棋事摘录

《蔡锷自述》：日有定程，暇则围棋，精思妙着，眉色飞舞。观其作势，已知其娴韬略，而善战伐焉。

追随蔡锷多年的蒋百里也说他：“好弈，终夜不肯休，艺之强者，常以精神不继而负。”

《申报》1929 年 5 月 5 日载：锷平生好胜，闲必弈，弈必胜。象棋负，易围棋；围棋负，易五子飞；五子飞负，则易黄帝棋；黄帝棋负，则虽牧童所斗之裤裆棋，亦必邀斗以胜之。故人之至其家也，辄小心翼翼，慎之于始，不敢与斗焉。

［民国］蒋百里棋事

《蔡公行状略》：公身不魁伟，而绝有力。好弈，终夜不肯休，艺之强者，常以精神不继而负。

［民国］何绍基①棋事

［何］绍基喜弈，官京时，尝与汤鹏等对局。平生好游山东，以棋局相随。有《舟中即景八首》《伏案围棋》《次幼耕寒棋韵》等棋诗。

【注释】

①何绍基（1799—1873），字子贞，号东洲，湖南道县人。同治元年（1862）64 岁时，主讲于长沙城南书院。正月初九日起程，游桂林，途经祁阳，游浯溪，旋至永州、宁远游朝阳岩和九嶷山。

［民国］朱远缙《游还珠洞》

我来游此洞，入洞碍难行。凹凸高低处，修凿使之平。割石以为几，烂柯棋一枰。对潸而放歌，爱得气之清。世路影险巇，何地不榛荆？山灵若招隐，优游慰我生。

民国六年丁巳季夏，邑人朱远缙

［民国］张其锽棋事

张其锽（1877—1927），字子武，号无竞。广西桂林人。民国初年曾任广西省长。史载其人喜绘画，能弹筝，善围棋，懂英语，尤注重研究中国。

［民国］马君武棋事

《世说人语》（郑逸梅著）：［马君武］他喜下棋，不多考虑，迅速得很，自称下"革命棋"，但每下必悔子，尝与程善之对弈，君武悔一子，善之亦悔一子，致连悔十余子至二十子。有一次，竟把所下之子悔完，成为弈林趣话。围棋家徐润周，有诗咏这趣事："余兴枰边两社翁，考工革命未全融。随缘胜败随缘悔，细事真情识见通。"（原注：王安石诗："莫将细事扰真情，且可随缘道我赢。战罢两枰收黑白，一枰何处有亏成。"）

《白崇禧口述自传》第8编：［马君武］他对公事本事必躬亲，独下围棋时什么事都不理。

［民国］李济深棋事

《时事新报》1929年4月3日报道：李济深安居汤山每日研习围棋、书法、子书等。

《上海周报》第1卷第4期（1932年12月22日）《中国围棋谭》（二白）：

今之党国要人中，若张静江、戴季陶、胡汉民、李济深、唐有壬，莫不善弈。

《大同报》1936年10月31日第8版载《李济深访问记》，内言"……至料神村李宅，已正午矣。外则岩石曲径，内则西式大楼。危堡坚垣，仍其乡俗。刺入，遥见主人方与客围棋，仆人肃客登楼，李氏罢棋把唔。与此公别五年矣，神貌犹昔，而舒泰过之。欵语移时，笑谓记者云，既有暇入山见访，不妨多住几日，告以明日即行，李氏期期以为不可。"

1952年新中国第一个围棋组织——北京棋艺研究社成立时，李济深任名誉社长。

［民国］李宗仁棋事

程思远《政坛回忆》：［李宗仁、白崇禧、黄绍竑］他们又没有什么事情待商，只好以下围棋来消磨时间。一天，黄绍竑正在同白崇禧对弈，李宗仁在旁观战，……直到一局告终，黄绍竑胜利。

《星报》1948年6月12日载《李宗仁吃粽围棋》，内言"李宗仁副总统，自就任后，静居简出，终日以围棋作乐，意绪悠然"。

［民国］白崇禧棋事

《白崇禧口述自传》第8编，白先勇：我父亲很喜欢下围棋，是台湾围棋理事会的会长。

［民国］黄绍竑棋事

黄沪芳（黄绍竑之子）《深深的怀念——忆父亲在解放前后的二三事》：［黄绍竑］他每天忙于写作，有时也填填词、下下围棋。

1952年新中国第一个围棋组织——北京棋艺研究社成立时，黄绍竑为筹备组组长，并为首任社长。

[民国] 桂林雷家棋事

[民国]《时事新报》1929年1月24日《围棋琐话》报道：忆数月前，日本报纸披露中国棋士之名，表中有雷氏兄弟三人，长名永锡、次名葆申、季名溥华。永锡弱一子、溥华强一子，与年龄恰相反。吴氏弟兄亦如之，雷氏为北京之三杰，今复得吴氏二杰，诚佳话也。是表序次，顾水如曾表示不满，不知崔云趾、雷溥华、杨寿生，皆为南北远征之健将，固无可湮没者也。

[民国] 金庸棋事

《金庸传》：围棋名家汪振雄在桂林主持围棋研究社，查良镛从千里之外写信求教，前后通过几次信。平时还指导同学下围棋。

[民国] 欧阳予倩棋事

《欧阳予倩全集》第4卷"演员必须念好台词"：我以前曾经打过这样一个比方：演歌剧好比下象棋，演话剧好比下围棋。象棋有"车行直道马行斜，象飞田字士保家"一套规定的走法；围棋就自由得多，你爱下哪儿就下哪儿，可是一着失错满盘皆输。

《欧阳予倩全集》第6卷"自我演戏以来"：有时到茶馆里去下下围棋。

[民国] 顾水如言各地围棋

《申报》1935—09—01（名人访问记）《围棋国手顾水如访问记》："日本报纸均有围棋专刊，他们报馆里常请六段与七段名手对弈，其薪水以一局计，六段为六十元，七段为七十元，每局常下至八小时至十二小时，每日仅下四小时，故一局的胜负常在二三日之间。弈毕后，更请九段名手本因坊秀哉讲评，其讲评费为一百元，故日报一局围棋之费，当在三百元之谱。该项弈棋情形更按日登载于报上。九段名手本因坊秀哉在日本棋院的薪水，每月有三千元，此外讲评所入，尚不在内。"

"以前我在天津的时候，那里有一个商报，因为主笔是我们朋友，所以我就替他们辟一个围棋栏，专门讲评弈棋情形，商报销路顿时增加有一千多份。在那时我曾经把订户的籍贯加以统计，结果以浙江及平津人为最多，两湖次之，内地如川粤桂闽等地仅占少数。本埠《新夜报》上现亦辟有围棋栏，为本社社友所编，他们也曾要求过我，替他们讲评，我因为讲评是挺麻烦而最伤精神的事情，同时，又不能像文章下注解那么容易，所以没有答应。"

"那末，在中国围棋界中要算是谁的本领最高？同时与日本比较起来怎样？"我进一步地问。

"这个，"他笑着把头摇了摇，又抽了一口烟说，"在中国围棋界中，所有的名手，大致我都和他们会过手，除了吴清源之外，我从没有失败过一次。也许，隐者逸土中，尚……"

［民国］报刊棋事摘录

［民国］《扫荡报（桂林）》1939年5月19日《桂行营职员组织公余联欢会》内言"社内经常设置各种书报，及围棋、象棋、军棋、球类、骑射及各种乐器等"。

［民国］《力报》（桂林）1940年9月28日三版：围棋名手缪■■君，昨由衡抵桂，本市弈界必有番友赛。

《扫荡报》（桂林）1942年5月15日报道："本市近有一中国围棋研究社出现，社址在桂东路金城银行后进，该社并定后（17）日在孔明台广西银行举行开幕礼。"

［民国］《力报》（桂林）1942年12月20日，西南文艺联谊会举办围棋比赛。国手汪振雄主持。倡导人李济深、李任仁、黄钟岳等亲临指导。

［民国］《力报》（桂林）1942年12月27日载：西南艺文联谊会之周末晚会，于昨日下午在青年会举行，到二十余人。围棋名手胡琴均到场劝技，情况极为热烈。

［民国］《南宁民国日报》署名"大头"[①]的《围棋丛话》连载（1934年5月16日）

近代吾国名家，自推吴清源为最，其在国内者，北平则有顾水如，上海则有刘棣怀，汉口魏海鸿，吾桂之侨寓北平者，有全州雷葆申、溥华昆仲[②]，此数子中，顾、刘皆出余上，海鸿、葆申、溥华，与余抗行而已。

【注释】

①汪振雄（1903—1960），人称"汪大头"。事迹见本书"桂林棋人"相关条目。

②雷葆申、溥华昆仲事迹见本书"桂林棋人"相关条目。

［清］嘉庆《临桂县志》

把总马上德妻袁氏，早寡，子之勇五岁、之雄三岁。家故窘迫，惟十指所出，以给朝夕。抚教之勇兄弟俱为武职。之勇尤能书画琴棋，其人雅驯，皆秉母教。

［清］康熙《全州志》

仙弈山，在玉屏之后，平衍曼延突起一岗，袤广寻丈，中横方石，旁簇八小峰，四面拱峙，如对弈。因名。

［清］雍正《平乐府志》

［荔浦县］火焰山，县东45里，一名华盖山。高数百丈，周20里，即府城南面之向山。山顶有塘，宽数亩，深丈许，内有鱼鳖虾蚌。塘畔有石棋枰，时有鼓乐之声，附近居民间有闻之者，想山鬼木客为之也。

［清］康熙《灌阳县志》

（1）［清］莫予智《紫竹扫台》：遥望南山紫翠隈，夙闻奇景有高台。旋风频舞双竿扫，几石全无半点埃。共说磐为仙侣局，漫看竹是野人栽。寻常未许游踪到，偶有观棋樵子来。

（2）［清］陈廷藩（二首）

《紫竹扫台》：茫茫何处访天台，忽听归樵细述来。万丈巍峨难履道，一区方正宛棋台。松声带雨还青嶂，竹影摇风拂绿苔。不有真人常止息，肯令顽石绝尘埃。

《石匮归樵》：未信樵林逸兴多，关前翘首定如何。风生峡口天鸣籁，人唱岩阴谷答歌。水畔还山通石路，松枝带叶束藤萝。归时不践渔翁约，知恐观棋久烂柯。

（3）［清］唐宜甲（二首）

《紫竹扫台》：方石一区奇矣哉，曾闻仙侣作棋台。子分黑白星辰样，纹列纵横经纬才。不用绯衣楸玉局，惟凭紫竹去纤埃。风清节亮无如此，俗客焉能跨鹤来。

《石匮归樵》：巍巍石匮碧烟多，此处樵归景若何。壁峭崖悬人在水，林深波静谷酬歌。披云檐上飞花木，戴月枝头缚薜萝。隔岸看来名手画，不知几个烂其柯。

（4）［清］刘森《紫竹扫台》：紫竹罩空林，台高风自扫。谁留一局棋，胜负犹未了。

（5）［清］王廷铎《紫竹扫台》：不识此山奇胜处，四时但怪云铺絮。

客言采药此山中，绝境依稀尚能语。覆顶青天尺五高，俯看云背若波涛。琪花瑶草名难辨，员峤方壶触处遭。中有巨池漾空碧，脉连江海通潮汐。阴阴洞壑老藤缠，黑处应有蛟龙宅。往年祷雨来山隈，风转灵旗万壑哀。飞电奔雷惊踯躅，盆翻马鬣破苍苔。更讶池边方石起，天然棋局平如纸。仙人弈罢几千秋，黑白纵横半生死。萧萧紫竹倍孤清，长伴青松守石枰。风细月明时为扫，不教玉局点花英。只恐观棋柯匪故，拨云且觅来时路。扪萝几日出层峦，山上自晴山下雨。我欲探奇杖短藜，客言神境绝丹梯。天台流水偶然遇，着意寻源路已迷。

（6）［清］王维岳《紫竹扫台》：始信蓬莱境，不在东海东。但令世情远，丹梯若为通。兹山蕴灵秀，万古青濛濛。俗子讵能践，得窥惟野翁。上有纹石枰，琢削非人工，黑白子可数，旭日照瞳瞳。紫竹荫其侧，高节扬清风。殷勤扫莓苔，缴尘未敢蒙。何年商山叟，弹棋冷碧中。棋声敲竹韵，逸响流虚空。日月本迟迟，蜉蝣自匆匆。揖让暨征诛，半晌局未终。茫茫宇宙间，消息谁能穷。推枰起长啸，跨鹤游苍穹。千载遗片石，摩挲景仙踪。竹影摇参差，风雨吟如龙。徘徊恐烂柯，披榛出蚕丛。回首白云多，再觅已难逢。

（7）［清］唐象兑《石匮归樵》：悬崖峭壁俯深渊，路傍山边与水边。斜负薜萝山底月，倒悬人影水中天。渔翁欲讯观棋处，樵叟茫归不记年。若使王维图胜迹，辋川石匮共流连。

（8）［清］王象升《石匮归樵》：关畔樵夫接迹多，无如未识姓名何。忘机但见行还止，遣兴时闻啸且歌。早去穿云盘谷磴，晚归踏月出烟萝。往来此地知何限，几个看棋得烂柯。

（9）［清］蒋兴弟《石匮归樵》：不藏金石不藏书，谁启石缄窥本初。樵子归来棋未了，暮云烟树隐村圩。

（10）［清］王鈵绅《石匮归樵》：天然石匮不藏书，樵客归来雨霁初。莫道仙棋看未得，仙棋看得又何如。

（11）［清］蒋大洸《石匮归樵》：樵子归来剩有棋，烟笼石匮夕阳时。不缄不启凭谁管，或去或还费客思。牧笛声随流水远，渔灯光映暮山迟。

为询前路执柯者，曾向悬崖近一枝。

（12）［清］时逢金《石匮归樵》：摩挲石匮暮山巅，樵客归来路正便。度壑偶停芳草地，穿崖恰趁夕阳天。苍苔踏处轻双足，红叶桃时重一肩。莫笑围棋观未得，烂柯轶事说神仙。

［清］道光《兴安县志》

（1）将军山在县东五十里大路口，高峰突兀，群山卓立，环拱如将军凭几，阵队宛然，俗呼"八仙下棋"。

（2）文士芳乳洞飞霞庵集唐：片片皆疑缩地来，绕门岑寂断千埃。林间度鸟抛棋局，岩下分泉递酒杯。松径定知芳草合，绮罗留作野花开。烟霞淡泊无人到，尽与遨游卒未回。

（3）李时沛《重游朝元洞吕公岩诗》：二仪初剖判，真宰费雕镂。灵迹不自秘，苍茫落荒陬。伊余颇寡营，性僻耽冥搜。行来松径好，夹道风飕飕。朝元一洞天，天造非人谋。丹台丽琼宇，飞檐起重楼。嵁岈俨堂隍，虚白云气浮。累累石髓垂，森森万象哀。凸凹纷古拙，摩挲足勾留。对峙有吕岩，神异如相酬。褰裳度石梁，琼玎戛鸣球。迴沿路诘曲，竹树吟清秋。到门忽创辟，轩豁明双眸。翠壁含玲珑，纹锦襞衾裯。娲皇岂待补，月斧将何修。澄潭俯杳冥，黝深护潜虬。湜湜泛平沙，涓涓伏清流。去来不可踪，孰能测其由。有石方且平，宛然坐四周。丹经如可挹，棋局疑未收。尘凡那可得，庶几仙者俦。或去纯阳子，曾此幻蜉蝣。以是得佳名，往迹良悠悠。结发记畴昔，携履屡探幽。一别三十年，风尘隔蓬邱。却忆三生缘，怅然前度刘。山川钟秀气，乃为樵牧仇。斧斤童其巅，中有厉解牛。神奇等顽石，煅击粪田畴。每疑造物意，位置何不侔。名都与通邑，千金不易求。荒陬鲜知己，清迥遭克掊。既无好事人，谁为选胜游。仙境日颓敝，岂非吾徒忧。我诗惭灵运，我记非柳州。叹息徘徊去，应为山灵羞。

［清］龚锡绅《听之草堂诗集》

（1）相逢萍水即相知，曾否三生杜牧之。白雪集开真面目，黄童年近古须麋。才长驭短时看剑，暑冷官闲爱斗棋（作者原注：好手谈）。正好联吟竞词翰，归帆无那挂江湄。

（2）观明斋、滋圃围棋，我不解，命作诗：消夏无过手作谈，两君镇日乐盘桓。同心颍水邀黄霸，酷爱东山有谢安。死里求生须得窍，闲中着子善开端。惭予不解输赢局，旁坐真同壁上观。

（3）《得鹏溟和章再酬以七七律二首》（二择一）：昨夜樽前快唱酬，今朝独步让元刘。避君宁止留三舍，输子还应逊百筹。拼上骚坛尘野战，学从学海尽穷搜。何缘引得阳春曲，全仗巴人错起头。

（4）《最高楼·偶感》：浮生若梦，世事一枰棋。今古尽如斯。金谷园歌声嘹亮，函阳宫瓦缝参差。到于今，秋风禾黍离离。

原不是、灌园煮梅酒。也不逊、行园助鼎彝。只笑陇断情痴。与其放利频多怨，何如辨土识机宜。告同心，相赏在、醉吟诗。

（5）《登仙弈岩和石壁原韵》：凿破云根见弈槽，何年遗迹寄荒皋。近今不解输赢局，一任仙人着子高。（宋代广西都转运使赵与霍刻在石壁上的"游马平仙弈洞"：凿石纵横十九槽，千年仙弈在林皋。因思有局无棋意，可是从前不著高。）

（6）甲午清和月偕钟健莽、乃容二生游乳洞岩：晴酣当夏首，驱我作郊行。行行不数里，岚翠欢然迎。遥指万松外，灵岩开画屏。攒程又里许，洞乳现空明。两桥撑横直，一水流澄泓。石壁薛字大，三洞列上清。乳结森剑戟，雷喷响匐訇。再上路曲折，岩以驻云名。仙田分秀域，石胜叠棋枰。乘兴更贾勇，选路辟榛荆。

（7）詹明斋同年招饮苍梧学署，即席赋谢：一番酬唱一番亲。招饮高斋意念真。苜蓿本然多况味，盘餐端不列常珍。邀来李杜心心印，斗去棋枰局局新。只憾量同蕉叶样，负君斟满瓮头春。

（8）云山迢递渺相知，难觅鳞鸿一讯之。自得新吟惊老眼，回环雒诵展长眉。披图尚记维摩像，好句犹传谢傅棋。何日扁舟再东下，唱酬依旧坐云湄。

（9）再步七绝五首择一：别来风雨岁赢余，笑我真同木石居。遥想棋枰消永昼，桐阴依旧满前除。

（10）墙角新开一段坪，石床石凳列石枰。闲敲棋子丁丁响，柯烂山中第几声？

兴安王国梁《愉园诗样》（民国22年）

（1）读新民丛报感怀（八首择一）：世事从来等弈棋，铜驼石马总堪悲。祸萌五口通商日，错铸六卿流血时。幕燕处巢方宴贺，沙虫化骨已魂驰。卢蒙毕格联翩起，翘首东瀛系我思。

（原注：1.弈棋，杜甫诗闻道，长安似弈棋。2.五口通商日，事在道光二十二年。3.六卿流血，指戊戌变法。4.铜驼：铜驼会见汝卧荆棘中耳，言天下大乱也。5.沙虫，周穆王南征一军尽化，其君子为猿为鹤，其小人为沙为虫。6.卢指卢梭，蒙指蒙的斯鸠，毕指毕士麦，格指格兰斯顿。）

（2）题饮冰室文集（八首择一）：奇局新凭廿纪棋，失机着着那堪悲。能符天演争存例，即是人权战胜时。大泽神龙迟变化，阴山戎马尚奔驰。临风一掬维新泪，痛哭尧台有所思。

（3）六叠（杜少陵秋兴韵八首择二）：一纸诏书传海外，环球争遣使臣来。三千蛮长归王号，九万雄舆偃伯台。物我平权遵宪法，君平共主起奇才。大同世界今初见，试问人间得几回。

成败伊谁问九原，千年陈迹已尘昏。苦心度世推生佛，努力回天自伟人。借箸一筹全局稳，失机半着悔棋难。大声唤醒槐安国，拔剑长歌当罪言。

（4）游仙词戏咏牙牌七子团圆图（蝉联体，八首择一）：红列银笺八韵诗，诗成相约赴瑶池。池边四色蟠桃大，大地重逢一局棋。

《阳朔县志》（民国25年）

（1）独秀山，在县城西门外半里，平地突起，高三十余丈。山形如笏，山后有岩曰棋盘岩，岩口刻"来仙洞"三大字。

（2）仙人棋，在县西独秀峰下，岩内有石如棋盘。

（3）[阳朔民间]风俗"娱乐有演戏、围棋、饮酒、游泳、猎鸟兽等"。

《广西通志》

华景洞，在宝积山之北、华景山下。岩扉东向，空明轩豁，有穴直通山后。由石迳循雉堞南行，竟达武侯祠。洞内多前人遗刻，有石棋局、烂柯石。前有塘深广，唐元晦建亭于此，名曰岩光，今废。

棋盘岩，即棋子岩，旧名豹隐洞。世传为夏相公宅基，扪萝而上，洞有石似棋盘，下洞平坦，列坐可二十余人，有小窍通于后洞，光朗别是一境，明进士胡凤有诗。

《广西通志·体育志》

清光绪初年，桂林围棋风气渐盛，出现了许多高手，尤以辛甫廷、龚亮臣、秦寿芝、吴棠诚最负盛名，号称"围棋四家"。宣统二年（1910），一些围棋爱好者曾组织棋社。

民国年间，围棋在桂林仍盛行。特别是抗日战争时期，经常参加比赛的有二三十人。民国25年（1936），桂林汪振雄参加上海围棋邀请赛，获亚军，成为全国名手之一。民国27年7月，桂林围棋社在江南街12号成立，由汪振雄任导师。

《桂林市志（下）》"社会体育"条：

围棋，桂林自清光绪初年起风气日盛，出现许多高手，尤以辛甫廷、龚亮臣、秦寿芝、吴棠诚最负盛名，号称"围棋四家"。宣统二年（1910），一些围棋爱好者曾组织棋社。民国年间，围棋在桂林仍相当盛行，特别是抗日战争时期，经常有二三十人参加比赛。[民国]25年，桂林棋手汪振雄参加上海围棋邀请赛，获亚军，成为全国名手之一。[民国]27年7月，桂林围棋社在江南街12号成立。

棋亭：宝贤湖与西清湖相衔的宝贤桥畔，建有围棋石亭。方亭拙重，一面石壁，刻有山水图，三面通透，可观远景；棋子圆润，黑白分明，布于坪间，似有唐代桂林状元裴说所写的诗"十九条平路，言平又崄巇。人心无算处，国手有输时。势迥流星远，声干下雹迟。临轩才一局，寒日又西垂。"之意。

雪松园：位于西清湖东岸，一片雪松营造出冷峻的情调，并缀以石头打造的怀古亭和围棋路面造型。

《桂林市志·园林志》

在宋代，西山建有棋盘寺，淳化年间（990—994）僧咸整重修了西庆林寺[①]。隐山建有招隐亭、烂柯亭、卦德亭、俟德亭、招风桥。

【注释】

①莫休符所著的《桂林风土记》有记桂林西山西庆林寺，创建于唐武周女皇武则天年代，中唐后名延龄寺，北宋末称资庆寺。曾与四川大足寺、云南鸡足寺、贵州扶风寺、广东南华寺齐名，被列为南方五大禅林之一。

《灌阳县志》（1993 年版）

旧八景之紫竹扫台，在县城东南 12.5 公里新街乡判官山，上有棋坪，有紫竹林，清风徐来，扫除尘垢，棋坪如洗，传有仙人迹。

[越]《洪德法典》关于禁棋的条款

犯罪未发而自首者，原其罪；凡赌博则刖手五分，围棋则刖手一分；无故聚众饮酒茶者杖一百；收容此等歹徒者亦罪之，量刑时减罪一等。

《安南志略》[越] 黎崱①撰之《至元以来名贤奉使安南诗》摘录：

（1）李思衍②《安南观棋》：地席跏趺午坐凉，棋边袖手看人忙。槟榔椰叶又春绿，送到谁家橘柚香。（自注：安南柚花，甚香如茉莉，岭北所无）

（2）徐明善③《安南春夜观棋赠世子》：绿沉庭院月娟娟，人在壶中小有天。身共一枰红烛底，心游万仞碧霄边。谁能唤醒迷魂者，赖有旁观防手仙。战胜将骄兵所忌，从新局面恐妨眠。

【注释】

①黎崱，字景高，号东山，安南国人，东晋交州刺史阮敷之后世。

②李思衍，生卒年不详，字昌翁，一字克昌，号两山，饶州府余干县万年乡九芝人（今万年县青云镇史桥村）。主要活动约在元世祖至中前后。

③徐明善（1230？—1294？），字志友，号芳谷。元至元二十六年（1289），曾佐李思衍出使安南（即越南），安南世子索诗，当即口占七律一首，遂获诗名。有《芳谷集》传世。

[越] 吴仁静①《拾英堂诗集》摘录

（1）《壬戌孟冬使行由广东水程往广西和郑艮斋②次笠翁三十韵》之三

九转回肠似曲江，关山迢递别南邦。恨谁轻薄花流水，怜我清寒月到窗。数着争先棋局胜，五更杀退睡魔降。忽闻霜里梅花曲，想是山城故国腔。

（2）《壬戌孟冬使行由广东水程往广西和郑艮斋^②次笠翁三十韵》之十三

梅亭舟泊日黄昏，无限清幽任讨论。绿水青山供远客，白沙翠竹隐孤村。棋非占腹难赢局，酒是知心谩放言。笑我风霜千万里，何如终日掩柴门。

【注释】

① 吴仁静（1761—1813），字汝山，越南阮朝官员。嘉庆七年（1802）作为副使，陪同郑怀德等由海路出使中国，从珠江上梧州，转向桂林而后上京。

② 郑艮斋，即郑怀德（1765—1825），字止山，号艮斋。

③ 见《越南汉文燕行文献集成》卷8。

［越］郑怀德^①《艮斋观光集》"冬月由广东水程往广西省会请封使取路进京道中吟同吴黄两副使次笠翁三十韵"^②之十五

深深旅雁度南关，我尚离家未暂还。棋赋有人争老手，乾坤无药住童颜。云封千古沧桑局，雪撒中州白玉圜。此去燕台应不远，举头红日在前山。

【注释】

① 郑怀德（1765—1825），字止山，号艮斋，越南阮朝政治家、文学家。嘉庆七年（1802）任正使，率使团由海路出使中国，从珠江上梧州，转向桂林，与正使黎光定带领的请封使团会合后上京。

② 见《越南汉文燕行文献集成》卷8。

［越］李文馥^①《周原集咏草》^②之《提及旧年使事怀黎公日新参戎》

公爱棋，善吟工书画，素以风雅名。余《镜海集》三之粤集，皆所阅正。十年前使燕之议，承廷举以公名与我双请，竟弗果。余旨，此时公以大臣出参南陲使节未回。

雅量论交能有几，机心辍局更相忘。使乎忆昔曾双举，老矣如今各一方。裘带风高吟与画，旌旄天远雪兼霜。归来略把行间问，旧事新恩话共长。

【注释】

①李文馥（1785—1849），字邻芝，号客斋。越南阮朝官员。道光二十一年（1841）为正使出使中国，曾经桂林。

②见《越南汉文燕行文献集成》卷14。黎日新史事待考。

［越］阮攸①《星轺随笔》②之《望栖霞洞忆郑冠卿事》

乾宁中郑冠卿为临贺令，入七星山栖霞洞，遇日华君、月华君弈棋觞酒。与从笛，不能成声；倾壶饮之，仅得滴沥。独记其赠诗二章。出洞，倏不见。冠卿遂绝名利，退居冯乘，寿一百余岁。宋范成大为之筑碧虚亭，有序以记其事。某意郑处衰季之间，挽首于一令，去则是矣，何必托此神怪之事以为辞乎？聊为冠卿一辨。

西粤山川胜概多，冠卿遗事忆栖霞。韬藏自悟岩泉趣，虚幻谁为日月华。羽客不缘斯席话，高人讵易此心遐。碧虚亭序将谁辨，惑世纷纷方技家。

【注释】

①阮攸（1799—?），字定甫，号九真，道光二十八年（1848）以副使身份随同正使裴樻出使中国，曾经桂林，有《星轺随笔》。

②见《越南汉文燕行文献集成》卷16。

［越］阮思僩①《燕轺诗文集》之《和答广西护贡王少梅赠别元韵》②

少梅，名复吉，昆明人，从军议，叙候补分州。登山临水送将归，古人所由，一往情深也。玉帛朝天，衣冠接轸，况复匪伊朝夕。多生有缘，宿鸟同树，殆谓是矣。丽江风雨，不日分歧。垂陇觊赠，情以言宣。覼袜不言，吾几失之者，我有望矣。虽关山萍水，后会未卜，而翰墨胜缘，固以不胜久要。永夜寒灯，擘笺裁答，言不尽意，惟以永怀。我返南关，君归桂岭。此别天涯，各各努力。

迢递邕南数十程，满天寒日照危旌。几回风雪联舟话，即渐乡关负弩迎。三箭歌传天外捷，半枰棋遣旅中情。喜君翰墨兼能事，不独平阴早岁鸣。历尽山光与水光，赏心不觉岁花长。袖中星汉支矶石，座右梅花送客香。黄鹤胜游成昨日，桂林春色惜群芳。未知冠盖重逢会，明月从今满屋梁。

【注释】

①阮思僴（1823—1890），字恂叔，同治七年（1868）出使中国，曾途经桂林。

②见《越南汉文燕行文献集成》卷16。

（寄小文辑录）

（说明：此史料汇编中多处曾得彭年春、曾燕娟、鲍刚、苗洁、凌世君、吕立中、秦冬发、贺战武、刘琼、陈兴华、秦幸福、杨迪忠、刘建新、唐际山等老师指教，特此致谢。）

轶闻传奇

与桂林山水的传奇色彩相伴，在桂林围棋历史中，一直就流传有丰富多彩的围棋野史故事，成为桂林围棋文化中一朵浪花。

1. 长安奇梦显桂林

位于桂林西山的"西庆林寺"建筑群，创建于唐初，中唐后名"延龄寺"，北宋末称"资庆寺"。

相传早先在桂林的西山一带，还是一块草木茂盛的水泽之地。有一年，涨大水后，不知从何处漂来一根巨大的木头，多日止泊在西山的水洼之处。周边的人，起初只想拿工具将此木劈开来制作家具，却见一位僧人站在大木旁边告诫众人："这根木头是有灵性的，希望大家千万不要损伤它。"说完，这个僧人就不见了。一时惊得众人目瞪口呆，再联想起平日里这根木头也确实有些古怪：如果人们踏此木在水泽里洗摘普通蔬菜，大木就好好地浮在水面上；如果人们踏此木去去水泽里洗涤荤腥或辛辣的植物，大木就会自动地沉到水里。还真是能与那位神秘僧人告诫大家的话相照应。于是众人就公推一位老者去跟久在西山念佛的老和尚提议，将此大木雕刻成一尊佛像供奉起来。老和尚一听，觉得是弘扬佛法的一件善事，自然同意。很快，这根大木就被雕刻成一尊卢舍那大佛。并且还专门盖起一座殿堂，将这尊佛像迎请进去。因为当时桂林的七星岩已经建有"东庆林寺"，所以就将西山的新殿名为"西庆林寺"。

时逢唐朝武则天女皇当政,某天,武则天突然梦见有一位身长一丈六尺的金身之人,来向她乞赐袈裟。女皇醒后百思不解梦境之寓意,就召唤心腹大臣来询问这个梦意味何事?几位大臣都齐声恭贺说此是佛礼我皇,要借我皇的福泽来彰显佛事。一时宽慰得武则天龙心大悦,就问道:如此,事当如何?这时有一位大臣就建议说:"陛下既有此梦,不妨就依梦中所示的尺寸,织造一件袈裟,暗作标记,悬于城门之前,看是何人将它取走,即可应验梦中之事了。"武则天觉得这个建议非常好,立即诏令由此大臣亲为办理。当这位大臣请示袈裟当饰何种花纹时,武则天随手敲击着案几上交州进贡来的一座桃榔木围棋盘说:"就依此盘的方格纹路。"此大臣依旨先请内臣拓印好御前那方围棋盘的纹路,然后立即令皇家织造局放大图案赶制出一件方格纹路的袈裟,风风光光地悬挂在洛阳城紫微宫门前的华表立柱上,一时招得满城官民好奇议论,大家都想知道会是哪尊神人得此天福。谁知袈裟刚挂出去两天,突然之间就神秘不见了。于是武则天传诏晓喻天下,遍寻这件袈裟的下落。结果在桂州(今桂林)西山佛寺供奉的那尊卢舍那大佛的金身上找到了这件袈裟。当时桂州都督还专门上表贺祥,说某日彩云南来,临桂西山佛寺中供奉的卢舍那大佛的金身上莫名新添一件棋盘纹路的袈裟,引得众民惊叹。朝中那位当初操办此事的大臣拿出拓印的武则天宫中围棋盘的图案与桂州奏表中所附的袈裟图案一比对,竟然处处相合。立时让武则天心情大好,亲笔题诗一首:"干仪混成冲邃,天道下济高明,阊阳晨披紫阙,太一晓降黄庭。圜坛敢申昭报,方璧冀殿虔情。丹襟式敷衷恳,玄鉴庶察微诚。"还将宫中御用的桃榔木围棋盘赐予桂州西庆林寺,并赐匾西庆林寺为"棋盘寺"。一时桂州城内官民奔走相告,纷纷前来瞻仰圣像新装及皇宫御用围棋盘,桂林城内也形成以习下围棋为显荣的风俗。

武则天退位后,继位的唐中宗李显,因不喜武则天,下诏桂州"棋盘寺"毁匾禁称,重新恢复"西庆林寺"的旧名。

"西庆林寺"成为与四川大足寺、云南鸡足寺、贵州扶风寺、广东南华寺齐名的南方五大禅林之一。

(寄小文)

2. 七星栖霞仙人弈

桂林的七星岩，自古就因其七座山峰分布如北斗之形而享有仙人常临之名，七星岩中的栖霞洞，更是由于所存石形琳琅满目、千奇百怪引得世人心向往之。早年间，栖霞洞中还常常传出天籁之音，当地居民闻之即知是有神仙路过暂驻所为。

史载唐朝乾宁年间（894—898），有一位陕西长安人，名叫郑冠卿，时为临贺（今贺州）县令，在任满准备赴京述职路过桂林时，恰逢南方董昌作乱、北方李茂贞进攻长安致唐昭宗出逃，结果郑冠卿在桂林进退两难。

这位郑冠卿生平素好围棋，只可惜长期奔波仕途，少得名师指点，棋力上不上下不下，成为心中一块隐痛。有一天，郑冠卿寻访棋友无着，心情郁闷，独自外出散步排遣，走到七星岩栖霞洞口时，听闻洞中传出仙音，联想到平日所闻遇仙之说，心中一喜，以为自己今日或有缘与仙得会，不觉步随心往，走了进去。只进洞数十步，就看见两位道士分着红、黑道袍，坐在一方如席的大石之上，正在专注弈棋，石上除陈列有棋局用品之外，还置有酒具、果点。石旁站立有两位身着青衣的小童，一位手捧笛子，一位守护箠箧。郑冠卿于围棋，本是家学渊源，但限于资质，棋力不高，于是知礼地静立一旁，默默观棋。只见两位道士一会落子如飞，目不及随；一会长考良久，形僵如塑。但所行之棋俱觉匪夷所思，落子之处尽皆出乎常见，虽然费解，但也不敢吭声求教，怕干扰仙人对弈。及至棋近收官，红袍道士抬头看见久候一旁的郑冠卿，不觉得诧异地问道："你是何人？为何会到这儿来？"郑冠卿恭敬地细细禀报了自己的姓名和今日因羡仙偶过于此之缘故。红袍道士又问他："你所从何业？"郑冠卿略有自负地答曰："家受祖上荫泽，虽然没有读多少书，但还是具备担任一方吏员的才能。"红袍道士笑着说："孔圣人是认为学而优则仕的，先生不必自谦，想来也当是饱学之士了。"黑袍道士听闻此言不觉一笑，说道："知弈吗？"郑冠卿答道："甚为迷之。"两位道士相视同言："有缘得逢尘世同好之人。"黑袍道士问道："先生观此局如何？"郑冠卿作了一个揖回说道："仙家着法，轻灵飘逸，毫无滞黏之气，于边角只略为一顾，多尽心于中腹，且常各行其子，互争脱先，看得某云山雾罩的，实不大懂。恳请仙家赐教。"红袍道士摇头说道："此只可凭天性自悟，点拨只可花开有缘之人，譬如春风之临，花仍是花，草仍是草，勉强不得的。"黑袍道士问道："先生旁观良久，可有心得？"郑冠卿："于大局取势谋割，某愚昧实不可解。于小处虚碰实吊，某今日自觉涨棋分良多。"黑袍道士颔首言说："孺子可教也。"又与红袍道士相语："吾等于盘中推天测地，凡人能撷枝拾叶，也是难得了。"红袍道士命青衣小童取了些酒果予郑冠卿食饮，然后问道："君为官任上，可曾行有善事？"郑冠卿告之："为官一方，辖下百姓若遇贫顿，某必代为清偿租赋；出行出草野间有无主遗骸，某必亲为留标掩埋。"两道士同至拱手说："看来今日之逢，正为先生积善之果。"黑袍道士对郑冠卿说："棋有三等，上者为天，心骛于盘，手控星河，务以全局行仁为争；中者为地，心行于线，手把山河，时以控取一方为意；下者为人，心系于格，手握运河，每求点滴不漏为愿。先生限于资质，能有悟于点滴不漏也是有缘了。"说毕，于盘中演出缠贴点靠十余式授予郑冠卿。红袍道士另语郑冠卿言："唐李天下脉运已不可久，先生宜独善其身，读义理书，学法帖字，澄心静坐，益友清谈，小酌半醺，浇花种竹，听琴玩鹤，焚香煎茶，登城观山，寓意弈棋。以此十者，可不虚余生了。"郑冠卿还想求两位道士多指点一些弈棋之道，两位道士就各书赠了一首七律诗给他，并告之，诗中内蕴行棋之哲理，至于是否能有所得，就看其自家悟性了。

其一："倏忽而来暂少留，凡间风月已三秋。趋名竞利何时了，害物伤人早晚休。祸极累成为世谤，荣过恩却与身仇。君看虎战龙争处，几树白杨飘垄头。"其二："名利教疏便可疏，俗情时态莫踟蹰。人寰律历千回换，仙洞光阴数息余。顷信令威曾化鹤，今知庄叟羡游鱼。不缘过去行方便，那得今朝会碧虚。"

郑冠卿阅诗之际，不觉清风过眼，身边的道士、小童、酒果尽皆消失，只余棋盘、棋子寂留石上。郑冠卿携诗出洞时，路边遇有樵夫问道："先生可知今日所逢何人？"郑冠卿回道："不知。"樵夫告之："红袍道士为日华君，黑袍道士为月华君。非仁厚积善之人，无缘得见。"郑冠卿拱手一谢。樵夫续询："先生今日幸逢仙家，可寻得有成仙之法？"郑冠卿以诗示之，说："只获于此及二诗。"樵夫失望地说："如此，与没有遇上神仙有什么区别？"郑冠卿笑着回答："弈者之求，非尔等所知。"

郑冠卿回到家中时，家人都诧异地问道："官人何故离家三年未归？"郑冠卿闻之不觉如恍然梦醒，从此闭门家中，日以仙人所指十事为乐，且时时揣摩道士所赠二诗，由诗悟棋，于棋悟道，后竟勘透红尘，专意修道，活至104岁方无疾而终。

（寄小文）

3. 棋不克欲难为高

桂林自古相传，在七星岩棋盘山上，经常有神仙对弈。明朝洪武年间，七星岩有一只老猴，因机缘巧合，观看神仙下棋多了，居然能无师自通，也掌握了许多下棋的技巧，而且常常有各种天外仙招，居然在桂林河东一带无人能敌。

桂林靖江王府听闻此事后，就花重金收取了这只老猴，并打造一个银笼装上，将之作为瑞宝送到京城。

此猴一到，立成快闻，京城之人纷纷以争观此奇猴弈棋为乐。起初，京城弈者还不以为然，只认为不过是一只偶能比画落子的野猴而已，可多位门下弟子去观摩后却回来禀报说："此猴棋力高深莫测，弟子自忖远不能敌。"这才引起棋界重视，商议由各门派先支遣得力棋手前往一试再说。谁知一而再、再而三前去的棋手皆尽铩羽而归，且多是大好局面中被老猴一招妙手，导致中盘溃败，往往输得莫名其妙。

事情传入皇宫，惹得皇帝朱元璋大为不满，愤言：京畿之地，众多国手，居然下不过一藩王所献之猴？朝廷要尔等何用？并颁下意旨：三日之后，于朝堂设局，圣上要亲观京城弈界高手与老猴的公开对弈。一时闹得京城中高手人人自危，怕被推举出去成为对弈代表：赢之无荣，败则辱名。

正当南京弈界群议出战之人而无果时，大家不约而同想到一人，就是时任太子老师的杨靖。

说及杨靖此人，实为大明初年的第一奇人。文章、吏能自不必说，还多才多艺，于棋诗书画尽皆精熟。推他出弈，胜了可说是中华业余棋人的功力已经高于仙猴，败了亦无伤大雅。

于是众人联名奏请推举杨靖出弈仙猴，朱元璋看着阶下战战兢兢跪奏的弈界掌门，不由得摇头一叹，开口说："准奏。"内心里朱元璋也有点怕京城的围棋名家输给野猴而折损大国颜面。谁知内臣奉旨寻人时，才发现杨靖此时正被关押在大狱之中，一询乃不久前杨靖以官身为平民代改诉状有损官员形象而收狱的。朱元璋只好另发口谕道："着罪臣杨靖以囚身出弈，不胜则加重处罚。"

杨靖在狱中接此奇旨，实实是大伤脑筋：自古弈无必胜之法，讲究的是因敌制胜。这弈猴古灵精怪，仙招百出，皆为闻所未闻，京城诸多弈界高手避之惟恐不及，自己如何才能过此难关？听自家棋童来探狱时说："此猴下棋全无套路，布局时似乎是满盘乱抛，各处皆落，让人摸不着头脑。等进入中局对杀时，则各处落子皆可呼应，让对手处处受制，常常莫名其妙就输下阵来。恰如棋馆人言：'棋落不知意，待知棋已输。'"见杨靖茶饭不思，其妻一询，不觉莞尔一笑，说："我有小计，或可一试。"杨靖素晓娇妻并不知弈，闻见有得此言，不由急忙问："如何？"其妻暗嘱："只一猴耳，无治对弈者之棋的谋略，难不成还无治对弈者的谋略？"杨靖听闻妻言大喜，想到此猴对弈布局与中盘搏杀的转换环节恰是一大关键，若布局时星落满盘的棋子在中盘对杀时略有分神，必会散成群鸦，形不成威胁。于是杨靖上奏言愿意出弈，但久居狱中，需得多食大桃方可亲临对弈。朱元璋派人追究杨靖为何现时要多食大桃？杨靖回告："桃性味甘、酸、温；入肝、大肠经，可生津、润肠、活血、消积。臣久居狱中，气血两瘀，思滞手僵，故需以大桃为药佐食，方有精力对弈。"朱元璋听之觉得有理，就下诏征调新鲜大桃数筐，送予杨靖任食。

这日，在皇宫偏殿汉白玉平台上，正式开始对弈。只见老猴端坐弈桌一边，双目滴溜乱转，一股子灵气飞扬的派头。而杨靖则病容满面，一副神不支体的样子。朱元璋不由地关心问道："爱卿可否完弈？"杨靖气息奄奄地答道："有药即可，无药即休。"朱元璋即命速备用药，一时只见数筐鲜红大桃抬入场内，安放在杨靖所座之椅的左右及后面。

对弈开始，起初只见老猴执黑落棋如掷，漫不经心，只一会就在盘中似落下了势压全盘的北斗七星模样。杨靖执白则敛眉凝神，全力以赴求稳，以活棋为根据去扩展形势。渐渐地观棋的人们就发现情况有变化了：老猴之棋渐见散乱，杨靖之棋则步步紧逼。原来，老猴发现鲜桃后，就开始不安于座，心眼俱移，总想着跳过去抱着桃筐开怀品尝。同时，老猴弈棋本来也只是受仙气之灵熏染，天性萌发所为，并无人间的胜负荣辱之感，兼之美食在前，就露出野猴食不顾命的本性。当老猴草草应对完局，虽然是大差的结果，却也不顾，直跳过去就拾挑大啖起来。朱元璋一看如此，不觉冷然一笑："蛮荒野猴，沐人衣冠，妖惑弈界，留之不得。"命人立杀老猴于阶下，一时杨靖与在场的京城弈界高手也惊跪一地。朱元璋训斥道："尔等平日只知争强斗胜，不思提升技艺，如今遇一妖猴尚且靠旁门左道自保，成何体统？我中华天国岂是如此这般不思进取的吗？"众弈人如遇当头棒喝，恍然大悟，不觉齐叩言道："圣上英明，吾等受教。"

不言经此一劫，江南围棋有了长足长进，只这杨靖也深悟为官之道，后成朝廷大材。数年后，杨靖出使安南，路过桂林时，忆起此事，自觉问心有愧，还曾亲临七星岩围棋山沥酒祭此弈猴。

（寄小文）

4.唐景崧与"看棋亭"

桂林历史文化久远，围棋也一直在文人雅士中流传，我曾听黄槎客、陈光宗等先生说，咸丰、道光时名盛一时的"杉湖十子"中不乏围棋爱好者。到光绪时，桂林第一高手辛甫廷曾北上扬州找当时中国大国手周小松对弈，水平仅差二子。周小松当时全国无敌手，辛甫廷的棋艺在国内应该已臻上乘。

　　说起对桂林围棋的推动唐景崧应是第一人，唐景崧是清末时名人，一生极富传奇色彩。他是桂林灌阳县人，与景崇、景对三兄弟先后中进士，入翰林院，此事自古少见，"同胞三翰林"美传一时。唐景崧自27岁登第后做了近18年京官，直至光绪八年，法国侵犯越南，他上书献策，孤身一人出关，入越南说服黑旗军刘永福归顺清廷，大败法军，并曾亲率"景字军"作战。因功升到台湾布政史、署台湾巡抚等职。不久，清廷甲午战败，签署《马关条约》割让台湾。唐景崧数次上书阻割台湾，不成。受台湾爱国军民拥戴起兵抗日，由于实力悬殊，不久战败，黯然南归。回到桂林后，被朝廷罢官。得老上司张之洞赠银十万两，在桂林造"五美园"别墅。闲居桂林时，他倡导两件事，一是桂剧，二是围棋。园中有戏台与"看棋亭"。其中"看棋亭"有一副自撰联，颇为有名。上联为"纵然局外闲身，每到关怀惊劫急"，下联为"多少棋中妙着，那堪束手让人先。"把看棋人的心态写得贴切，生动。同时以棋局喻世事，抒发他虽闲居桂林，却难忘

桂林重建的看棋亭（逍遥湖景区）

国事的心中块垒。在他这样的名士提倡下，桂林棋风一时兴盛，"五美园"也成了棋客们的会所，在常年的相互切磋中，出现辛甫廷等这样的高手也不足为奇了。据说，"一生不喜平淡过"的唐景崧纹枰上也偏爱争斗，桂林棋风也以此为主，他说有幸向民国以来桂林围棋三大家——黄、潘、龚的传人学习过，他们都是刀快力沉，自己一交手就感觉到自己的腕力不足。

只可惜没过几年，唐景崧去世，桂林围棋又步入低潮。现在桂林杉湖南岸尚有唐景崧的塑像，两江四湖又重建的"看棋亭"，寄托着桂林人对一代名士的纪念。

（白起一）

5. 乱世雷家棋路泪

围棋在中国有国弈之称，桂林全州的雷氏自雷祖迪进京后，就喜爱上了儒学传统中读书人雅艺琴棋书画之一的围棋。从雷祖迪在京的三个儿子都有较高的围棋修为推测，雷祖迪本人也应该是一位围棋爱好者。

相传棋圣聂卫平在叙述自己的围棋成长之路时，曾经说过这么一段话：

过惕生是我的师父之一，我另外还有两位师父，一位是启蒙老师张福田，还有就是雷溥华老先生。这里说到的雷溥华就是雷祖迪的八儿子雷业祛。

名闻世界的棋手吴清源，在编纂自己的围棋全集时，曾收有四局与雷氏子弟有关的棋谱，其中一局是雷溥华中盘胜、一盘是雷氏兄弟与吴清源等人的联棋。这种荣耀在围棋界是不可多得的。

当时京城称雷氏三兄弟为棋界的"雷氏三杰"，民国初年的政治人物许宝蘅在自己1927年11月25日的日记中专门记有与雷氏兄弟一同观棋的情形。

可惜后来随着国运的衰败，雷氏兄弟的名望也被湮没在颠沛流离的境遇之中了。许多现今的文献甚至连雷氏兄弟的名字都留憾缺失，如中国围棋协会编著的《中国围棋年鉴（2005—2007年）》中，居然记载："20世纪初，围棋泰斗吴清源在北京摆擂台的时候，唯一打败他的是一位姓雷的全州人，他当时正在北京读书。可惜此人隐没在乱世中，如流星一现，连名字都未曾留下。"其实新中国成立后，国家第一个棋艺社会团体——北京棋艺研究所成立时，雷葆申曾为委员并兼秘书组组长，雷溥华则为围棋教练。

1928年雷祖迪去世后，雷永锡送其灵柩回全州安葬，随之定居在全州

雷溥华（先）
吴清源
1928年弈于北京

共177手　黑中盘胜

吴滌生
雷溥华（先）
崔云趾
1928年弈于北京

200手后略　白胜1目
⑩=84　⑱=91

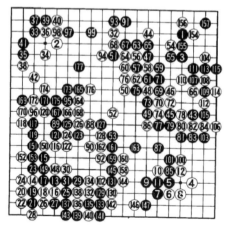

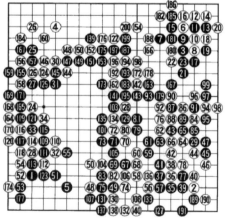

龙水村。雷永锡在全州期间，一方面与家人共同向乡梓子弟普及围棋，如蒋纲、蒋纪兄弟，他们七八岁时，即得到雷永锡的教导，打下了坚实的基础。后来，蒋纲任教广西大学，每逢节假日，广西大学的围棋爱好者即聚集蒋家，颇为热闹。相传某年，陈毅将军来邕视察，蒋纲光荣地受到陈毅将军的召见，除下棋外，陈对蒋谆谆教导，关心爱护溢于言表，并留蒋共进午餐。其弟蒋纪可称围棋界的不老松，从柳州政协岗位退休后，仍常出席一些围棋竞赛并屡得名次，是业余7段棋手，并获得证书。另一方面雷永锡还积极参与桂林的围棋活动，曾领衔组建了桂林围棋研究所。《扫荡报（桂林版）》对此曾发消息：本市近（1942年）有一中国围棋研究社出现，社址在桂东路金城银行后进，该社定在孔明台广西银行举行开幕礼。1942年12月20日西南文艺联谊会在桂林举办围棋比赛，李济深亲自书写"文艺之光"四字为贺。参加比赛的有雷永锡等十余人，其中还有十龄童雷修德。我国最早的围棋刊物《围棋通讯》曾对雷永锡在桂林的围棋行踪也有过报道："雷永锡，广西桂林正阳街173号广西面粉厂。"

雷永锡有三子一女，均棋艺不凡。长子雷霖（修志），当年其父回全州时仍留北京，跟其叔雷溥华生活。在解放战争中，雷霖参加中国人民解放军，跟随部队南征北战，在解放海南岛的战役中驾驶汽车改装的木船，英勇善战，曾三次立功受奖，后复员回北京定居。二子雷修宪，从小受其父的熏陶，酷爱围棋，抗战时期，即为桂林地区名列前茅的青年棋手。1949年后，曾参加数次桂林地区及县级比赛，每得名次。三子雷修德，抗战期间，在其父围棋社众高手指导下，进步较快，当时年仅10岁。曾有数位外来老将与其厮杀，均一一败在他的手下，被当时桂林的《扫荡报》及《大公报》用醒目的标题刊登消息，称"十岁神童雷修德"，并记下了他们厮杀的情况。女儿雷静贞也棋艺高超。当年雷永锡在桂林办棋社时，有一位名叫石箕孙的灵川青年，也爱好围棋，还直率好胜，有一股钻劲。石箕孙在雷永锡的指导下，棋艺进步神速，不少长者都败在他手下，因此产生了骄傲情绪。有一天，石箕孙一人早早到了棋社，却无人对弈，雷永锡就叫女儿雷静贞陪他下棋。这雷静贞深得乃父的亲传，棋艺娴熟，作风泼辣，声东击西，遍地争占，显示出将门虎子之威，下得石箕孙毫无招架之力，结果一败涂地，顿感无地自容，从此收敛了傲气，还常到棋社找雷静贞对弈，日久生情，终成眷属。此事被时人认为是雷永锡先生以棋择婿，一时传为佳说。

广西中医学院药用植物教研室主任蒋承曾有回忆说：抗战初期，全州中学为避免日寇狂轰滥炸，由县城迁至秦家塘村。一日，该校师生到龙水旅游，时值雷永锡尚居龙水。校长唐资生、教师王鹤荪等均为围棋爱好者，且水平较高，他们都渴望一睹围棋高手风采。龙水村蒋志生做

在全州龙水村安度晚年的雷修宪及夫人（摄于2017年）

东，邀请全体教师及雷永锡来家，饭前饭后，唐、王与雷各下两盘，老师们对雷的高超棋艺颇为敬佩。蒋承曾还记述，1944年桂林沦陷前夕，蒋承曾与雷永锡两家结伴逃难，从龙水沿山路逃往资源、龙胜、三江，朝夕相处，历时一年有余。有天夜里露宿山林，仰望满天星斗，雷永锡先生说他们小时候兄弟们常睡在床上对弈，不用棋盘，也没有棋子，全凭记忆。蒋承曾一听大为惊奇，觉得过往只听闻过象棋下盲棋的，而围棋的棋子多达300多子，且棋路变化极为复杂，亦能凭记忆对弈，似乎近于神话。雷永锡先生还补充说："于今（其时年已近50岁），在一周内所对之棋，仍可重复摆出，不致有一子之差。"

（寄小文）

6. "汪大头"

新中国成立初期的一代国手汪振雄，桂林人。早年在桂林学棋，因体态偏胖，脑袋尤大，桂林棋界人称"汪大头"，这一绰号后来竟从桂林推向全国，中国棋界无人不晓"汪大头"。他为人幽默多智，很有人缘。与桂林棋界名手黄槎客先生交往颇深。常与槎客先生切磋棋艺，记得"文革"中，一次闲聊时，槎客先生还颇为得意地说："汪大头去北京时，我还让他先呢。"汪先生的棋是学在桂林，长在京沪。在北京、上海等地求学与工作时，与当时名手过从甚密。尤其与人称"南刘北顾"的刘棣怀交好，得到刘棣怀的指点，棋艺日益提高，最后跃为一代国手。陈祖德九段在《超越自我》书中曾提到他，"集训期间，有时还请社会上的一些高手和我们一起训练，经常和我们对局的有汪振雄和魏海鸿两位老先生。他们也都是国内的一流高手。……汪老着法轻灵，如蜻蜓点水，思路敏捷且灵活多变，善于腾挪。汪、魏二老有个共同之处，他俩都很随和，从不训人，也从未见过他们生气、发火。和汪、魏二老对局也使我获益匪浅。……尤其是汪老，他的棋如泥鳅，怎么也抓不住，当我有时已能取胜刘、王二老时，见了汪老还是没门儿。"汪振雄文笔很好，抗战时，曾被李济深将军延为秘书，这固然与李将军也是一位棋迷有关，但就他的文才来说，也是实至名归。1953年为筹建上海围棋社，给陈毅市长写信，就是他和王幼宸执笔。汪老后来成为上海文史馆员，《围棋》月刊创办后，他担任副主编。他虽长期在上海，但其妻子和儿子都还留在桂林。每次回桂林都和桂林棋手对弈，并乐于指导后生，当时桂林的两位少年俊杰潘世兰和黄进先都得过其指导。汪老好喝酒，平常一个人可以手持酒壶旁若无人地开怀畅饮，也可边下棋边饮酒，"文革"前因脑出血在上海去世。但诙谐风趣、为人随和的"汪大头"永远留在棋界朋友心里，后来很多年，还听到不少老一辈棋手津津乐道他的轶事。

（白起一）

－当代篇－

赛事赛场

自治区第一届运动会

1960年8月1～10日，自治区第一届运动会在南宁举行。桂林专区（当时专区、市合并组团）体育代表团397名运动员参加了田径、游泳、跳水、水球、体操、技巧、举重、摔跤、自行车、中国象棋、围棋、武术、篮球、排球、足球、乒乓球、羽毛球、手球、棒球、垒球、网球、射击、无线电、航空模型、航海模型、航海多项等26项比赛。有1人达运动健将标准（女，体操）；21人27次破20项自治区纪录；取得团体冠军13个、亚军8个、第3名5个，单项金牌61枚、银牌39枚、铜牌35枚。桂林得围棋项目第一名，袁兆骥得个人第一名。

自治区第四届运动会

1978年3月21～27日，自治区第四届运动会在南宁举行。桂林市体育代表团264名运动员参加了田径、游泳、跳水、水球、体操、技巧、举重、武术、中国象棋、围棋、篮球、排球、足球、乒乓球、羽毛球、手球、射击等全部17个项目的比赛，有14人19次破18项自治区纪录；取得乒乓球（男、女）、体操（男、女）、技巧、武术、射击、围棋8个团体冠军和男子跳水团体第3名；取得单项金牌33枚，银牌28枚，铜牌22枚。围棋少年组黄健云、苏琦玮（女）获第一名；成年组王民学获第一名。

自治区第六届运动会

1986年11月10～20日，自治区第六届运动会在南宁举行。桂林市体育代表团280名运动员参加了田径、游泳、跳水、体操、技巧、举重、武术、篮球、足球、排球、乒乓球、羽毛球、射击、中国象棋、围棋、航空模型、航海模型等17个项目的比赛，取得男子技巧、武术、乒乓球（儿童甲组）、围棋和女子乒乓球（成年、儿童甲组）、围棋、射击、体操9个团体冠军，男子篮球、中国象棋、女子跳水3个团体亚军；男子跳水、体操、排球、乒乓球（少年、成年）和女子羽毛球（成年）及航空模型7个团体第3名；单项金牌66枚，银牌52枚，铜牌52枚。围棋项目白起一获个人第一名。

第六届"新体育杯"围棋邀请赛马晓春锋芒毕露 东道主两度爆冷

新体育杯围棋邀请赛由《新体育》杂志社主办，创办于1979年，是中国第一个新闻棋战，在围棋赛事不那么丰富的20世纪80年代初期，"新体育杯"和全国个人赛，便是中国棋手们竞争的最高桂冠。第六届"新体育杯"围棋邀请赛于1984年11月4日至1985年1月26日在广西桂林市、柳州市和香港三地举行。

比赛分为预赛与决赛两个阶段。预赛于11月4日至12日在桂林市进行，共有36位棋手参加，他们是：上海的曹大元（八段）、芮乃伟（六段）、钱宇平（六段）、杨晖（六段）、李青海（六段）、倪林强（五段）；河南的刘小光（八段）、汪见虹（六段）、丰芸（五段）、王冠军（五段）、王洪军（四段）、刘雅洁；浙江的马晓春（九段）、陈临新（六段）、俞斌（五段）、程征宇（五段）；北京的程晓流（六段）、谭炎武（六段）；解放军队的孔祥明（七段）、王群（六段）、华学明（五段）；广东的梁伟棠（五段）、关肇毅（四段）、容坚行；四川的黄德勋（七段）、翁子瑜（五段）、王剑坤（五段）；江苏的邵震中（七段）；山西的江铸久（七段）、杨晋华（五段）；福建的罗建文（七段）；云南的梁鹤年（五段）；香港的樊国华、吴志平，以及东道主棋手王民学和苏琦玮。比赛采用8轮积分循环制。

马晓春八战八捷争得挑战权

本届杯赛，国内围棋高手云集桂林。

时年20岁的马晓春九段，是预赛阶段的风云人物。他14岁时便以思路敏捷、灵活多变和善于弃子争先、从容镇静的大将风度震惊棋界。此后他技艺飞进，16岁即在一流棋手中过关斩将，夺得全国亚军，次年便成为我国最年少的全国围棋冠军。1983年再枪挑各国围棋强手，登上"第五届世界业余围棋锦标赛"冠军宝座，同年晋升九段。被棋界和新闻界列为本届挑战者头号种子。

24岁的刘小光八段，外憨而内聪，少有大志。1980年全国比赛名列榜首，一鸣惊人。他在国内外比赛成绩一直不错，被视作争夺本届挑战权得力选手。

上海的曹大元八段，亦是我国围棋明星，中盘力强，善乱战，且很有韧性，常于劣势中力挽狂澜，连马晓春也颇忌惮他。他曾获第三届新体育杯赛挑战权，1982年单刀赴会，在日本夺得"第四届世界业余围棋锦标赛"冠军，是不容忽视的一员骁将。

18岁的小将钱宇平，山西江铸久七段，江苏邵震中七段，上海芮乃伟六段，也都不是等闲之辈。

11月4日，首轮比赛，马晓春旗开得胜，击败上届杯赛的挑战者钱宇平。在之后的比赛中，他乘胜进击，连克汪见虹、曹大元、芮乃伟、谭炎武等名将。在第七轮中与刘小光狭路相逢。刘小光曾获1980年全国冠军，1984年中日围棋对抗赛中又连胜日本三位著名九段，是力战型骁将。这关键一战，引起了在场观众的注目。比赛开始，执白的刘小光试图把局势引向复杂，四处燃起战火。马晓春腾挪应变、轻灵飘忽、以柔克刚，围歼了刘小光上边一片棋，逼使刘小光中盘认输。之后，马晓春在最后一轮力克同队棋友、1984年国手赛冠军陈临新，以全胜战绩夺得挑战资格。

获得本届预赛第二名至第六名的棋手是：芮乃伟、刘小光、曹大元、谭炎武和钱宇平。

预赛阶段原本不设奖金，专程来桂林观战的香港《明报》社社长、香港围棋协会名誉会长查良镛亦即金庸先生深为不忿，自掏腰包为这次比赛的前六名提供了奖金。

夺得挑战权后，马晓春表示，现在他的目标就是"扳倒"聂卫平，夺取聂的"霸主"宝座。

马晓春将胜利进行到底

获得挑战者资格的马晓春向上届杯主聂卫平发起挑战，决赛为5盘3胜制。

聂卫平自1979年在首届夺杯后，已四次卫冕成功。业内普遍的看法是，当时全国的棋手中只有马晓春能对聂卫平构成威胁，但能否胜，却很难预测。

11月14日，首场比赛，还是在桂林进行。挑战者马晓春经过8小时45分钟的苦战，击败聂卫平，取得了首场胜利。

这盘棋在开局不久，聂卫平走了一着坏棋，让马晓春在处理一块孤棋上取得成功。聂卫平在形势落后的情况下进行长考，使局势有所好转，在中盘战斗中曾一度处于领先。此时，马晓春在他的右下角一连几个攻击，又扭转了形势。收官阶段，聂卫平进入读秒，未能收好最后的小官子，终以二又四分之三子败给自己的学生马晓春。

11月17日，决赛第二盘，转战柳州。

比赛当天中午才开赛。马晓春上午去逛街，聂卫平则是待在自己的房间里，养精蓄锐。当天中午，两位九段棋手摆开战场。聂卫平执黑先行，走了他很擅长的中国流布局。马晓春却以捞实利的战术来对抗。布局完后，聂卫平往马晓春已布了3子的角里打入，马晓春毫不客气地把黑棋打入的几子吃掉，得了一个有20多目的大角。聂卫平利用这死掉的几子，左边一压再一靠，然后又弃掉3子，结果，聂卫平用7个子换来与中国流布局配合得很好的外势。此时马晓春眉头一锁，深知自己吃大亏了。

此时，白棋只有破掉黑棋的大空，才有可能取胜。黑棋的阵势太厚，白棋如深入进去只有死路一条，只得在外面浅侵。黑棋对浅侵的几颗白棋进行攻击，获得成功，黑棋领先越来越多了。此时，在另一间房里摆这盘棋的几名国手认定马晓春要输，无心再摆而纷纷离开。马晓春却不肯轻易认输，他抓住聂卫平的疏漏，吃掉黑棋8个子，捞了20目棋。摆棋的房间里顿时又热闹起来。聂卫平虽然坐得不那么安稳了，但他毕竟老谋深算，平安渡过了险关。待收完双官时，黑棋仍以强三目领先，马晓春只好起座认输。

1985年1月23日到26日，决赛的第三第四盘在香港进行。结果，挑战者马晓春取得二连胜，以总比分3∶1战胜聂卫平，夺得本届比赛的冠军。

桂林两名业余棋手爆冷

参加杯赛的棋手，大多是当时中国围棋界的名将，桂林的两位业余棋手王民学和苏琦玮，凭东道主身份，也进入36人名单中。他们面对如林强手，既谦逊又无畏，各自收获了一盘以弱胜强的经典棋局，让桂林围棋界和棋迷好不欢喜。

在首轮大战中，苏琦玮击败刚刚夺得全国女子冠军的丰芸五段，爆出一个不小的冷门。

当天，两位年轻的女棋手坐在第十六台。丰芸是五段棋手，头一年全国比赛的女子冠军，实力强劲，锐气正盛。桂林19岁的苏琦玮是一位业余棋手，她8岁学棋，13岁登上了广西女子冠军的宝座。参加新体育杯比赛之前，她刚刚从河南自费学艺回来。经过一年多的进修，小苏的实力从广西三流一跃进入一流行列。尽管如此，赛前行家预测，苏琦玮首次参加这种水准的大赛，经验不足，水平也逊于对手，取胜的可能微乎其微。

一开局，双方就短兵相接，小苏猛攻丰芸右上角的一块孤棋，将其团团围住。丰芸自是不甘示弱，把苏琦玮的外围队伍切断，双方进入对攻的局面。此时，苏琦玮冷静地思考了20多分钟，毅然紧气，把丰芸这一块有十多子的棋吃掉。之后，丰芸使出浑身解数，到处挑起战火，企图在混战中挽回颓势。苏琦玮并没有因为形势领先而软下招法，强硬地寸土不让。

又激战了近5个小时，终于以较大优势拿下比赛。

在两天之后的在第三轮比赛中，王民学力挫山西江铸久七段，东道主棋手再次爆出冷门。

此局比赛王民学执白。布局阶段，白棋形势落后，黑方形成一个很大的阵势。意识到不妙，白棋毅然打入黑方的大阵势中去。这打入的一手，却并非好棋。江七段对这一不甚厉害的打入也许是不够重视，应对得不知所谓，被王民学揪住了破绽，白棋在黑棋的大阵势中吃掉黑棋几子，一举将形势逆转。以棋风顽强著称的江铸久力求挽回不利局面，向白棋发动猛烈攻击，虽有所斩获，但由于之前落后太多，终于还是未能反败为胜。最后白棋以四分之一子赢得了胜利。

日本棋圣藤泽秀行莅桂观战

日本著名围棋手藤泽秀行先生也专程到桂林观战。

此时的藤泽秀行年近花甲，是日本最杰出的九段棋手之一。他23岁时便脱颖而出，获日本青年选手权冠军，其后在日本的名人战、王座战、天之战、棋圣战等一系列高水平的比赛中获得冠军，因为六次蝉联日本水平最高的"棋圣战"冠军，被授予"终身棋圣"称号。

对于此时中国围棋水平，藤泽秀行有自己的关注和见解，他接受桂林媒体人采访时说："近年来中国的围棋日益普及，棋艺水平一步步逼近日本。在中国这块围棋的沃土上，更多优秀棋士破土而出，这是理所当然的事。但我也注意到中国小孩们下围棋还不如日本普及，这个层次比日本的要薄，会影响中国围棋的后备力量，最终难以赶上日本。"所以他希望中国有关方面能设法在青少年中加速围棋的普及，从小孩抓起。日后，中国围棋的确因为从娃娃抓起，有了很好的人才梯队建设和人才储备，在跟日本韩国的较量中显露峥嵘。

藤泽秀行先生在日本倡议增进中日围棋交往，并且总是身体力行。1983年4月，他因病住院，身体需要三年休养方能康复。但他还是不辞辛劳来到桂林，为增进中日围棋交往和两国友谊而出力。来到桂林，他顾不上游览漓江，而是把全部心思放在交流棋艺上。

他说:"我渴望一睹长城的雄姿和漓江的秀色,但我认为,我首先的工作是能为提高中国围棋水平尽绵薄之力,因此观赏游览只能往后排了。"

来到桂林后,藤泽秀行先生马上和聂卫平九段等棋手切磋棋艺,并抽时间指导我国青少年棋手。有一晚,他来到桂林市体育馆,与桂林业余棋手王民学进行了一场让子表演赛,让桂林市数百棋迷欣赏到一局精彩的棋。

藤泽秀行先生的一个愿望是,成为连通中国和日本及世界各国围棋交往的一座桥梁。

赛场外还有赛事

在桂林,围棋高手们在比赛之余,很乐意与桂林的围棋爱好者进行互动。

从11月4日至14日,《围棋月刊》社的副主编、棋坛宿将曹志林在桂林市球类练习馆进行了三次大盘讲解。如果全国举行围棋大棋盘讲棋比赛,那么曹志林是当时围棋迷公认的桂冠选手。他把对局中的棋理深入浅出地分析给棋迷,还会耐心地把点目、形势判断等基本的围棋教授给大家,妙语连珠,幽默风趣,坐在下面听棋的观众发出一阵接一阵的笑声。有桂林棋迷说,听这位讲棋大师讲棋,如同听相声,连不懂围棋的人进了场也不想退出。

围棋国手中如聂卫平、曹大元、邵震中等,和讲棋大师曹志林以及香港的两位棋手,不仅围棋下得好,桥牌也打得有些水平。他们在围棋比赛期间,与我市桥牌的冠亚军队电力电容器厂队和电科所进行了较量,大秀牌技。聂卫平、曹志林加两位香港棋手组成的队伍与电力电容器厂队打了个平手,之后,曹大元、邵震中替下两位香港棋手,双方在电力电容器厂进行了一场公开表演赛,这一次,主场作战的桂林桥牌冠军队以38点的优势获胜。电科所队则惨败在围棋高手的牌技之下。

6日晚上,参加新体育杯的香港围棋队,在查良镛(金庸)先生的带领下,在桂林市体育馆与桂林棋手进行棋艺交流。桂林市围棋协会给查先生和香港围棋协会香港围棋社赠送了礼物。其中给查先生的礼物是桂林围棋老前辈、时年八十有六的黄槎客先生的书法。

日本第六次市民"友好之翼"98 人来访

1986年日本第六次市民"友好之翼"98 人来访,与桂林市进行了足球和围棋友谊赛。

美国中华围棋会来访

1988年9月,美国中华围棋会来访,同桂林市围棋队进行了友谊赛,桂林市队以9:1获胜。

香港围棋代表团、台湾围棋队等分别访问桂林

1989年2月,香港围棋代表团访问桂林;1989年5月,台湾应昌期围棋教育基金会主席应昌期访问桂林;1989年10月,台湾围棋队访问桂林。

"中华杯"国际锦标赛

1989年,由季桂明为领队,申银蛟任教练,白起一、葵忠阳为代表组团的桂林队荣获在洛杉矶举办的美国第二届"中华杯"国际锦标赛第一名。

全区围棋赛

1990年3月全区围棋赛(南宁)永福县梁淑珍、吕华、骆燕获围棋女子团体冠军。

1990年第七届世界青少年围棋锦标赛

由应昌期围棋教育基金会赞助、中国国棋协会主办,桂林围棋协会承

办的第七届世界青少年围棋锦标赛，1990年8月初在假日桂林宾馆举办。比赛共有20名选手参战，分别来自北京、桂林、台北、香港和日本、韩国、新加坡、法国、荷兰、美国、苏联、加拿大等国家，其中少年组选手4人，采用双循环制比赛；青年组选手16人，采用瑞典积分制；全部比赛采用应氏"计点制"围棋规则。

比赛历时4天，最终，中国台北棋手夏衔誉在决赛中执白以不计点（中盘）胜汉城（首尔）棋手金万树，夺得青年组冠军。北京小将李君凯夺得少年组第一名。11岁的桂林小将刘青琳初段在与周鹤洋的季军争夺战中不敌对手，最终获得第四名。

在开幕式上，赛事创办人应昌期先生详细介绍了他用20年心血创制的《计点制围棋规则》和他立志推动中国围棋走向世界、提供围棋水平、增加围棋人口的宏愿。在比赛结束后，应昌期接受桂林棋院的聘请，成为桂林棋院的名誉院长。

自治区第七届运动会

1992年11月1～12日，自治区第七届运动会在南宁举行。桂林市体育代表团307名运动员参加了田径、游泳、跳水，体操、艺术体操、技巧、举重、射击、射箭、摔跤、柔道、篮球、足球、乒乓球、羽毛球、中国象棋、围棋、桥牌、武术、蹼泳等20个项目的比赛，有15人33次打破4个项目的自治区青少年纪录；取得团体冠军6个，亚军8个，第3名2个；单项金牌73枚，银牌68枚，铜牌50枚。桂林市体育代表团首次以207枚奖牌数、79枚金牌、青少年组总分1758.5分的成绩获本届运动会的奖牌数、金牌数和青少年组总分3个第一名，是桂林市参加自治区历届运动会的最好成绩。围棋项目桂林获成年第一、青少年第一（个人成年组冠军是王洪军、青少年组冠军是刘青琳）。

1995年富士通杯八强战　马晓春有备而来，携胜而归

第八届"富士通"世界职业围棋锦标赛八强战，于1995年6月3日在桂林市桂山大酒店展开厮杀。中国的马晓春九段对阵日本的 林海峰 九段，韩国的 赵治勋 九段 对阵中国的俞 斌 九段，日本的 小林光一九段对阵中国的曹大元九段，韩国的 刘昌赫 六段 对阵日本的小林 觉九段。

5月31日，刚刚获得"东洋证券杯"世界围棋赛冠军的马晓春九段先期抵桂。6月1日，中外棋手俞斌、曹大元、刘昌赫、小林光一、小林觉、林海峰、赵治勋陆续到达。国家队总教练聂卫平九段也莅桂督战。

在这个即将过去的5月，马晓春接连夺得了中国天元赛和东洋证券杯赛两个冠军，可谓是幸福的5月呀。"我在富士通杯赛上的最好成绩是第四名，这次希望有所突破。"马晓春抵达桂林接受桂林媒体记者电话采访时这样表示。此前，世界三大围棋赛（应氏杯，东洋证券杯、富士通杯）冠军均染指过的，只有韩国的曹熏铉，号称世界棋坛第一人。而马晓春刚在东洋证券杯半决赛将曹九段挑落马下，正踌躇满志，在众人看来，他正向"三冠王"的目标迈进。

八强战在桂林进行，这对马晓春来说亦是一个好的安排。马晓春自言1984年首次来桂林参加全国赛（新体育杯），对桂林的感觉甚佳，以后的战绩也相当满意，所以相信在桂林比赛对他会有好运。一切似乎都不错，但马晓春还是请记者转告崇拜他的棋迷，对他不可期望太高，此次输棋的可能性亦很大。这是马氏的著名理论：久赢必输，久输必赢。他现在仍持此观点。

6月2日傍晚，组委会在桂山大酒店举行自助酒会，招待参赛的各国棋手和各界来宾。席间，八位参赛的围棋高手应主持人要求，简略陈述自己对比赛的"决心和抱负"。

林海峰（日本）：桂林山水确实很美，感谢主办者为我们提供了这么好的环境。对这次比赛，我实在没有信心。但我会尽自己最大的努力。

马晓春（中国）：桂林山水甲天下，此话不假，希望自己的棋能下得像桂林山水一样美。

赵治勋（日本）：刚才陈雨萍主任说他有点偏心，希望中国棋手全胜，我不敢违背大家的意愿，但如果都是中国棋手赢，就没意思了。所以明天就我赢，其他中国棋手全胜。

俞斌（中国）：前四次与赵治勋交锋，我都输了；现在是第五次交手，希望桂林的好风景给我带来好运气。

小林光一（日本）：看到风景如画的桂林，我的第一感觉是：下回一定要带老婆来！目前曹大元调子很好，状态甚佳，我会尽我的全力来参加比赛。

曹大元（中国）：漓江是我仰慕已久的地方，但我今天没有参加游览。我是怕如诗如画的漓江美景消磨了我的斗志。希望名扬天下的桂林给我带来灵感，在明天的比赛中有所收获。

小林觉（日本），我的对手刘昌赫是世界冠军，他的状态很好。但如果明天战赢了刘昌赫，本届冠军非我莫属。

刘昌赫（韩国）：感谢主办单位的热情接待。明天比赛，我要尽最大的努力。

棋手们对第二天的比赛很重视，对桂林的美景和桂林人的热情周到都表示了由衷的好感。

友善的举杯致意之后，是残酷的厮杀。6月3日，设在桂山大酒店的比赛大厅里可谓是剑拔弩张。华以刚八段和王汝南八段现场挂盘解说马晓春与林海峰的对局，其他对局则以小盘挂出奉献给桂林的棋迷朋友。

马晓春对林海峰一役，双方均发挥出极高水平，但局势始终比较平稳。收官阶段，执黑的马晓春一记妙着，扼制了林海峰的扩张趋势，弈至155手，迫使对方中盘认输。赛后林海峰不无遗憾地说：当时如果自己紧贴住马晓春，形势或许会有一些新的变化。意气风发的马晓春则十分谦虚，他说："今天运气不错，林先生给了我机会，方使中国队免遭全军覆没之灾。"

当天最早结束战斗的是刘昌赫与小林觉一役。刘年纪虽轻，但棋艺精湛，曾勇夺第六届"富士通杯"。赛前，风趣幽默的小林觉曾放言："只要击败刘昌赫，本届冠军非我莫属"。可惜他未能如愿，全场比赛几乎没有什么机会，最终中盘竖了白旗。另一场比较引人关注的赛事，是曹大元与小林光一的争夺战。曹大元使出浑身解数，与对手激战六个多小时，由于中盘操之过急，两次孤兵涉险，结果白白损失数枚棋子，以半目之差告败。赛后曹大元久久不能接受失败的现实，他说："今天我的感觉很好，在桂林下棋是不应该输的。现在我也未想明白，这棋是怎么下的。"另一位中国棋手俞斌运气更差，开局仅十几手便下错定式大损，中盘又强杀不成，137手即告出局，到底未能改变自己对赵治勋"屡战屡败"的窘况。

这样，晋级四强的四位棋手分别是马晓春（中国）、小林光一、赵治勋（日本）、刘昌赫（韩国）。

7月1日，比赛移师日本大阪，进行半决赛，由马晓春对赵治勋，刘昌赫对小林光一。马晓春面对曾在富士通杯挡住自己去路的赵治勋，遭遇了本届赛事里最艰苦的一役，最终半目险胜。随后，在决赛中，马晓春以7目半的大优战胜了他在本届富士通杯赛的最后一个对手——小林光一，又捧起了一座冠军奖杯。

马晓春在他的夺冠历程中，四胜昔日无敌的日本超一流，这几乎可以看作是中国棋手赶超日本棋手的一个强烈的信号。这当中，桂林棋迷也是见证者。

日本文化界围棋访问桂林

1996年10月14日至15日，以日本著名作家江崎诚致为团长的日本文化界围棋访问团一行10人访问桂林，桂林文化界人士与访问团在桂林棋院进行了围棋友谊赛，桂林市4名棋手以15∶3获胜。

11月25日至28日，桂林棋院、桂林市围棋协会在桂林棋艺俱乐部主办1999年桂林国际城市围棋赛。参赛的有英国伦敦队、新加坡队、日本东京队以及中国的几支棋队。2000年12月11日至15日，在桂林棋院举行"供电杯"中国桂林—韩国济洲友好围棋赛，共有70名选手参加比赛。

桂林市围棋代表团访问南非

1997年9月18日至27日，应南非围棋协会的邀请，桂林市围棋代表团一行5人首次访问南非，并参加第五届非洲围棋公开赛业余组的比赛，1人获第二名，1人获第九名，1人获第十一名。

1998年"乐百氏杯"桂林站

1998年6月10日至12日，第二届"乐百氏杯"全国围棋赛第一阶段桂林赛区的比赛，在桂林棋院开战。来自全国的20名一至四段 专业棋手参加比赛。桂林市女棋手刘雅洁二段也披挂上阵。棋手们以单淘汰方式争夺进入第二阶段的4张入场券。

"乐百氏杯"全国围棋赛是中国围棋协会与广东中山今日（集团）联合主办，是当时国内最高级别的职业围棋赛事之一，冠军可获得12.8万元奖金。为了鼓励棋手连续获得冠军，广东今日集团还根据围棋361个交叉点投资10万元制作了一个361克的纯金奖杯——乐百氏杯。

桂林棋手刘雅洁二段在第一天的比赛中，经过4小时苦战，凭借精细的官子功夫，以二又四分之一子战胜对手——曾获全国女子冠军的黎春华三段。

此次比赛有一个特别之处，适逢法国世界杯进行得如火如荼，参加乐百氏杯赛的青年棋手中颇多足球迷。白天紧张弈棋，晚上看球放松，对他们来说就是最好的安排。为了照顾这些球迷深夜看球，比赛安排在中午开始。

2000年首届桂柳围棋擂台赛严剑刚五连胜成就大逆转

中族药业桂林永福制药厂董事长唐小森慷慨解囊，促成了首届桂柳围棋擂台赛的诞生。

桂柳的首次擂台赛，双方阵容中，除主帅、副帅为"钦定"外，其他成员都是通过选拔赛的残酷竞争才得以来到阵前，还须包含一位少年棋手和一位女棋手。桂林市队为：程龙2段、唐盈4段（广西女子棋王）、韦建生4段、孙政4段、吴稚华5段、李波5段（贵州省冠军）、王民学5段（主帅，广西冠军）。柳州市队为：于翔宇3段、刘玫3段（广西女子冠军）、韦秋林3段、许志军3段、刘和平4段、唐良锦6段、严剑刚6段（主帅，广西棋王）。

从2000年6月10日开始，逢周六、周日轮流在桂林、柳州两地举行。每方用时1小时45分，采用包干制，超时判负。两队少年棋手先行交战，胜者守擂，对方下一位棋手攻擂，战至一方最后一位棋手（主帅）告负，比赛即告结束。

擂台赛这种赛制，紧张而激烈，很具观赏性，在广西尚属首次。

对于桂柳棋迷关注的擂台赛前景，桂林队教练白起一和柳州队主帅严剑刚表示了各自的看法。白起一认为比赛的进程将是"开局桂林好，中局争夺激烈，最后靠官子决定胜负"，不可能出现一边倒的局面，最终必定是主帅与副帅或主帅之间的决战。严剑刚谦称柳州队只有四成胜望，但又表示希望"双方主帅能会面"，颇有点绵里藏针的味道。

6月10日下午两点半，首届桂柳围棋擂台赛在桂林棋院揭幕。

两位少年先锋桂林的程龙和柳州的于翔宇率先交手。两人都是广西围棋总教练王洪军的学生。据王教练介绍，过去是程龙占上风，这时候差距已经不明显。于翔宇猜得黑棋先行。开局双方都比较慎重，不敢轻易出招攻击。年纪稍小的程龙，主场作战，压力很大，围观的人群中，既有母亲等长辈，又有一起学棋的伙伴，更有对他寄予厚望的桂林棋迷。小程龙为求稳健，不敢涉险，连出了几手缓着，局面一直稍稍落后。最终，程龙以一又四分之三子落败。于翔宇成为首位擂主。

11日下午，桂林队第二位棋手唐盈4段上台攻擂。18岁的唐盈此时是桂林市师范的学生，也是这一年的广西女子冠军。秀气斯文的唐盈，下棋却很是凶悍，野性十足。唐盈执黑攻擂。开始的十几手双方都下得中规中矩，不料在20手以后，唐盈突然打入对方的玉柱铁角内，首先挑起了争端，盘上顿时烽烟四起。第一波攻击结束，唐盈将对方铁角占去大半，并将对方棋子强行分断，占得先机。于翔宇很被动，连连长考。终于，他抓住了黑棋的一着疏漏，涉险过关，双方局势又回到平衡状态。此后，又周旋了几个回合，唐盈盯住对方尚未活净的大龙，展开第二波攻击，将此大龙从角部逼向中腹，在攻击中黑棋乘机围出一块大空，局势重新领先。看到唐盈的硬派战法，柳州主将严剑刚、教练唐良锦在旁边一边拆棋，一边感叹"厉害，厉害"。进入后半盘，唐盈如平稳收官，已可小胜，但她似乎杀兴正浓，对那条大龙念念不忘，抓住一个机会，强行展开第三波攻击。这时，这条大龙已从中腹被赶至对角，成为一条40多子的巨龙，围歼难度很大。于翔宇似乎已被对手的三波攻击打疲了，白棋大龙左冲右突，终是没能做活。唐盈共歼敌46子，围空100多目，迫得对方中盘认输。桂林棋迷欢呼雀跃，惊呼："真是杀了一条新世纪的大龙。"

前两局双方战平。第三、四局6月17、18日移师柳州进行。

16日下午，擂台赛赞助商——中族药业桂林永福制药厂董事长唐小森、桂林棋院院长王民学、桂林队教练白起一和两名棋手唐盈、韦建生等一行人从桂林驱车到柳州。

第三场比赛17日下午两点半开始，由柳州队女将刘玫4段执黑挑战擂主唐盈。这天正好是柳州围棋协会开设的围棋培训中心挂牌开张，比赛就安排在新开张的培训中心进行。广西围棋协会主席季桂明、柳州市的领导杨鸿泉、桂林围棋协会顾问陈雨萍、桂林围棋协会主席申银皎、柳州围棋协会主席阳显聪等人到场观看，赛场内外十分热闹。

这是广西两代棋后的较量。刘玫是80年代的广西女子冠军，唐盈是2000年的新晋广西女棋王。刘玫棋风稳健，行兵布阵颇合棋理。她在布局阶段充分发挥所长，稍稍占得上风。桂林白起一教练认为前50手棋黑方占优。但此后唐盈挑起战斗，刘玫没有回避，局势进入唐盈的步调。喜欢攻杀的唐盈把黑棋分成两块，缠绕攻击，刘玫大为被动，苦苦思索，最后两块棋不能全活，用时又只剩一分钟，遂中盘认输。

唐盈轻取刘玫后，她那凌厉强悍的棋风令柳州棋迷大为折服，同时也给柳州第三位上场的棋手韦秋林3段增加了压力。韦秋林能从柳州市的选拔赛中脱颖而出，当然是有一定实力的，但慑于唐盈的气势，在18日的对局中，他出招不力，被动应对，被唐盈追杀大龙而疲于奔命，局面很快呈现一边倒的态势。唐盈在攻杀中招法凶狠，不让对手喘息。最后不仅将左下边的黑地据为己有，又将黑棋一条40几子的大龙屠尽，大获全胜。

这盘棋上午9时开始，10时起白起一教练和柳州队主帅严剑刚作挂盘讲解。二人解说开始不久对局即告结束。观战的柳州棋迷对韦秋林应对过于软弱深感不解。白教练说，下擂台赛棋手压力会更大，有时就不免会拘谨，这是旁观者体会不到的。

唐盈出战3盘棋，3盘都猎杀对手大龙，令柳州棋界惊叹不已。柳州媒体因此给她冠以"江湖杀手"的称号。

6月24日，柳州队教练唐良锦、主将严剑刚率许志军、刘和平二将奔赴桂林来攻擂。柳州队此番是有备而来，放言"唐旋风此番要在桂林止"。许志军3段更是直接开怼："不要说唐盈能打到唐良锦那里，到我这里我就不会放过她。"

24日下午，许志军执黑攻擂。因为前三战唐盈都以屠龙击溃对手，所以这盘棋许志军步步为营，不轻易出手。许志军起手是"小林流"，唐盈应以"二连星"。布局完毕，白棋已然实空占优。唐盈全然没有守成之意，越下越过分，至58手时，竟对对方的厚势发起攻击。许志军一血气方刚的小伙子，在多番退避三舍之后终于按捺不住，奋起反击。双方开始了天昏地暗的大搏杀，这也给了黑棋机会。为棋迷进行挂盘讲解的王洪军七段摆出黑方的获胜图，如果唐盈当时能看到，非得惊出一身冷汗。只是棋盘上的两人此时都杀得性起，已经不考虑什么实地、外势，只欲屠龙而后快。最后双方的各一条大龙被围住，要以一"劫"定胜负。唐盈凭借多一个劫材，歼敌30余子，险胜对手。局后，许志军懊恼地说："我还是忍不住与她厮杀。"言外之意是不对攻或许可以取胜，这是为他赛前的豪言找投场吗？

25日上午，柳州刘和平4段执黑攻擂。刘和平是中年棋手，棋风稳健。裁判长宣布比赛开始后，执黑先行的刘4段却端坐在那儿，盯着空空的棋盘凝神沉思了足足4分钟。据说，在1991年的全区围棋赛上，刘和平就是用这一战术击败了现在的桂林队教练白起一。唐盈看来是对这一招法有所了解的，她表现的只是有些腼腆，全然没有不适。沉思结束，刘和平终于摆出了拿手的"无忧角、小目"，唐盈则仍是"二连星"。十几手后，唐盈故技重施，开始行狠招，试图挑起战斗，进入她的节奏。刘和平坚守"忍"字诀，任你攻城略地，摇旗呐喊，我自岿然不动。所以这盘棋非常平稳，没有一次规模战斗。也正由于黑棋过于稳健、保守，错过不少反击良机，让白棋得以积小利制胜。双方共弈201手，白棋以三又四分之一子胜出。刘和平4段虽然没能挡住唐盈推进的步伐，但终于阻止了她屠龙技法的再次上演。而唐盈获胜后在大盘前向棋迷透露了一个让她后怕的秘密："在最后收小官子时，由于白棋的一串棋气紧，黑棋可以利用白棋的接不归吃掉白一子破入白空而获胜。"当然，她更庆幸这样的机会对手没有抓住，还补了一刀："我感到不痛快的是没能再杀一条大龙。"

　　桂林队教练白起一"小唐要会老唐"的预言兑现了。唐盈已经取得5连胜，逼至柳州队副帅唐良锦账下。柳州队此番来桂林之前进行了誓师，决心要在桂林把唐盈打下擂台，但结果事与愿违。柳州队已经只剩下副帅唐良锦和主帅严剑刚。两人表示回去后要认真备战，力争扭转不利局面。

　　7月1日下午，柳州天龙大酒店三楼大厅里，挤满了前来观看桂柳围棋擂台赛第七场比赛的棋迷。唐良锦执黑攻擂，起手以"三连星"开局，唐盈再次应以"二连星"。唐良锦有备而来，前10多手棋完全按预想的进程展开。对此唐盈十分懊恼，她赛后表示：我明知唐良锦研究了我的布局，变变招走星小目就好了。两人棋风都好斗，重势轻地。唐良锦吸取上一轮刘和平失利的教训，对唐盈的挑衅战法，毫不手软，以硬碰硬，战火从一个角燃起，逐渐向中腹蔓延。双方争斗了80个回合不分上下。至第86手唐盈一步误算，被吃掉两颗棋筋，黑棋已活而白棋两块棋陷入险境。唐盈一看不妙，心气有些浮躁，置自己的一块大棋于不顾，孤注一掷杀往右上角一块黑棋。老唐虽被逼得频频长考，连连摇头，但终于把棋做活涉险过关，此时白棋回天乏术，第205手黑棋落子后，小唐投子认负。

王洪军和严剑刚在讲棋室里为柳州棋迷做挂盘讲解，当他们指出白棋的形势非常危险时，柳州棋迷沸腾了，他们盼望已久的胜利终于出现了。

赛后，本次比赛的赞助商唐小森很诚恳地对柳州的媒体说，虽然我是桂林人，但却为唐良锦打气，希望他能再赢三盘。他当然不希望赛事过早地结束。

7月2日，桂林棋手韦建生4段攻擂。此前韦建生、唐良锦从未交过手，韦建生的最好成绩是桂林市第二名，大概尚未进入唐良锦的视野。对唐良锦的战法，韦建生却是颇有研究。执黑的韦建生一开始就将棋形下得非常厚实，甚至于一局棋里筑起了两堵黑棋的"长城"。擅长搏杀的唐良锦总感到有劲使不出。战至中局，韦建生利用白方善战而不善弃的特点，诱使白方逃三个孤子而一举取得主动。在官子阶段，黑方利用厚势，处处搜刮。而唐良锦官子时竟走出昏招，边空被破，本已不妙的局势又雪上加霜，左思右想，导致1小时45分钟的用时耗尽而被判超时负。韦建生以绵里藏针的功夫制服了唐良锦，让他只当了一天擂主。

7月7日，柳州主将严剑刚赴桂攻擂。对于需要单骑闯五关的严峻局势，他显得颇为自信，"发挥得好，柳州队也是可以夺杯的。"

7月8日下午，严剑刚执黑挑战桂林韦建生。论实力，严剑刚要高一筹，因此黑棋凭借扎实的基本功，布局开始，就堂堂正正、稳扎稳打。而韦建生则几处主动挑衅，指望挑起事端。严剑刚哪怕棋形走得难看，也不进行决战，而有机会就利用对方棋形的一些缺陷，进行搜刮，实空逐渐领先。本局的高潮出现在官子阶段。严剑刚利用打劫想逼使白棋角部做活，而捞取便宜。孰知白棋竟置角部不顾，转而冲断黑方的三子。这时严剑刚才发觉，白棋角上竟有手段做活，懊悔之余，只好先应付白棋的冲断。几个回合之后，黑棋清点战局，认为还可小胜，又稳健地打劫粘上，指望对方在角上补活。谁知对方又不理睬，反而把黑棋的6个子吞吃。严剑刚才发觉角部不能净杀，只能打劫吃。面对韦建生的顽强拼搏，严剑刚不由连连摇头。

由于劫材不多，只能吃掉白棋三子。这时局势的天平已倾向白棋。但在最后的小官子阶段，双方用时都只剩几分钟，韦建生屡有失误，而严剑刚则计算准确，几处占得便宜。战至最后一分钟，黑方终以一又四分之三子取胜。

7月9日上午9时，桂林队的第四员战将孙政执黑攻擂。布局阶段，孙政在角上"韩国流"定式中弈出新手。几经拆冲，双方形成转换，黑取外势，白得实地。局势大致平衡。在第120手后，孙政有一取胜的绝好机会，他如果断开白棋，则白棋上下两块不活，要做活就疲于奔命，黑棋将可一举掌握战局的主动权导致胜势。严剑刚局后说："当时我最怕的就是这一断。"而孙政则误认为白棋已活，断开无益。待到严剑刚补好断口，局势已纳入严剑刚最擅长的轨道。最后白棋中盘取胜。

严剑刚赛后颇有感触地说："这棋是一局比一局难下。"

7月15日，桂林队老将吴稚华在柳州挑战擂主严剑刚。

比赛开始，执白棋的严剑刚就猛捞实空，利用黑棋在第23手应对稍显滞重的失误，布局结束时，实地已经领先。但严剑刚过于贪婪，致使一队白子走得很薄。吴稚华走出79手有力的一击，逼使严剑刚长考了20多分钟，才煞费苦心地走了一着，意欲做活。此时吴稚华有一"粘"然后凌空一"挖"的强手。在现场观战的众多桂柳高手认为，白棋虽可勉强做活，但丢盔弃甲，损失不小，局势将要逆转。但双方都未看出"挖"的妙手，吴稚华挥师围中空，严剑刚也置之不理。这一"挖"的定时炸弹竟放置了50个回合，白棋才补上，危机得以解除，现场观战的柳州棋迷为严剑刚担惊受怕近一个小时。

此后，白棋形势一直稍稍领先。在收官时，吴稚华又利用打劫制造了一个机会，但严剑刚灵活应对，形成转换，胜势依然不动。双方鏖战3小时28分，严剑刚以三又四分之一子取胜，将比分扳成5比6。

"我当时觉得有棋，以为形势不坏，就没往复杂的地方多想。"吴稚华在赛后懊悔地对现场观众说。

吴稚华失手后，桂林队主帅王民学感到自己可能要亲自出马，当即表示回桂后将谢绝一切应酬，潜心备战。王民学说："无论胜负如何，都要下出高质量的棋。"而桂林队副帅李波则表示，不需王主帅出战，他就可以解决问题。李波以往与严剑刚交手七八局，胜多负少，心理上有优势。

7月22日下午，桂林棋院的讲棋大厅内人头攒动，场面火爆。桂柳围棋擂台赛迎来一场重要对决，桂林队副帅李波挑战柳州队主帅严剑刚。李波曾获贵州省围棋冠军，此时在桂林市棋艺俱乐部任教，此前获得了桂林市第二名。严剑刚是这一年的广西棋王。两人棋艺不相上下，又同是29岁，正是一双好对手。桂柳棋界都认为，这将是擂台赛胜负的关键之战。

李波执黑先行，针对严剑刚喜欢实地的棋风，一开始就占据角地，形成实地对外势的局面。但李波棋风泼辣，喜好作战，占实地非其本愿。从63手开始，李波实施了一个大胆弃子战术，将近50目的大角让给白方，换取了强大外势，双方咬得很紧。激战了100多回合，现场讲棋的王洪军七段清点目数，认为是半目胜负的局面。这时双方仅剩一分多钟用时，已进入小官子阶段，马上就要终局。此时白棋突然在黑空内施展偷袭，欲令黑棋收气而小占便宜。李波在此耗时较多，一分多钟瞬间用尽，被判超时负，令一众桂林棋迷扼腕叹息。

7月23日上午，桂林队主帅王民学出战。双方主帅对决，擂台赛已是最后关头。王民学曾三获广西冠军，可说是广西的老棋王，当年曾战胜江铸久等国手，棋艺自然不凡。但此时，他担任桂林棋院院长多年，事务繁多，训练渐少，功夫不及当年娴熟。在这场决战中，开局王民学下得紧凑，局面较为主动。但中盘73手应对滞重，被白棋乘机在边上围得了30多目的实地。王民学拼劲十足，于87手挥师侵角，将白角全部掏尽，局势眼看就要逆转，但105手未能及时一打，被白棋切断数子，良机错过，此后局面处处被动，战至210手停钟认负。

柳州队主将严剑刚以"一夫当关，万夫莫开"之勇，连拔五城，力挽狂澜，使柳州队赢得了首届桂柳围棋擂台赛的胜利。

2001年NEC杯桂林大学生围棋赛唐兢夺标

2001年NEC杯桂林大学生围棋赛经过4天角逐，12月2日在弈春围棋俱乐部结束。来自广西师大、桂林电子工学院、桂林工学院、桂林医学院等高校的围棋爱好者参加了比赛。广西师大的大一学生唐兢（职业二段）以全胜战绩夺冠，旅专学校的桂林女棋手周娅5段名列第二，桂林师专的阳朔籍棋手刘正洪获得第三名。

2001年日本围棋交流团访桂

2001年11月，以日本棋院伊藤庸二九段为团长的围棋友好交流团访问桂林，并与桂林围棋爱好者进行了友好比赛。18日下午在市棋艺俱乐部进行了第一场正式比赛，结果桂林棋手获胜。伊藤九段与桂林的3名小棋手下了指导棋。桂林市新科少年冠军刘宇表现出色，在受二子的对局中以半目优势险胜，得到了日本棋手的赞赏。

19日上午，双方又在漓江游船上进行了第二场正式比赛，结果桂林棋手再次获胜。李新华获得比赛"最佳棋手"称号。

2002年全国围棋联赛广西中族队征战全国联赛

与全国围棋联赛暌违多年的广西棋手，2002年重新出现在赛场上。由广西围棋协会和桂林中族药业集团共同组建的广西中族男女围棋队，参加了4月份在沈阳葫芦岛市举行的2002年全国围棋男子乙级联赛和女子联赛，为振兴八桂围棋开始新一轮的努力。

中族男队的4名棋手包括王洪军七段、潘峰三段、刘雅洁二段、唐兢二段。王洪军为原广西围棋队总教练，近几年参加了名人战等一些个人赛，仍保持着良好的竞技状态。潘峰前一年代表河南队出战甲级联赛，曾战胜了张文东九段等多名高段位棋手，实力不俗。唐兢近年虽未在职业比赛露面，但也在大学生联赛中热身，棋艺并未荒废。中族女队由唐盈、黎念念组成。两人虽仅为业余5段，但黎念念在国家少年队集训，唐盈在河南培训，棋力在女子乙级队中不低，如发挥稳定可望取得好成绩。

围棋男子乙级联赛采取赛会制。获得前两名的队将晋升为甲级队。女子联赛为甲乙队混合赛，前十名即成为甲级队。

4月17日，广西中族男队和女队分别击败第一个对手北京兴创队和吉林队，双双取得开门红。

北京兴创队由北京杏泽围棋学校的教练和学员组成，与广西中族队实力相近。此战双方都力争获胜以创造一个有利的开局。第二台潘峰三段经过去年联赛的锤炼，棋艺进步不小，在与李凡三段的对局中明显占优，很快就逼对方俯首称臣；接着第三台唐兢二段也在激战中擒下李昂三段；第四台女将刘雅洁二段负于王治国二段，中族队2比1领先。双方是分出胜负还是战和取决于第一台王洪军七段与老将罗建文七段这局。王洪军执白在局面不利的情况下，顽强应战，罗建文则优势意识过浓，开始松懈，后来又老眼昏花，被王洪军制造了一个大劫，黑棋一下子崩溃。中族队遂以3比1取胜。

中族女队唐盈、黎念念与吉林队的郭圆圆、王英丽都是业余棋手，但双方棋力有差距，中族队轻松以2比0获胜。

24日，女子联赛弈罢第六轮后，各小组的名次已经产生，A组前五名太原、大连大化、广东、洛阳、贵州队和B组前五名北京北新、北京世界公园、河南、深圳、陕西队成为甲级队。这10支棋队第七轮将进行同名次之间的决赛，以决定前十名的名次。广西中族队第六轮与广东队对阵，对方两名棋手均为专业二段，实力高出一筹，中族队未能创造奇迹，以0比2告负而与小组前五名无缘。

男子乙级联赛，广西中族男队第六轮对齐鲁晚报队，除唐兢获胜外，其余三名皆以半目微弱之差失利，王洪军更是在吃掉对方数子、追杀对方孤棋的绝对优势中，因攻击不力，未有斩获而惜败，诚为憾事。此轮失利后，最后一轮中族队轮空，只能坐山观虎斗了。男乙联赛共有23队，广西队最后排在第19名。

2002年第八届NEC杯围棋赛邹俊杰家乡献艺

NEC杯是中国奖金最高的围棋快棋赛，冠、亚军奖金分别为20万、8万。桂林三次成为这项杯赛的举办地：1998年10月第四届第四站，2001年5月第七届揭幕战，以及2002年6月第八届第二站。2002年的比赛因为有桂林籍棋手邹俊杰出战，而格外有看点。

第八届比赛2002年3月5日开始在北京进行预赛，出线的8名棋手邱峻、彭荃、邵炜刚、刘菁、邹俊杰、孔杰、华学明、张璇与上届冠亚军常昊、刘世振和等级分前二名王磊、周鹤洋进入本赛。4月30日，本赛第一站比赛在南京进行，邱峻、邵炜刚分别击败彭荃、刘菁进入下一轮。桂林是本赛的第二站，进行两场对决，一场是两杰之战，桂林的邹俊杰对北京的孔杰，另一场是二女之争，华学明对张璇。

邹俊杰是战胜了俞斌九段第一次打入本赛的。组委会安排他在家乡比赛，有激励他的斗志之意。

未满20岁的孔杰六段是当时国少队"三剑客"之一，等级分排列第四，是前一年的全国个人冠军；在春兰杯上力斩李昌镐，被看作希望之星。效力于深圳围甲俱乐部的邹俊杰五段也是著名的"清风小子"之一，曾获"新人王"冠军，此前两次打入名人战决赛圈。两杰相比，孔杰的战绩更辉煌，势头上也占先。

6月8日下午，两盘比赛在漓江剧院进行。

华学明在前半局曾出现一个重大失误，盘面几乎导致崩溃，但她仍顽强作战，将棋局导向复杂。经过几次转换之后，局面呈细棋状态。由于比赛采用大贴目制（黑方贴7目半），盘面只领先7目的黑方张璇终以半目惜败。

邹俊杰执黑对孔杰，因在一次交换中选择不当，盘面实地落后。以官子功夫好著称的孔杰此后没有给对手任何可乘之机，邹俊杰遂含笑推枰认负。

2002年全国女子围棋个人赛　唐盈横扫众名将夺冠

2002年9月24日，全国女子围棋个人赛在成都落下帷幕，20岁的桂林市业余棋手唐盈力克多名专业名手，以七胜二负的成绩登上全国女子围棋冠军宝座。

全国围棋女子个人赛允许每个乙级队派一名业余棋手参加，在九轮比赛中，唐盈战胜了徐莹五段、于梅玲四段、华学明七段、郑岩二段、梁雅娣二段等名将，仅负于杨晖七段和叶桂五段。最后一轮比赛，叶桂负给于梅玲，梁雅娣赢了杨晖，唐盈战胜范蔚菁。唐盈与叶桂、梁雅娣、于梅玲同积14分，由于小分最高，幸运地获得了冠军。

本次比赛前，唐盈的愿望是能进入前八名，比赛的结果让她自己也感到意外。按照中国围棋协会的规定，全国个人赛前三名可获得专业段位，唐盈因此将取得职业初段的资格。

2002年桂林市青少年围棋赛冠名"张涛杯"

"张涛杯"桂林市青少年围棋赛创办于2002年，之后每年举办一届，至2019年已连续举办了18届。

比赛根据选手段、级位分成若干组进行比赛，达到设定成绩可以升段、升级。各组前几名获名次奖或优胜奖。

比赛由桂林市体育总会主办，桂林市围棋协会承办，美国中华围棋会理事长张南旋博士提供冠名赞助。

比赛创办初期参赛者不到400人，2018年参赛者已达2022人。赛事活动极大地丰富了桂林市青少年围棋爱好者的业余生活，对桂林市青少年围棋水平的提高起到了积极作用。

2003年广西围棋棋王赛　潘峰加冕

2003年"联通新时空 CDMA 杯"广西围棋棋王公开赛 2 月 5 日在桂林棋院揭开战幕，来自桂林、南宁、柳州、梧州和北海的 42 名围棋好手进行了六轮积分循环制的较量。

之前在广西棋王赛中与冠军擦身而过的桂林棋手潘峰三段，终于如愿以偿，夺得了"联通新时空 CDMA 杯"广西围棋棋王公开赛的桂冠。他在六轮比赛中独保不败，以无可争议的成绩登上广西围棋第一人的宝座。

潘峰赛后表示，今年他是抱着夺取冠军的目标而战，以弥补去年大意失荆州留下的遗憾。第五轮他战胜了去年广西棋王赛冠军、柳州的严剑刚 6 段，扫清了夺冠路上的最大障碍；第六轮击败了南宁王立国 6 段，顺利地实现了自己的目标。

获得第二至第八名的是关卫海、唐盈、严剑刚、王立国、秦亮、李志欣、刘青琳。"最佳女棋手奖"和"最佳少年棋手奖"由唐盈、刘宇分别获得。

2003年三国女子围棋冠军对抗赛　唐盈夺冠

由百色市旅游局和桂林市体育局主办、桂林棋院承办、百色大石围旅游开发有限公司赞助的 2003 年中日韩国际围棋女子冠军对抗赛，于 2003 年 4 月 19 日至 23 日在百色和桂林举行。

参加对抗赛的三名棋手都是各自国家的女子冠军。代表中国参赛的是 2002 年全国个人赛冠军、桂林的唐盈初段；日本选手为获得 2001、2003 年日本女子棋圣挑战者赛第一名的加藤启子四段；韩国选手是 1994 年霸王赛第一名、1995 年王位赛第一名、2002 年女子名人战第二名的玄味真二段。三人都是年轻棋手，棋力相当，行家估计会有一番好战。

比赛采取单循环制，共进行三局。开幕式及第一局 19 日在百色进行。

日本和韩国队领队介绍加藤和玄味真的围棋经历，加藤 5 岁学棋，入段后每两年升一段，速度极快，而玄味真则在 15 岁时就获得韩国"霸王赛"

第一名。至于唐盈，更以业余棋手身份夺取全国冠军。在各自国家里，三人都有一些独特的经历而为人们所乐道。

当天进行的第一盘棋，唐盈胜日本的加藤启子。第二盘棋，20日在有"宇宙奇观"之称的乐业大石围天坑的顶部观景台进行，加藤启子胜玄味真。

对抗赛最后一场比赛4月23日移师桂林进行。比赛在榕湖饭店国际会议厅举行。中国围棋协会主席陈祖德、副主席黄进先作了挂盘讲解，200多名围棋爱好者观看了解说。

此局唐盈执黑先行，黑棋布局比较成功。在右边的战斗中，白棋应对不当，苦苦做活，而黑棋则在上边围成一片近60目的大空，形势大好。虽然在左下角的接触中，唐盈略有亏损，但由于全局实空领先，依然优势在握。此后唐盈采取稳妥战术，简化盘面变化，黑棋一直控制局面，而玄味真苦苦思索，也没有找到特别的手段给黑棋制造麻烦，黑棋最终以较大优势获胜。

唐盈两战全胜获得了本次对抗赛的冠军。加藤名列第二，玄味真列第三名。

2003年全国网络少年赛　桂林小将称雄

2003年11月，在全国网络少年围棋赛上，桂林市两名12岁的少年棋手唐国斌和唐崇哲分别以8胜1负、7胜2负的成绩夺得冠、亚军，并取得了参加全国职业棋手比赛的资格。

中国网络少年围棋赛是中国围棋协会当年推出的"绿色通道"计划的第一步。"绿色通道"计划是通过网络选拔优秀棋手代表我国参加世界职业围棋大赛的一项举措。作为"绿色通道"的首批受益者，网络少年赛的前三名将取得参加全国职业棋手比赛的资格。

比赛由中国棋院组织，由各地围棋机构推举代表参加。经广西围棋协会批准，桂林棋院推举了3名小棋手参赛。比赛从11月1日开始，11月29

日结束。全国66名少年棋手通过中国棋院围棋网进行了9轮积分循环赛。

2004—2013年"晚报杯"桂林队缕创奇迹

前话

"晚报杯"全国业余围棋锦标赛创办于1988年,由中国围棋协会和全国晚报体育新闻学会联合主办,全国各个城市的晚报组队参赛,各地的主流媒体多会对赛事进行大篇幅的连续报道,因此,它既是一年一度业余围棋高手切磋交流的盛会,也是向公众宣传围棋普及围棋的优质平台。每届的冠军不仅可以直接升为国内最高的业余段位(7段),而且将代表中国参加世界业余围棋锦标赛。在围棋赛的最后一天,获得比赛前6名的棋手,还将代表全国业余围棋界向目前国内等级分较高、实力较强的6位专业高手发动一场"绿林好汉"与"御林精英"的对抗赛。全国所有的媒体、棋迷以及圈内外人士,都对这场一年一度的大对决非常感兴趣。中国围棋的顶尖高手,很多也是在"晚报杯"上开始崭露头角,走进人们的视野。

桂林围棋与"晚报杯"结缘很早。1988年1月,"晚报杯"在北京举行了第一届比赛,在全国引起了很大的反响。当时,桂林围棋在广西可谓一骑绝尘,但广西只有南宁晚报社有资格参赛,于是,都有参赛意愿的南宁晚报社和桂林围棋人达成了共识,桂林的三位高手白起一、王民学和邓双陆代表南宁晚报社参加了次年在成都举行的第二届"晚报杯"全国业余围棋锦标赛。赞助单位是桂林住建总公司。

当年的参赛队共29支。基本上是一省(区、市)一队,比较强的是北京、上海等大城市的晚报队,南宁晚报队不很起眼。比赛一共下13轮,每天两轮。赛完七轮时,出人意料的是,南宁晚报队竟与钱江晚报队并列团体第一。三名棋手也都排在前十名,南宁晚报队引起了重视,一时光芒很盛。虽然经过13轮比赛,南宁晚报队后劲不足,名次有所滑落,但仍然取得团体第七名的好成绩,要知道,晚报杯虽然是业余赛,其实也有不少退役的职业棋手参赛,而且每队都是请全省选拔赛的前三名作为代表。最后新民晚报队夺冠。

第三届"晚报杯"在杭州举行，桂林棋手再度与南宁晚报社合作组队，以原班人马出战。比赛有三十多个队参加，战斗依旧很激烈。全部13轮比赛结束，经过计算，南宁晚报队排在团体第六名的位置，可以捧杯了。但颁奖时却发生了一件出乎意料的事，裁判长宣布名次时，是武汉晚报队第六名，南宁晚报队第七名。身兼教练之职的白起一赶紧去找裁判委员会的负责人理论，但此时颁奖已经开始，音乐喧腾，镁光闪烁，该负责人也无法处理。等到曲终人散，各地记者匆匆发稿去了，他才找来裁判长仔细核算，南宁晚报队确是第六名，因为队多人多计算繁杂，10多人计算了3个小时还出了错。裁判委员会的负责人连夜去找武汉晚报队，但他们庆功酒也喝了，电讯也发了，又不是他们的错，奖杯当然也不退回。组委会无奈，只好第二天补发一个奖杯给南宁晚报队。结果，各地晚报报道的第六名是武汉晚报队，《围棋天地》等专业刊物上的第六名却是南宁晚报队。这样的事情在"晚报杯"历史上绝无仅有。多年以后，竞赛组织工作与时俱进，采用了电子钟计时与电脑编排，误算成绩的事已不会再出现了。

2003年，第十六届"晚报杯"全国业余围棋赛，桂林两位棋手刘宇、黎念念和柳州的严剑刚代表南宁晚报队出战，最终积分在30多支队伍中居于中游。主将严剑刚赛后对记者表示，刘宇和黎念念都下得不错，他自己则没有下出最好水平，否则全队成绩会更好一些。

2004年"晚报杯"枰设桂林　业余豪强榕城论剑

2004年1月3日至11日，第十七届"桂林八桂大厦晚报杯"全国业余围棋锦标赛在桂林举行。来自全国的48支队伍、144名棋手在桂林的榕湖饭店国宾馆进行棋艺的比拼。本次比赛吸引了港、澳、台地区的围棋爱好者，也有内蒙古、新疆、西藏、宁夏的参赛队伍，真可谓是全国业余围棋界的一次大聚会，规模超过了此前的历届晚报杯。

"晚报杯"为什么选择桂林，本届锦标赛组委会主任、中国围棋协会副主席、广西围棋协会主席季桂明给出了这样的几个理由，桂林的围棋发展氛围很好，桂林市政府对围棋项目很重视，市长王跃飞对围棋的发展有着极大的热情，希望借此提高桂林市的文化品位，塑造城市的文化形象；桂林有比较深厚的围棋发展土壤，多年来，桂林的围棋普及程度在不断提高，涌现了不少高段位棋手，产生了全国青年赛冠军、女子赛冠军和业余团体赛亚军，桂林有着很好的围棋发展前景，中国围棋协会和全国晚报体育新闻学会有意通过本次杯赛为这良好的发展势头推波助澜；广西围棋协会希望借助本次比赛，让桂林牵个头，促进广西的围棋发展，提升广西的围棋"热度"。再者，桂林山水旖旎，冬季气候温和，全国的围棋爱好者都希望能在这里进行一次比赛。

桂林晚报队首次参赛

2003年12月，桂林晚报与天和药业股份公司联合组建"桂林晚报天和药业围棋队"，由清一色的少年棋手组成，12岁的刘宇6段、12岁的唐崇哲5段和16岁的黎念念5段。出任天和药业队教练一职的，则是前围棋国手、世界冠军马晓春的恩师、当时浙江围棋队主教练姜国震。没有聘请外援，就是想为本地少年棋手提供更多的参赛机会，让他们通过参加这样高水平的比赛锻炼、提高自己，从而提高桂林围棋的水平。

刘宇7岁学棋，师从刘雅洁教练。2000年，刘小光九段在桂林中心广场举行车轮大战，输了6盘棋，当时9岁的刘宇就是其中一个胜利者。2002年，刘宇在全国少儿围棋赛中获得儿童组第6名，并在当年的广西中小学生围棋赛中夺得冠军。为了进一步长棋，刘宇10岁离开父母，远赴北京学棋，生活、学棋都靠自我管理、自我约束。这个时候，他已在聂卫平道场学棋一年多。2003年的全国"晚报杯"在广东汕头举行，刘宇代表南宁晚报队参赛，结果9战5胜4负。此次终于可以代表家乡媒体参加全国"晚报杯"，他很希望能取得一个好的成绩。几年后，刘宇在2007年7月的全国围棋定段赛中，从400多名棋手中脱颖而出，以总分第六的战绩成功跨入职业围棋门槛。

唐崇哲是威达子弟学校小学六年级的学生，他也是7岁多开始学棋，师从桂林围棋名师白起一，10岁时又远赴河南，跟随河南队桂林籍总教练黄进先学棋一年多。他对网络围棋和网络棋赛很感兴趣。此前，他参加了全国网络少年围棋赛，以7胜2负的成绩获得亚军。首次参加"晚报杯"围棋赛，他并没有设什么目标，通过比赛锻炼自己，提高自己。这位低调的小棋手，在之后的若干年里，凭着不断增加的实力成了桂林晚报队的固定阵容，更成为中国业余围棋界响当当的人物。

黎念念是桂林城里小有名气的围棋女神童，7岁开始学棋，师从刘雅洁教练。10岁，她拿到了桂林市小学女子冠军，紧接着是广西少年女子冠军和团体冠军。1999年年初，12岁的黎念念离开父母，前往河南，跟随河南队主教练黄进先六段学习了两年。2001年，黎念念入选国家少年队，成为广西围棋界的骄傲。2002年，她获封广西棋王战最佳女棋手。2003年，黎念念第二次入选国家少年队。有人评价黎念念是一个很有韧劲的棋手，比赛中很沉得住气。

本届比赛高手如云，有世界冠军、全国冠军，还有相当多的职业初段，竞争十分激烈。三位优秀的桂林本土少年棋手都很努力，取得了所在组中流水平的位置，表现令人满意。刘宇在比赛中先后遭遇刘钧、胡煜清、孙宜国等多名世界冠军，始终表现得沉着冷静，不卑不亢。他以两目半的劣势不敌胡煜清，在整个过程中还是让胡煜清感受到了压力，"在他这个年龄段，已经很厉害了。"胡煜清赛后对刘宇给出了这样的评价。首次参赛的唐崇哲表现还稍嫌稚嫩，但也可以看出他的潜力。

沈阳晚报二度夺冠

沈阳晚报曾经在1996年的合肥"晚报杯"上一举夺冠，此后还曾两次闯入前六，是"晚报杯"的一支劲旅。征战本届杯赛，沈阳晚报队旗下是三名极具实力的棋手：世界冠军付利8段，他离开沈阳多年，在海口开办了付利围棋培训中心，以教授棋艺为职业，沈阳晚报队对他却是念念不忘，相信他6年国少队的磨炼，看好他的稳定扎实，此次专门把他请回来作领军人物；李嘉楠6段，曾经4次参加专业定段赛，4次都排在第二十一位，距离专业的门槛仅一步之遥，运气实在太差，被称为"老守门"，但是论及实力，那进去的二十个，大概有一半多不及他；唐嘉隆5段，当时在北京聂道学棋，已经具备独当一面的实力。尽管如此，沈阳晚报队在赛前却很低调，他们自己定的最高目标是进前三，对外宣传则是打进前六。

　　4日上午的第一轮比赛，沈阳晚报队、江南晚报队和新民晚报队是仅有的三支全胜的队伍。A组唐嘉隆在此轮比赛中，将钱江晚报队的老将孙国梁6段挑落马下。孙国梁曾经两夺"晚报杯"亚军，是一名经验老到的棋手。C组付利的对手武汉晚报队的蒋辰中5段，则没有对付利构成什么威胁。D组李嘉楠面对春城晚报队的刘骄5段，赢得也很轻松。当天下午的第二轮比赛，沈阳晚报队的三名棋手仍然是全胜的战绩。此时，他们甩开对手，独自占据了积分榜榜首的位置。在以后的7轮比赛中，除第九轮付利和李嘉楠双双落败，其余轮次他们都保持了至少赢两盘。小组赛结束后，付利、李嘉楠同以小组第二的成绩进入十六强，唐嘉隆也为本队拿下了13.75的高分。此时，沈阳晚报队的总积分已经达到50.79分，领先上届冠军北京晚报队1.54分。9日上午，第二阶段比赛刚一开始，北京晚报队进入十六强的唯一一名棋手桂文波初段就被海口晚报队的周睿羊初段打败，没能进入前八。这两名棋手的碰撞很有点趣味性，当初他们俩是北京晚报队惟一一个外援指标的竞争对手，在选拔赛中，桂文波列第一，得以代表北京晚报队出战；周睿羊屈居第二，回到海口晚报队，为家乡效力。这一次在"晚报杯"的较量中，周睿羊终于得报一箭之仇，也间接地把沈阳晚报队提前送上了冠军的宝座。最终，付利获得亚军，李嘉楠列第十名，沈阳晚报队的总积分达到54.79分，高出第二名北京晚报队5.54分。海口晚报队凭借周睿羊的一个冠军，赶超了众多对手，跃升至第四名。这并不是海口晚报队的最好成绩，他们曾经在1996年的第九届"晚报杯"上获得亚军，当时的功臣是付利。进入前四，也让海口晚报队申报下届"晚报杯"增添了一个筹码。

　　本届杯赛，深圳晚报队和珠江晚报队这两支广东军，来势极为凶猛。深圳晚报队中有上届冠军时越初段、孙力6段和佟云5段，珠江晚报队中则有上届亚军蓝天初段、袁泽6段和彭立峣6段，清一色的孩儿军。孙力和时越最终分获第三名和第七名，彭立峣则为第八名。6个少年棋手的出色表现，为两个队挣得了相当高的积分，深圳晚报队53.39分、珠江晚报队49.36分，均超过了北京晚报队，本可以获得第二和第三的两队历史最好排名，无奈因外援超编，最终未被计算团体成绩。

觊觎冠军宝座的还有齐鲁晚报队。他们在到达桂林之后曾经在非公开场合表示，他们是奔团体冠军而来的，除了冯毅6段、毛睿龙初段一大一小两个本土棋手，齐鲁晚报队此次专门邀请了2003美罗杯冠军得主、上海棋手胡煜清7段加盟，夺冠的意志非常坚定。但是因为胡煜清意外地被排除在十六强以外，他们的宏大志向没有能够实现，最终是排在第十位。第九届冠军得主新民晚报队，本次比赛除在第一轮处于领先位置以外，接下来就乏善可陈了。没有了刘钧、刘轶一、胡煜清这些强豪的帮衬，这支老牌劲旅终于失去了往日的辉煌，它的最终排名仅在第二十三位。其实，从上届比赛开始，新民晚报队就已经让人看不懂了，不知什么时候它才能重新崛起。

本次杯赛团体前八为：沈阳晚报队、北京晚报队、千山晚报队、海口晚报队、重庆晚报队、春城晚报队、江南晚报队、西安晚报队。

传统豪强难敌少年才俊

本届"晚报杯"，有超过一半的参赛者是14岁以下的少年棋手，这当中有八九名专业初段棋手。传统豪强在少年棋手的围攻下，纷纷败下阵来。北京晚报队的孙宜国7段，5胜4负、江南晚报队的韩启宇6段5胜4负、齐鲁晚报队的胡煜清7段6胜3负、扬子晚报队的李岱春8段6胜3负、钱江晚报队的孙国梁6段更是2胜7负，都没能进入第二阶段比赛。胡煜清的形势原本很好，到第七轮为止，只输了一盘棋，不想在最后两轮接连告负，只排在小组第七位；李岱春在前4轮就输掉了两盘棋，早早地就失去了竞争的资本。

闯进十六强的传统豪强只有付利、刘钧、刘轶一三位。在十六强的战斗中，刘钧和刘轶一也是一输再输，刘钧先是输给了澳门队的朱元豪，接着不敌北京晚报队的桂文波；刘轶一先输给深圳晚报队的时越，又输给沈阳晚报队的李嘉楠，最终，刘钧和刘轶一在第二阶段的第三轮相遇。这本来是一次强强对抗，但是他们争夺的却是留在第十四名以内的资格。人们关注的是前面几台的四强决战，在他们这台棋旁边，观战的只有李岱春，三位此时应该是专注于棋盘上的战斗，没有多做他想吧，不过在旁观者的眼里，那情形还真是有点悲凉的意味。刘钧最终拿了第十三名，刘铁一则在最后一轮比赛中终于赢得了一场胜利，获得第十五位。

付利运气特别好，他在小组赛的对手相对都不强，以小组第二的形势出线后，又让他避开了强手的阻截，一路杀进决赛。付利在决赛中的对手是小组赛时的手下败将——海口晚报队的周睿羊。周睿羊在小组赛打得特别艰苦，出线以后，最大的愿望就是还能赢一盘棋，没想到他竟然跌跌撞撞地也闯进了决赛。

正所谓大难不死，必有后福，小周在决赛中几乎一直压制着付利。付利盘中在场外吸烟的时候，对旁人大吐苦水，他说："这棋怎么下都不对，怎么下他都会。"最终，付利不得不第三次品尝在"晚报杯"决赛中失利的痛苦。赛后他不停地自言自语，好像是在后悔哪一手棋没有走好。付利的勤奋是很多人都知道的，他每天晚上都会认真地复盘，总是到十二点以后才睡觉。在付利和周睿羊争夺冠军的时候，海口晚报队的领队徐剑波就表示，尽管周睿羊是他们队的，但他还是希望付利能赢，希望他能"为老的争气"。

"晚报杯"的赛程是每天两轮比赛，能进入第二阶段比赛的棋手要连下十三盘棋，这对于成年棋手来说，是一个很大的挑战，他们的体力很难应付这种比赛强度。小棋手们在体力恢复上要比他们快得多。所以，这也是老棋手战绩不佳的一个很重要的原因。鉴于本次比赛的小棋手太多，专业棋手太多，主办者计划在下届杯赛出台相关的细则，限制专业棋手参赛，据说，可能会在年龄上设置障碍，降低专业棋手的参赛年龄。这样，应该能让"业余"味更浓些吧。

本次杯赛 个人前八为：周睿羊（海口）、付利（沈阳）、孙力（深圳）、罗德隆（西安）、朱元豪（澳门队）、彭鸿礼（重庆）、时越（深圳）、彭立峣（珠江）。

专业六强小胜业余六强

1月10日下午，参加本届"晚报杯"专业六强与业余六强对抗赛的六位国手：陈祖德九段、马晓春九段、古力七段、孔杰七段、王煜辉七段和刘世振六段陆续飞抵桂林。

因为上一届对抗专业队获得了胜利，所以本次对抗的形势是，三盘让先，三盘让两子。中国棋院院长王汝南曾经在开赛前的新闻发布会上预测，这次对抗的结果是三比三打平。年轻气盛的国手们可不甘于这样的结果，古力扬言一定打败业余棋手，孔杰也认为他们会赢。

11日上午，对抗赛在桂林西郊麒麟湾别墅区的水上会所进行。参加对抗的业余六强为：付利8段、孙力6段、罗德隆6段、彭鸿礼5段、彭立峣6段和李嘉楠6段。第一台，孔杰让先对付利；第二台，刘世振让先对罗德隆；第三台，王煜辉让先对孙力；第四台，马晓春让两子对彭鸿礼；第五台，古力让两子对彭立峣，最后一台，陈祖德让两子对李嘉楠。马晓春这盘棋下得特别快，屠掉了对手一条大龙。他的心情显得特别好，很快地走出了赛场。他对对手的评价是，下得太臭了。接着，王煜辉也以胜利者的姿态走出了对局室，中盘击败孙力，好像是理所当然的。然后，刘世振也是中盘胜了罗德隆。至此，专业棋手已经拿下了三盘棋，至少可以保平了。就在人们为业余棋手着急的时候，终于传来了好消息，古力和陈祖德都输了。想不到，最有信心的古力竟然没有兑现他的赛前宣言。只剩下第一台了：付利这盘棋特别谨慎，曾经一度长考20分钟。直到中盘，都还是细棋局面，官子全部收完后，付利以半子输掉了。付利承认，孔杰的后半盘太厉害了。孔杰说，他与付利的对局开始就是细棋格局，自己下得很艰苦，因为受到时间的限制，两个人错进错出的。最后还是赢了棋，很高兴。

下一届"晚报杯"，六强对抗将是全部让两子了。看来，专业棋手是越来越认真了。

新闻棋战排出座次

1月7日上午，本届"晚报杯"全国业余围棋锦标赛新闻棋战结束最后一轮比赛，决出了名次。《郑州晚报》的王文捷以七战六胜一负的战绩荣获第一，《海口晚报》的周超、《武汉晚报》的秦明、澳门队的姚建平、《桂林晚报》的唐日明、《烟台晚报》的李戎分别获得二至六名。

新闻棋战是"晚报杯"的传统赛项，其目的是让带队的新闻记者增进友谊、切磋棋艺，更好地宣传围棋、宣传"晚报杯"赛。本次大赛上，众老记踊跃参赛，组委会专门辟出场地，比赛采用正规赛制，参赛棋手棋力相差不大，前六名均达到业余段位水平。

代表《桂林晚报》参赛的唐日明，系桂林日报社资深编辑、记者，下围棋是他的业余爱好。在比赛中，老唐遭遇了几场硬战，排名前四的几位他都碰过，获第一名的王文捷，七局只负一局，就是"不慎"输给了他。

"志愿军哥哥"寻桂剧团小妹妹　传佳话

伍爵天，是国内业余围棋重要赛事"黄河杯"的创办者与组织者。这一年，他年近70，作为兰州晚报队的领队来到桂林。

此次率队来桂林参加"晚报杯"比赛，他私底下有两个心愿：

第一，看看当年曾参加修筑的黎湛铁路；第二，见见当年在朝鲜战场上结识的一帮桂剧团的小妹妹。他希望在桂林媒体的帮助下，找到那些此时也该有60多岁的"小妹妹"，重温当年的友谊。

1953年，18岁的伍爵天在朝鲜参加抗美援朝战争，是7226部队一名文艺兵，驻扎在清川江附近的顺川。当时有祖国慰问团去朝鲜慰问，广西著名的桂剧演员尹曦率领的桂剧团到了伍爵天所在部队。团里有十多个十几岁的女演员，部队安排由年龄相近的伍爵天陪同照应。他们在一起相处了近一个月，结下了深厚的友谊。那时，对志愿军战士都统称"志愿军叔叔"，但小妹妹们特别把伍爵天称作"志愿军哥哥"。

1954年底，伍爵天回国后不久，到广西修筑黎湛铁路。这时，桂剧团又到黎塘工地慰问演出。伍爵天与小妹妹们重逢了。她们纷纷将自己的照片赠给伍爵天作为留念。

当年年轻可爱的小妹妹，到这时该是60多岁的老人了，不知道她们都还好吗？伍爵天在得知"晚报杯"要在桂林举行，就产生了要来寻找她们的想法。出发前，他特意把老照片翻了出来，揣在身上。他希望通过媒体的帮助，找到这些"小妹妹"。1月11日比赛结束后，伍爵天就要离开桂林了，他很希望能在这之前见见她们，哪怕能见到其中的一两个也好。

"志愿军哥哥"寻找"桂剧团妹妹"的消息很快就在《桂林晚报》见报了。一位"小妹妹"看到报道，赶紧联系也在桂林的两位当年的小伙伴，三人来到榕湖饭店。一别50年的伍爵天和几位"桂剧团妹妹"终于见面了。伍老说，那个时代产生的友谊，特别纯朴，令人难忘。能在桂林和老朋友再聚，了却了一桩心愿，他不虚此行。这也为"晚报杯"增添了一段佳话。

陈祖德拜会陈祖德

1月11日下午，在陈祖德、马晓春、古力、孔杰、刘世振和王煜辉6名国手跟广西棋手下一对三、一对二指导棋的时候，另一位陈祖德先生专门来到现场，拜会跟他同名同姓的中国围棋元老陈祖德。

这位陈先生，是旅居美国23年的美籍华人，是美国蓝德堡金融公司、美国南北集团公司董事长。此次应邀来桂参加国际金融和投资会议。他早就知道中国围棋元老陈祖德，尽管对围棋完全不懂，但是因为同名同姓，也因为对陈九段的仰慕，难得这一次有缘来到同一个城市里，所以就专门过来拜会。

陈先生说，因为陈祖德正在下棋，不便打扰，所以只是简单地聊聊，交换名片，一起合影。以后有机会，还想好好地叙谈叙谈。

陈祖德拜会陈祖德，"晚报杯"尾声阶段爆出的这个小插曲，使本届大赛有了一个"圆"的意境。

1月10日，桂林的天空飘起了点点小雨，11日，却是阳光灿烂。老天也为这届在桂林举办的杯赛做了个美好的"收官"。

2005年桂林棋手在残酷厮杀中成长

2005年第十八届"晚报杯"全国业余围棋锦标赛在海南三亚举行。

2004年11月，《桂林晚报》与桂林中族中药公司决定组队角逐"晚报杯"赛，与市围棋协会负责人三方商讨组队人选时，本拟指定棋手参赛，但中族中药股份有限公司唐小森董事长认为，桂林围棋爱好者众多，谁都想参加这一盛会，应给大家平等的机会。但由于时间紧，组织全市性比赛已不可能。适逢中族围棋研究会第二期开赛，而研究会的A组几乎囊括了桂林围棋精英，于是，将A组比赛作为第一阶段的选拔赛。

比赛从11月21日开始，16位高手每逢周四、周日晚进行一轮比赛，8轮比赛至12月19日结束。本次比赛的亮点是柳州的严剑刚6段参赛。严剑刚那几年里连夺广西业余围棋冠军，他加入战局无疑给了桂林棋手更大的压力和动力。果然，严剑刚过关斩将，连下五城。第六轮，遭遇莫云龙的阻击，经过3小时激战，败下阵来。第8轮，严剑刚再遇强硬对手——女棋手唐盈初段，战至最后，超时判负。

结果，莫云龙夺得第一名，严剑刚、唐盈分列二三位。唐崇哲、李志欣、白起一均为5胜3负，进入前6名。由于唐盈是职业棋手，严剑刚不属桂林棋手，两人均不代表桂林晚报队，因此，最后莫云龙、白起一、李志欣、唐崇哲、黄府山再加上在北京集训的优秀少年棋手刘宇共6人，进行了第二阶段的比赛。在选拔赛的第二阶段，莫云龙没能延续他的好状态，被淘汰出局。李志欣5段则是越战越勇，突出重围，争取到了一个名额。

2004年12月下旬，桂林晚报"中族中药"围棋队组队完成，领队唐小森，教练白起一，队员刘宇6段、唐崇哲5段、李志欣5段。仍然是清一色的桂林本土棋手，刘宇和唐崇哲都是第二次代表《桂林晚报》参赛，33岁的李志欣5段，系桂林电子工业学院（即后来的桂林理工大学）的老师，在选拔赛上杀出重围，成为"晚报杯"的新面孔。

正是从这一年开始，在很长一段时间里，"晚报杯"选拔赛成了桂林围棋界的一项重要赛事，各路高手踊跃参与，棋局质量极高，非常好地活跃了桂林的围棋氛围。

2005年1月5日第十八届全国"晚报杯"业余围棋锦标赛在海南三亚拉开战幕。第一天的两轮比赛，桂林队的三位棋手有喜有忧。小将刘宇6段沉稳出击，一举击败两大劲敌，取得二连胜。而两位力战型棋手李志欣、唐崇哲则出师不利，两战皆墨。

在上午进行的首轮比赛中，李志欣5段遭遇包头晚报队的小将韦明瑞，唐崇哲迎战澳门队的张炎培。比赛中，李、唐二人并不是没有机会，但都没能把握住。尤其是唐崇哲，他一度将对手逼近时间陷阱。在比赛的最后阶段，小唐的时间还有40多分钟，但对手只有不到两分钟。如果唐崇哲能够利用时间优势设一两个劫，对手很可能会超时。这盘棋最后唐崇哲仅以半目失利，非常可惜。赛后，李志欣和唐崇哲也大喊可惜。也许是受到首战失利的影响，两人下午又输了。其中李志欣执黑负于代表《南宁晚报》出战的广西棋王严剑刚。

小将刘宇下午的比赛赢得漂亮。刘宇执黑迎战西安晚报队的劲敌李非凡6段，在这场强强对抗中，刘宇非常沉稳，与对手大斗内功，最后一举歼灭白棋一条数十子的大龙，迫使对手早早举起白旗。

6日，唐崇哲两战皆捷，终于露出了笑颜。上午，坐在14台的唐崇哲执黑对阵重庆晚报队的王庆。经过头天晚上的复盘，他似乎汲取了不少教训，这盘棋思维敏捷，落子迅速，中盘击败了对方。下午，唐崇哲执白中盘大胜贵阳晚报队的兰先达。李志欣上午执黑以二又四分之三子战胜大江晚报队的高翔，也迎来了一场胜利。下午却遭遇一场速败，执白中盘负于羊城晚报队的李子棋。刘宇上午对阵成都晚报队的龙霖，执黑中盘告负。不过他的心态很好，认为输赢都很正常。下午执白对阵合肥晚报队的孙乃经，以三又四分之三子告负。

7日比赛进入第三天。当天上午，唐崇哲执黑惜败于赵威。教练白起一说，唐崇哲本来已经取得了很大优势，但稍一疏忽，没注意对手冲击他已经围得很好的大空，当他发觉时想全力围上，但连打两劫都失利了，还送了对方30多目棋，这个失误导致最终的失败。刘宇此番执白对阵"黄河杯""美罗杯"冠军得主、代表千山晚报队出战的李天罡。两人都全力搏杀，战斗到最后一分钟方分出胜负，刘宇终因棋力稍逊以半目惜败。李志欣的对手是香港队的陈星霖。比赛中他连续下了几步好棋，形势一片明朗。但他吃得太狠，反而让自己陷入了对方布下的局里。瞬时局势逆转，李志欣大汗淋漓。冷静分析之后发现自己还没有完全被动，他调整战略，终于以八又四分之三子的大优拿下这一局。

下午，唐崇哲对阵包头晚报队的陈天惠，李志欣对阵钱江晚报队的周叶蕾，刘宇对阵重庆晚报队的杨雪峰。两位小将都战胜了各自的对手，李志欣没能扛住强敌的攻击，败下阵来。

1月8日进行了第七、第八轮比赛。上午的第七轮，唐崇哲惨遭"滑铁卢"，执黑不敌汕头晚报队的蔡建鹏。唐崇哲又是在形势大好的情况下被对手打败。教练白起一说，唐崇哲最致命的弱点就是太急于求胜，行棋还有点马虎，这一盘漏算一步，导致全军覆没，拱手送走了大好河山。李志欣执黑中盘胜南昌晚报队的陈俊宇。赛后，他谦虚地说对手太弱，所以才能轻松取胜。本轮刘宇执白迎战实力相当的鹤城晚报队张一鸣，最终获得胜利。下午的第八轮，唐崇哲执黑中盘负于武汉晚报队的郝伟。李志欣执白胜了江南晚报队的王纬，刘宇执黑胜澳门队李家庆。李家庆曾是"晚报杯"冠军。

9日，第十八届晚报杯进入第一阶段最后一轮比赛。桂林晚报队的三名棋手均击败对手，以全胜结束了他们在这一届杯赛的征程。

本届杯赛共有全国48家主流晚报代表队的148名棋手参加，桂林晚报"中族中药队"是仅有的三支不请外援的队伍之一。最终的团体总分排在积分榜第26名，处于中流行列。刘宇取得了6胜3负的战绩，他所在的D组，尽是赫赫有名的业余围棋好手，如胡煜清、吴树浩、李嘉男、龙霖、李岱春、李天罡等。在比赛中他沉着冷静，不畏艰难，最终在该组36人中排名第12位。李志欣是第一次参加"晚报杯"，虽然他的开局不好，但最终稳住了阵脚，获得了5胜4负的成绩，他认为超出了自己的预期目标。唐崇哲没能发挥出最佳水平，成绩为4胜5负，他对这个成绩很不满意，也生起了参加下一届"晚报杯"并一雪前耻的斗志。

教练白起一在总结时说，没有打进前10名非常可惜，因为三名选手在输掉的几盘比赛中，其实是占据优势的，只是最后官子阶段太大意，被对手逆转。如果把应该拿下的比赛都赢了，我们的成绩肯定会更好一些。本届比赛我们最大的收获则是看到了棋手的成长，未来的两三年，三名棋手的前途会更光明。

白教练的这个总结并非硬要找亮点，他是真正感受到了几位队员的成长进步和他们的潜力，他所预言的更光明的前途，也很快得到了兑现。

棋队领队、一直随队观战的桂林中族中药股份有限公司董事长唐小森赛后表示："桂林是一个小城市，能跟许多来自省会城市的棋队抗衡，已经很不简单。不管怎样，关键是我们桂林晚报中族中药队来了，和全国各大城市的高手较量了，这就是一个进步。"

也正是从这一届"晚报杯"比赛开始，桂林晚报与桂林中族中药股份有限公司携手开创了漫长的围棋合作之旅。

2006年桂林队无法拨开黎明前的暗雾

第十九届"晚报杯"全国业余围棋锦标赛于2006年1月在塞外名城宁夏银川进行。《桂林晚报》与桂林中族中药股份有限公司再度携手，组队参加这次棋坛会战。

这次组队，棋手的选拔范围更为广泛。桂林的棋手只要有意参选，都可以报名。门槛不高，难度却是很高，一般棋手必须"过三关"。第一关是在文化宫棋艺中心举行的"中族中药杯"全市职工围棋赛。在这次比赛中，袁开宇等新锐棋手脱颖而出，得以参加第二阶段的选拔。他们与中族中药围棋俱乐部的A级会员一起，共24人，进行了8轮积分循环赛。循环赛的6位优胜者与正在北京学棋、此前刚刚获得全国"华山杯"全国业余围棋大赛亚军的唐崇哲以及多次夺得广西冠军的"广西棋王"严剑刚，在最后一个阶段展开7轮角逐，争夺参加"晚报杯"的3个名额。

通过选拔赛推动桂林的围棋运动，通过选拔赛发现最有实力、状态最好的棋手，组成桂林围棋的最强阵容，这是桂林晚报组队参赛的初衷。

2006年1月2日下午，选拔赛最后一轮较量在工人文化宫棋艺中心进行，中国围棋协会副主席、著名教练黄进先和白起一教练一起，在文化宫棋艺中心作大盘讲解，吸引了众多棋迷前往观战。

引人注目的是严剑刚、唐崇哲这对广西围棋新老棋王的较量。此一战，唐崇哲在局部战场攻击凌厉，而严剑刚则在全盘局势的把握上占有优势，双方一番激战，互不相让，局面呈胶着状态。官子阶段，严剑刚因为时间紧迫而在应招时出现小小的失误，最终以一又四分之一子落败。尽管如此，严剑刚的积分仍然高于其他棋手，和唐崇哲携手进入3人名单。

在另外的战场，莫云龙、黄府山为争夺最后一个参战席位而作努力。最终，两人同为4胜3负。经过计算小分，莫云龙领先，成功披上桂林晚报中族中药队的第三件战袍。

至此，桂林晚报"中族中药"围棋队组成。教练白起一，三名队员是：严剑刚6段，唐崇哲6段，莫云龙5段。

这一年，唐崇哲15岁。他在2005年10月的"华山杯"全国业余围棋赛，战胜业余围棋界多位好手，夺得亚军。这是当时广西棋手在全国业余大赛中所取得的最好战绩。他的棋风表现得越发剽悍，善于贴身搏杀，乱中取胜。

严剑刚6段，广西棋王。自20世纪90年代中期以来，占据广西业余围棋棋王宝座，并曾获全国体育大会业余组第五名。2005年"广陆杯"广西围棋棋王赛，严剑刚勇胜潘峰三段、赵子骥二段等职业棋手，夺得亚军，更显出其强劲的实力。严剑刚技术全面，棋风看似柔软，其实绵里藏针，韧劲十足。在关键时刻又能果断出手，一剑封喉。严剑刚本是柳州棋手，2005年与桂林著名女棋手古萍喜结连理，把家的一半安在桂林，常参加桂林的围棋活动，此次应邀加盟，选拔赛决赛阶段以6胜1负战绩入选。

莫云龙5段，曾获广西"名人战"冠军。从小在桂林市体校接受系统围棋训练，基本功扎实，曾入选广西围棋集训队，师从葵忠阳、王洪军等教练。棋风稳健，擅长布局与官子，有较强的全局控制能力。

这个阵容新老结合，既有丰富的比赛经验也有不俗的实战能力，被认为有望在"晚报杯"上创造一个好的成绩。

2006年1月7日，第十九届"晚报杯"在银川开幕。当天进行的头两轮比赛，桂林棋手出师不利，6盘棋只胜了一局。唯一一场胜利，是由年龄最小的唐崇哲6段获得的。他在下午执白迎战武汉晚报队的5段棋手何鑫，仅用了不到一个小时就结束战斗，是下午整个比赛大厅里下得最快的一盘棋。开局后，两人针锋相对，展开激烈对攻。何鑫关键时刻出现漏洞，被唐崇哲逮个正着，消灭对方一条大龙，从而将黑棋一举击溃。但在上午的比赛中，小唐应对有误，被兰州晚报队的张念祈5段抢占先机，输掉了首盘比赛。

严剑刚6段的两盘棋输得都有点冤枉。上午，他执白棋迎战合肥晚报的高亚东，一直牢牢控制着盘面主动权。黑棋发现形势不利后，一度四处挑衅，想来个浑水摸鱼，但都被严剑刚一一化解。但大好形势下，严剑刚走出大漏勺，不仅自己的4颗白子被对手斩杀，还让黑棋的一条小龙绝处逢生，最后只好举起白旗，中盘认输。下午的比赛，严剑刚执黑遭遇潮州晚报队的小将黄越扬。这盘棋的形势始终不是特别明朗。最后关头，严剑刚看到自己时间充裕，而对手耗时太多，时间已经所剩无几，想将盘面局势搅乱，以此消耗对方的时间，但这一策略没有奏效，对手不仅反应奇快，而且软硬不吃，刀法既娴熟又老辣，最后，严剑刚"玩火自焚"，以一又四分之一子败下阵来。

莫云龙5段似乎一整天都找不到感觉，也遭遇两连败。

第二天的比赛，三位棋手没有受首日集体低迷的影响，取得了6战5胜的佳绩。

其中，严剑刚6段、莫云龙5段都是两连胜。小将唐崇哲6段下午也击败了潮州晚报队的吕泽民5段。唯一的一场失败，是唐崇哲不敌2005年全国女子亚军乔诗荛，小唐是在局势大好的情况下意外失手。

严剑刚上午执白迎战乌鲁木齐晚报队的女棋手李黠弈，刀刀见血，剑剑封喉，仅用了不到一个小时，就将对手斩于马下。下午，面对西宁晚报队的黄一繁，严剑刚气势不减，尽管在布局阶段应对有误，稍居劣势，但凭借丰富的经验和深厚的官子功力，慢慢扭转盘面形势。在收官阶段制造出5个大劫材，获得与对手周旋的资本，并完成对对手的围剿，以一又四分之三子的优势获得胜利。

同样久经战阵的莫云龙5段，充分发挥自己擅长力战的特点，先后击败大江晚报队的黄云嵩5段和福州晚报队的于浩，强力反弹。

唐崇哲和头一天一样，一胜一负。上午与乔诗荛的比赛是一场不折不扣的硬战。乔是头一年的全国女子亚军，实力不容小视，对胜负的判断也非常准确。布局阶段，小唐的形势很好，进入中盘后优势进一步扩大。但在关键时刻，唐崇哲的判断出现了严重失误，求胜心切，被对手钻了空子，大好形势付之东流。这盘棋直到最后时刻，小唐都还以为自己稳操胜券。当时，对手只剩下20秒钟，唐崇哲还有40多分钟。正当唐崇哲以为对手要超时的时候，才突然发觉盘上的局势已经发生逆转，最后只好投子认输。在下午的比赛中，唐崇哲打起十二万分精神，以一阵令人眼花缭乱的快枪，将潮州晚报队的吕泽民擒下。

1月9日，比赛进入第三天。桂林晚报"中族中药"围棋队在两轮6盘比赛中，只有莫云龙赢了一盘棋，其余5战皆败，再一次歉收状况，小组出线的希望基本破灭。

开赛以来，小将唐崇哲的状态一直不好。特别是前两天输掉两盘本该取胜的比赛后，用他自己的话是"突然不知道怎么下了"。9日上午，小唐执黑迎战今晚报队的小将董明，在局势稍优的情况下接连出现失误，很快就败下阵来。下午，他与秦皇岛晚报队的老将冯魁6段相遇。冯的棋风并不强悍，实力也不是很强，但唐崇哲就是找不到感觉，加之下得太快，导致局面反复不断，最后虽百般挽救，还是逃脱不了输棋的命运。棋下完后，对手忍不住提醒小唐："你的棋下得比我好，实力比我强。但你实在是下得太快了。"

严剑刚运气也不好，与唐崇哲不同的是，他当天的两盘棋都是在占据优势的情况下大脑突然"短路"，连出昏招，最后导致失败。上午，严剑刚执白迎战西安晚报队的张策。张策是本届大赛仅有的两个职业初段之一，实力自然非同一般。但这盘棋严剑刚放得很开，布局阶段就围得不少实空，且中腹棋势很厚。进入中盘后，黑棋连续向中腹的白棋发起攻击，试图扭转颓势。但白棋应对得当，不仅让黑棋一无所获，而且将杀入中腹的黑棋一刀两断，紧紧围住。白棋因此占尽优势，形势大好。但就在这个时候，严剑刚犯下十分低级的错误。当时，黑棋无路可走，就在两块黑子间接了一手，严剑刚显然没有发现这一招的危险性，因此没有给予足够的重视。但就是这一手棋，让对方的两条小龙最后连成一条大龙，盘上形势立即发生逆转。见此情景，严剑刚只好推枰认输。下午，严剑刚依然无法摆脱霉运。他和大连晚报队的王琛下了一盘细棋，双方一直咬得很紧。严剑刚一度抓住对手的一着缓手，盘面占优。但王琛的官子工夫很厉害，最后执白的王琛以四分之一子的最小优势获胜。赛后，严剑刚连连摇头，不相信对手"这样的棋也能赢"，他还不断地问白起一教练："我是不是真的老了？"

相对而言，莫云龙的表现比较稳定。上午，他击败今晚报队的张强，取得3连胜。但下午遇到了强大的对手———新民晚报队的陈思奇6段。陈是当时国内业余棋手中获得奖金最多的一位，实力相当强。莫云龙始终找不到对手的破绽，双方纠缠一番后，很快结束战斗。莫云龙没有能够创造奇迹。

赛程过半，桂林晚报"中族中药"队18盘棋只赢了7盘，小组出线的计划已经不可能实现。

又经过了10日、11日的三轮比赛，此届"晚报杯"第一阶段赛程结束，桂林晚报队的三位棋手此次征战也告结束。严剑刚积10分，唐崇哲、莫云龙都是9战4胜积8分。

综观此次比赛，无论是过程还是结果，对于桂林晚报中族中药围棋队来说，都是有些遗憾的。实力已经具备了，差的是什么呢？也许，下一届比赛的结果能告诉我们，当时还差着的，是火候。

2007年勇夺第五，桂林队迎来高光时刻

第二十届"晚报杯"全国业余围棋锦标赛于2007年1月20日至26日在广东潮州市举行。桂林晚报"中族中药"围棋队选拔赛1月15日才完成最后一轮角逐，敲定最终人选。唐崇哲6段9战9胜，以不败战绩夺得第一名；严剑刚6段最后一战击败老将白起一，9战8胜1负名列第二；刘宇6段9战7胜2负排名第三，莫云龙、白起一、李新华分列四至六名。主办方最终议定，唐崇哲、严剑刚、刘宇三大高手组成桂林晚报"中族中药"围棋队，教练仍是白起一。

1月18日晚，围棋队兵发潮州。

20日，"晚报杯"全面拉开战幕。桂林晚报"中族中药"围棋队三将在

首日两轮6盘比赛中5胜1负，开局非常漂亮。

当天上午，严剑刚对阵潮州选手莫凡。严剑刚过于求稳，序盘和中盘阶段思考费时过多，尽管盘面占有优势，但在官子阶段由于时间受限，终遭对手逆转。这是严剑刚"晚报杯"之旅连续第四次在首轮占据优势的情况下被对手逆转。赛后，严剑刚懊恼不已，连叹不能打破"魔咒"。下午，严剑刚又遇潮州选手。这次，严剑刚没有让"胜利女神"从身旁溜走，最终击败对手。

唐崇哲上午的对手是春城晚报队的刘畅，这盘棋颇有看头。刘畅十六岁左右，和小唐一样是一位"冲段少年"，曾在北京聂卫平围棋道场受训。两位少年棋手正是一对好对手。一开局，双方就落子如飞，似乎要在落子速度上压倒对手。刘畅身材高大，好像一位拳击手，棋风也非常凶悍。他执黑先行，数十着后已抢了不少实空。唐崇哲的白棋比较厚实，如按正常的招法排兵布阵，慢慢推演，倒也是一盘"马拉松"，但这不符合唐崇哲的风格。只见他沉思片刻，拈起一枚白子重重地打在两队黑子中间，以狠制狠，强行把对手大龙切成两下，而自己的白棋也被对手反穿插成功。一时间，棋盘上狼烟四起，双方缠战不休。面临生死大战，双方的节奏渐渐慢了下来。刘畅见对方如此凶狠好斗，居然手软，被唐崇哲趁机把几颗黑子收入囊中。白棋实空领先，但也有两处孤棋被黑棋包围。刘畅逼迫白子一队走活后，自己形成一道厚势，转而对深入黑阵的几颗白子展开最后的攻击，双方犹如在悬崖边上搏斗一样，稍有不慎，就会"粉身碎骨"。此处死活变化异常复杂。赛后，白教练问唐崇哲："你看清楚了吗？"他说："我也说不好看清没有，但此处可以成劫是可以肯定的，就拼了！"在这难解的最后一战中，也许是被小唐的勇气所慑，刘畅算差一着，被白棋净活，他只好连连摇头，推枰认负。最终，唐崇哲中盘获胜。这也是当天上午最先结束的一盘棋。

下午，唐崇哲继续速胜对手。连胜两盘，唐崇哲显得相当开心。在去吃晚饭的路上，和同是两连胜的刘宇蹦蹦跳跳、打打闹闹的。看来，刘宇的心情也相当不错。

21日再战两轮，桂林晚报"中族中药"围棋队喜忧参半，三名选手均为1胜1负。4轮战罢，唐崇哲、刘宇同为3胜1负积6分，严剑刚2胜2负积4分。在第一阶段还剩下的5轮比赛中，两度失手的严剑刚要想进入第二阶段淘汰赛，已不容有失。即便是两员小将也已不容大意。

当天上午，唐崇哲在优势情况下，由于时间不够而落败，非常可惜。下午，唐崇哲没给对手任何机会，干净利落地击败对手获胜。

刘宇上午的对手是郑州晚报队的卢宁。卢宁曾参加专业集训，并夺得全国亚军，实力雄厚。刘宇与之对垒，几乎全程受制。下午，刘宇击败陈阳，取得第三盘胜利。

严剑刚上午击败兰州晚报队"冲段少年"张念祺后，下午遭遇曾两夺全国冠军的名将李天罡7段。18岁的李天罡已两夺全国业余大赛冠军，是赫赫有名的棋界骁将。严剑刚与之对局，主办方期待这是一盘龙虎斗，联众围棋也在网上作全程直播。而在全国棋迷面前露脸，却让严剑刚多了几分紧张。

严剑刚执黑先行，祭出先捞实空后破势的看家本领，一上来就先占了两个角。李天罡看对方抢得厉害，马上在第三角布下"温柔陷阱"，严剑刚不知深浅，强行一断。李天罡马上变脸，开了一个大劫，占领第三个角，并取得雄厚的外势，盘面上白花花一片，不知道要成多少空，已然取得全局的主动。遭此挫折，严剑刚并不气馁，一副气定神闲的模样，四处游走偷袭，制造战机。李天罡往来应对，半天也拉不开差距，对黑棋的骚扰战术不免有点焦躁起来，在准备不足时，就对黑棋数子施以重击。不想反被黑棋切开一块，被迫苦苦做活。经此一役，黑棋已经扭转颓势，占得上风。但在前面的战斗中耗时太多，进入收官阶段，严剑刚已无太多时间可用，下得不够细腻，局势变化非常细微，胜负难料。在最后时刻，李天罡还剩20多分钟，严剑刚仅余2分钟。经验老到的李天罡利用时间优势与严剑刚打起了一个单劫，此劫的价值仅值半子，但已经足够决定棋局的走势。严剑刚顽强与之争夺了十几个回合后，看看时间不够，只好放弃。最后一数棋，白棋仅胜半子，李天罡连呼"运气好"。

严剑刚此局虽败，但变幻莫测的局势、精彩纷呈的较量，足以笑对全国观众了。赛后，严剑刚还对这盘对局念念不忘。两天四轮都遭遇少年好手，严剑刚感觉有点累。

1月22日，比赛进入第三天。桂林晚报队三位棋手遭遇挫折，6盘棋只拿下两盘。此时，教练白起一对于"桂林队是否还能夺杯"进行了一番分析，"夺杯"这一目标也终于得以明示。

白教练的分析是，本届杯赛团体前八名才能捧杯，而桂林晚报"中族中药"围棋队此时的总成绩胜10局负8局，在57个参赛队中排在25名左右。赛程已过2/3，还余三轮比赛。接下来的两轮比赛最为关键，如六战全胜则前途光明，如五胜一败则很有希望，如四胜二败则希望尚存。如三胜三负持平甚或败多，夺奖杯则要待来年了。按桂林队的实力，对付这两轮的对手应该稍占上风。如取得了四胜，最后一轮进行最后的冲刺，如三局又能全胜，应该能进入前八。

其时，排在前面的队有上海晚报、沈阳晚报、北京晚报、郑州晚报、江南晚报、深圳晚报等队，一些传统强队如成都晚报、重庆晚报在遭遇其他一些中流队请来外援的狙击下，已退居二线，与桂林队一样，如想捧杯，尚需加倍努力。

个人成绩方面，唐崇哲四胜二败，后面三轮全胜应该能进入十六强决赛，刘宇、严剑刚均三胜三败，已基本与决赛无缘了。

23日，潮州阳光灿烂。灿烂的阳光给角逐"晚报杯"的桂林棋手注入无穷的活力，三员大将在当日的两轮比赛中取得了5胜1负的战绩，比白教练前一天所期盼的理想结果更为理想，可称作大捷，桂林队杀入本届杯赛八强的希望大大增加，而唐崇哲进入个人十六强也大有可能。

上午，严剑刚终于遇到了一位成年选手，衡阳晚报队的张建伟。两人一番恶战之后，严剑刚在盘面形势上处于下风。官子阶段，绵里藏针的严剑刚凭借深厚的功力，一点一点扳回，双方一直战斗到还剩下最后10秒钟，严剑刚最终以半目的优势扭转乾坤。唐崇哲对阵潮州选手周伟平，计算精准，以绝对优势取胜，保留进入个人十六强的一线希望。刘宇战胜了兰州晚报队的陈培伦。

上午的比赛结束后，在酒店房间里，教练白起一和领队唐小森给大家分析了当前的形势后，希望三名选手不要再有所顾忌，充分发挥自身优势，放开手脚一搏。

下午，唐崇哲执黑对阵彭城晚报队孟元甲，双方仅仅用时一个半小时就结束战斗，唐崇哲轻松取胜。严剑刚执黑与南昌晚报队的余志明大战一场，在唐崇哲得胜后半个小时，也以胜利结束战斗。经过中午的总结、打气后，轻装上阵的刘宇轻松击败太原晚报队小选手陈笑天。执黑先行的刘宇始终占有优势，小将陈笑天也表现得十分顽强，但被刘宇吃掉右下角一块白棋后，不得不投子认负。

次日的第九轮比赛，唐崇哲对阵千山晚报队的龙霖，谁胜谁就能进入16强。龙霖从开局就很强势，始终没给唐崇哲机会。小唐再次被挡在16强大门之外。严剑刚最后一轮的对手是后来在中国棋坛玩得风生水起的芈昱廷，严剑刚没有手软，将对手拿下。刘宇遭遇劲敌北京晚报队的孙宜国7段。

这局棋，江湖老手孙7段在比赛中表现得很放松，时不时起身走动走动，续续茶水什么的。刘宇不为所动，手捧脑袋专注于棋盘。此一战，双方布局平稳，布局结束，实地相当，各有一个外势。如何利用这个外势，成为棋局焦点。孙宜国率先出招，在黑势外轻吊一子。刘宇没有退缩，下一手将黑棋贴在这一白子的后方，来了个反包抄。双方在此处缠斗了几个回合，黑棋终于缠住了一队白子。这是刘宇战略构想中的理想形。不曾想，孙宜国没有按照黑棋的强硬意图行棋，他弃这队白子于不顾，加强了外围兵力，对深入白棋阵型的几颗黑子发动攻击。刘宇此时骑虎难下，冒险先将对方的弃子收了，再想法拯救白阵中的孤棋。战斗白热化，孙宜国也不得不放弃他的走动，专心算计。几十个回合后，刘宇终于抓住对手的一个失误，把一个角的白棋全部杀掉，这也带来了全盘的胜利。

第一阶段比赛结束，三位棋手都没能进入16强，但是他们的集体发挥为桂林晚报队的团体成绩赢得了很好的排名，仅落后于新民晚报队和江南晚报队，高居第三。桂林队带着这个优异的战绩离开潮州，1月25日返回桂林。第二阶段赛事还在继续，一天之后，比赛全部结束，最终排名水落石出，全本土棋手出战的桂林晚报"中族中药"队获得第五名。

这是一次历史性的突破。这是桂林晚报第四次组队征战"晚报杯"，前三次的成绩都是在30名左右徘徊。桂林晚报社和桂林的围棋人并未因此气馁，一直保持着昂扬争胜的斗志并为之付出了持续的努力，这支队伍的主要赞助商桂林中族中药股份有限公司则全程施以助力，始终将棋队的本土化建设放在首位。终于，在第四次征程的尽头，桂林晚报队实现了捧杯的愿望，创造了广西围棋角逐"晚报杯"历史上的最佳战绩。桂林这座文化名城，在美丽的山水中，默默蕴含着历史的厚味，徐徐绽放出智慧的光芒。

2008年莫氏龙虎孪生兄弟携手打拼

2008年1月，第二十一届"晚报杯"全国业余围棋锦标赛在青岛举行。这是青岛市第二次举办"晚报杯"全国业余围棋锦标赛，青岛成为自"晚报杯"诞生以来，全国第一个两次举办该项赛事的城市。本次比赛首次将团体奖励扩大至前10名，颁发奖杯。个人奖励扩大至前16名，前8名颁发奖杯和奖金，9至16名颁发证书和奖金。

《桂林晚报》再次与中族中药公司联合组队征战。围棋队的领队一职，继续由中族中药股份有限公司董事长唐小森担任。总教练一职，由广西围棋协会副秘书长、桂林围棋协会副主席白起一担任。三位棋手分别是唐崇哲、莫云龙、莫云虎。

从2004年起，唐崇哲每年都代表《桂林晚报》出征，他的表现已经越发成熟。2007年桂林晚报"中族中药"队扬威潮州，一举夺得团体第五名，与小唐的优异表现分不开。此时的唐崇哲，实力已经足够强大，他第二次打进"黄河杯"前四，业余棋界名将、上海的胡煜清，也曾倒在他的刀下。

莫云龙、莫云虎这对孪生兄弟联袂出征，在"晚报杯"历史上，创造了一项纪录。

兄弟两人从8岁开始在桂林市体育局（当时的体委）师承桂林知名教练

葵忠阳学棋，年长些又一起进入广西围棋集训队，师从王洪军七段。他们多次参加广西壮族自治区的围棋赛事，并获得优异战绩。1997年，两人入读广西师范大学，在大学期间，代表广西参加全国大学生围棋赛，取得团体第三名的好成绩。在中族围棋研究会，两人与研究会的众多高手切磋棋艺，棋力大有长进，在研究会的A组比赛中都夺得过冠军。

本次"晚报杯"选拔赛上，赛事组织者为了体现公平、公正的竞赛原则，让两人在第一轮便相遇，哥哥莫云龙胜出。在后面的比赛中，兄弟俩连战连捷，先后击败广西老棋王严剑刚等，最终分别以第二、第三名的身份出线，取得代表桂林晚报中族中药围棋队征战"晚报杯"的资格。

1月19日，本届杯赛在青岛落子。在第一天的比赛中，桂林晚报队三人取得4胜2负的不俗战绩。其中，唐崇哲6段两战两胜，莫云龙5段和莫云虎5段同为一胜一负。

上午第一轮比赛，唐崇哲对阵洛阳晚报队的李元祺。尽管对手在马道场学棋，但实力较弱，唐崇哲轻松拿下。莫云虎碰上实力不俗的成都晚报队龙霖，因实力不如对手，未能为自己的"晚报杯"征程取得开门红。莫云龙遭遇新民晚报队的范蕴若，以半目惜败。

第二轮比赛，莫云龙对阵兰州晚报队的马翔，莫云虎碰上大江晚报队的张梦石，唐崇哲与青岛晚报队的冯毅对垒。莫云虎与张梦石一战，莫云虎从开局就占有优势，一路领先，最终完胜对手。莫云龙战马翔，开局不久就吃掉对方一条大龙，确立优势，奠定胜局，双方共用时一个半小时。兄弟俩在比赛结束回到房间后，马上复盘，总结比赛得失。

唐崇哲与东道主选手冯毅一战，腾讯进行现场直播。最终，唐崇哲执白以半目取胜。是役布局阶段，双方走得比较平稳。在左上角的拆冲中，白棋下出过分手，被黑棋机敏抓住猛攻，白棋一度很苦。但唐崇哲充分发挥力量大的特点，弃子转身后反攻黑棋中腹一条超级巨龙，黑棋在白棋的强大攻势下，勉强做活，但外围损失惨重，白棋由此确立优势进入收官。官子阶段，白棋有一先手被黑棋逆收，盘面形势变得相当微妙。唐崇哲经过长考后，选择了退让，将盘面6目的优势锁定至终局。

20日，又战两轮。在上午的比赛中，桂林晚报队三员虎将全线失守，唐崇哲中盘败给燕赵晚报队的苏广跃，莫云虎大意失荆州，中盘不敌千山晚报队的范希钰，莫云龙负于潍坊晚报队的张一鸣。下午，三员虎将似乎还没有从上午落败的阴影中走出来，接连告负。

第三轮，唐崇哲执黑先行，在序盘阶段吃住对手一块白棋，但为了追求最高效率，忽略了对手有一路渡过的好手，双方形成转换。白棋自此丢掉包袱，渡过难关，实空领先。中盘，黑棋四处挑起战斗，无奈白棋应对无误，最终，黑棋中盘告负。莫云龙与张一鸣一战，自始至终没有什么机会。莫云虎执白与范希钰之战，在占据绝对优势的情况下，一步一步将胜果相让。是役，中盘结束以后，黑棋在白棋的包围下，有一块黑棋不活，有一块要被劫杀。此时，黑棋处处争先，白棋犹如中了邪似的被黑棋牵着鼻子走，应对一错再错，将胜果拱手相让。

下午进行的第四轮比赛，唐崇哲对阵西安晚报队的杜阳。杜阳也是冲段少年，2002年在聂道场学棋，后转入马道场提升实力。是役，唐崇哲执黑先行，布局阶段就不是很好。中盘，对手攻击失误，黑棋盘面形势略有好转，但黑棋一招随手之后，形势一直不妙，最终落败。莫云龙碰上重庆晚报队的冷雪峰，因为对盘面形势计算有误，以为自己形势占优而优哉游哉地与对手过招，等到发现形势不利时，无奈败局已成，回天乏术。莫云虎遭遇钱江晚报队小女孩李源鲲，用了一个新布局与对手周旋，但并没有获得预期效果，最终败下阵来。

21日上午，第五轮，莫云龙战胜汕头晚报队的女棋手王香如，莫云虎负于彭城晚报队的孟元甲，唐崇哲不敌齐鲁晚报队的梁旭。莫云龙与王香如一战，序盘阶段，莫云龙的白棋形势大好，一时疏忽，以至于一条大龙被黑棋所困。莫云龙振作精神再战，大龙终于成活。白棋最终胜出。莫云虎与孟元甲一战，莫云虎输在实力上，倒也不为遗憾。唐崇哲中盘不敌梁旭则让他懊恼不已，他在形势占优的情况下下得过于随意，输棋自然心有不甘。

21日下午休战。

22日又进行了两轮比赛，桂林队取得三胜两负的战绩，有所反弹。在上午进行的第六轮比赛中，唐崇哲战胜宁波晚报队的周裕丰，莫云龙击败郑州晚报队的陈哲，莫云虎不敌呼和浩特晚报队的何森。下午，莫云龙遭遇实力强劲的宁波晚报队棋手包家恩，最终不敌对手；唐崇哲碰上钱江晚报队的夏晨琨，战而胜之；莫云虎则轮空。

本轮过后，桂林晚报中族中药队的三名棋手中，只有积8分的唐崇哲理论上还存在晋级的可能。

在23日上午进行的第八轮比赛中，唐崇哲战胜大江晚报队小棋手黄云嵩，莫云龙击败台湾中坜市队王一名，莫云虎不敌台湾中坜市队钟潭基。下午，唐崇哲赢下前八轮积分居小组首位的大连晚报队陈浩，莫云龙不敌千山晚报队王超，莫云虎遇澳门围棋队卢环球，因为卢环球弃权，莫云虎不战而胜。

9轮过后，第一阶段比赛结束。

9战6胜3负，唐崇哲的战绩与上一届持平。征战青岛，桂林队把唐崇哲当主将，期望他能够书写桂林晚报中族中药围棋队征战"晚报杯"的新篇章——跻身16强，进入第二阶段比赛——虽然大家嘴上没有说，但心照不宣。遗憾的是，身担重任的小唐在比赛中有些患得患失、畏首畏尾。仅一盘之差，唐崇哲憾没能改写历史，令人扼腕。首次参加"晚报杯"比赛的莫云虎，在比赛中领略了一些流行的布局套路，对一些以前不太懂的下法有了更深的了解，收获颇丰。莫云龙此番表现中规中矩，基本发挥出水平，该赢的比赛都拿了下来，但有两三盘比赛，在占有优势的情况下输在官子阶段，相当可惜。

2009年桂林老中青三代棋王联袂出战

2009年1月3日，"晚报杯"全国业余围棋锦标赛，在红色之城南昌揭幕。桂林晚报中族中药围棋队一行5人，当天凌晨冒着寒冷的北风，开赴南昌。

这是桂林晚报围棋队第六次参加全国"晚报杯"，也是晚报与中族中药股份有限公司携手合作，连续第五次组队参赛。为了组建一支优秀的队伍，代表桂林、广西参加这届全国性大赛，主办者举办了两个阶段的选拔赛，选拔赛历时近两个月。经过紧张激烈的角逐，唐崇哲6段、严剑刚6段、邓双陆5段三大高手脱颖而出。

本次出征的3名高手，恰好是老、中、青三代棋王，堪称最佳组合。但由于这一年"晚报杯"实行了一系列新的比赛规则，各参赛队伍的变化很大，教练白起一对这次参赛的前景表示了"审慎的乐观"。

比赛的战火4日在南昌点燃。由于柳州晚报队和姑苏晚报队临阵加盟，参加本届杯赛的队伍变成49支。当天，146名棋手进行了两轮厮杀。桂林晚报队3名棋手以四胜两负的佳绩结束首日的争夺。其中，唐崇哲取得两连胜，严剑刚、邓双陆胜负各占一半。

唐崇哲在取得4连胜后，6日上午，在第五轮遭遇"晚报杯"老冠军、世界冠军江南晚报队李岱春。双方在开局就展开激烈厮杀，互不相让。一时间，棋盘上烽烟滚滚、杀声震天。引来众多人围观，著名围棋网站"棋魂"也对这场激战进行了现场直播。面对世界冠军，唐崇哲曾经有机会赢得比赛，但没有把握住。在唐崇哲的强悍攻击下，李岱春应对起来也不轻松，曾经露出破绽，但很快就将破绽补上。最终，唐崇哲赛时耗尽，只得推枰认负。

1月10日，本届"晚报杯"落下帷幕。桂林晚报中族中药围棋队经过11轮全力搏杀，最终夺得团体第19名。

1月13日晚，围棋队领队、教练、棋手对本次鏖兵南昌进行了复盘。主教练白起一认为，我们的棋队由清一色本土棋手组成，在全部49支队伍的围追堵截中获得第19名，这样的成绩还是相当不错的。如果该赢的棋都赢了，桂林晚报中族中药队肯定能跻身团体前10名。唐崇哲对自己的表现表示了遗憾，他认为自己的发挥不稳定，没能创造"晚报杯"个人最好战绩。老将邓双陆在这种高强度的赛制中，受累于年纪，以至于往往前半盘下得风生水起，后半盘昏招迭出。严剑刚也有遗憾，这位大名鼎鼎的"广西棋王"，就是始终无法在"晚报杯"上大显身手，"早早就输掉三盘棋，后面的比赛都没得办法比了"。

2010年 桂林晚报队再进前十

为参加第23届全国"晚报杯"比赛，桂林晚报中族中药围棋队选拔赛进行得异常激烈，战至第六轮的最后一刻，入选棋手才全部确定，唐崇哲、白豫林、严剑刚3名6段棋手脱颖而出。

决赛阶段从第三轮开始就波澜骤起，当时同为2连胜的上海棋手胡子真对阵17岁的洛阳小伙白豫林。经过3小时的鏖战，胡子真以柔软、细腻的海派功夫，半目险胜白豫林。下午，胡子真对阵同为3连胜的唐崇哲。小唐棋风刚猛，刀快力沉，老胡抵挡不住败下阵来。但小唐在第五轮没能继续连胜的脚步，被逼入险境的白豫林一举击退。这一役，小白终于展现其马九段弟子的能耐，下得非常顽强稳健。同时，胡子真也与广西"棋王"严剑刚进行着"生死搏斗"。胡子真全盘优势时，犯了手软的老毛病，被顽强的严剑刚一点点扳回，最后无奈投子告负。

至倒数第二轮，还没有一位确定能出线的棋手。小唐、小白虽然以4胜1负领先，但若最后一轮战败，则要与其他棋手比较小分高低，前景依然难料。而同为3胜2负的胡子真、严剑刚也还有机会。其余莫云虎、黎念念等棋手一团混战，互有胜负，已基本退出三强出线之争。

2009年12月19日晚，选拔赛最后一轮，小唐力克严剑刚，小白稳稳取胜黎念念，两人率先出线。严剑刚和胡子真同为4胜2负，但因小分比对手多2分幸运涉险过关，将第三个出线名额揽入怀中。

2010年1月4日中午，桂林晚报中族中药围棋队一行5人飞抵海口。抵达赛事指定酒店后，桂林队明星棋手唐崇哲就"享受"了其他队伍棋手的热情关注，一位江浙一带口音的棋手说："你就是唐崇哲？哎呀，你可要好好加油啊。我很看好你，你读大学了吗？"

1月5日，第23届"中国爱地晚报杯"全国业余围棋锦标赛在海口拉开战幕，56支晚报围棋队168名好手进行为期8天的比赛。桂林晚报队首日以4胜2负告捷，唐崇哲连闯两关，开了一个好头。

7日，桂林队迎来高光时刻，六盘比赛全部拿下。当天的六个对手都是强敌，所以赛前白起一教练只要求大家好好下棋，放松一些，不要过多考虑胜负。

上午，唐崇哲的对手是北京晚报队的孙宜国7段。孙宜国棋风泼辣，战斗力强，与唐崇哲棋风相近。但这一战，唐崇哲并没有与孙宜国斗力。孙宜国年近40，比唐崇哲大了20岁，拼持久战比体力肯定略输一筹，所以最好速战速决。果然他从布局开始，就落子如飞，想把唐崇哲也带快起来，然后凭借丰富的经验、敏锐的棋感取胜。但唐崇哲不为所动，对付老棋手很有一套：稳住阵脚，拉长战线，等待对手后半盘出错。唐崇哲这一招果然奏效，下了100多手，双方棋势不相上下。唐崇哲守株待兔，还真等到猎物来了，孙宜国又抽烟又喝茶，仍然百密一疏，出了差错，只好苦笑认输。

严剑刚的对手是重庆晚报队的彭鸿礼。认真的严剑刚前一天晚上从网上找到彭鸿礼的棋谱，仔细研究一番，想好了对付的办法。这盘棋严剑刚执黑先行，在第三个角上的战斗中，彭鸿礼走出了一个新招，严剑刚不按常规行棋，未入圈套。对方面露惊吓之色，之后行棋变得缩手缩脚。严剑刚趁势连续抢占棋势制高点，全局取得主动，一举拿下。

白豫林仍然是踏着不变的节奏——稳扎稳打，战胜了姑苏晚报队的翟东川。

当天下午最有戏剧性的是唐崇哲对阵大连晚报队的孙皓。孙皓是比唐崇哲略大一些的前"冲段少年"。他骁勇善战，双方从一个角上开始燃起战火，然后就是一场贴身紧逼的缠斗。唐崇哲一着过分，招致对手反击，竟一下被吞吃了23子。平时好战的唐崇哲一般都是自己屠对手的大龙，这次竟被对手反其道而制。此时，赛场上人们奔走相告，竟引来多人围观。眼见大事不妙，唐崇哲苦思了20分钟，紧紧缠住孙皓外围的几个黑子，孙皓实空大大领先，面对凶狠的反扑，只好忍让了几手，把自己的棋子稳健地做活。这一委曲求全的下法，顿使唐崇哲围起了一道很大的外势，借助这道外势，把自己空里的黑子斩尽杀绝。棋局结束裁判一盘点，唐崇哲竟然胜了不少。孙皓拍着脑袋说："我这棋怎么下的？"逗得唐崇哲开心地笑了。

严剑刚对阵成都晚报队的冯勇6段。冯勇具有四川棋手的那股麻辣狠劲。在中盘制造了多起混乱，迫使严剑刚频频长考。最后还顺利地切断严剑刚的棋子，把严剑刚逼入读秒。严剑刚此时要提对方10个死棋，这一过程颇为惊险，规则规定，必须先提完死棋才能按下计时钟，严剑刚左右手并用，颇为麻利地提完子，一看已经用去了7秒，赶紧按钟，还剩一秒。试想一下，如果对手送掉的是20个子，严剑刚可能就要超时了。

9日，桂林晚报队以三胜三负的战绩平稳完成本届晚报杯最后两轮比赛。有希望进入前八名决战的唐崇哲和白豫林分别是二负和一胜一负，遗憾未能进入八强。倒是老将严剑刚宝刀未老，冲刺有力，昨天连过两关，出色地完成了本次比赛。第一阶段比赛结束，桂林队的成绩排在第六名。

在第二阶段比赛全部结束后，桂林队的最终排名下滑了一位，获得第23届全国"晚报杯"业余围棋赛团体第7名，这是桂林晚报队在晚报杯上获得的历史第二好成绩。

1月12日，桂林晚报中族中药队带着奖牌回到了桂林。13日，有关部门为围棋队举办了简短而隆重的总结表彰会。桂林市围棋协会主席申银皎、《桂林晚报》执行总编覃龙新为桂林中族中药股份有限公司颁发了"桂林围棋特别贡献奖"奖杯，感谢中族公司多年来对桂林围棋以及晚报围棋队的支持。桂林中族中药股份有限公司董事长唐小森等为教练员、棋手颁发了奖金，并鼓励棋手们再接再厉。

2011年桂林队勇夺第六再写辉煌

2011年第24届"晚报杯"全国业余围棋锦标赛桂林队的阵容中，再次出现了女将黎念念6段的身影。

选拔赛的决赛阶段有6人角逐一个名额，其中，久负盛名的广西男子冠军严剑刚6段与全国女子冠军唐盈初段赛前最被看好。老冠军邓双陆与李志欣和黄府山也具有相当实力，刚从北京训练归来的黎念念的水平则高低莫测。

经过4轮赛后，老将邓双陆由于连续作战体力稍差而遭遇四连败，失去出线的可能。其余5人则各有胜负，无一人保持全胜。黎念念以4胜1负的战绩与黄府山并列第一。根据规则，二人又加赛了一盘。结果，黎念念以较娴熟的功夫战胜了黄府山的"三连星"布局，获得出线权。

桂林晚报中族中药围棋队至此三名队员确定，他们是唐崇哲、高恬亮和黎念念。

2011年1月7日，第24届"晚报杯"全国业余围棋锦标赛在绍兴落子。桂林晚报中族中药队首日告捷，在6盘棋战中取得5胜1负的好成绩，开了一个好头。

8日，桂林三将各自对手都非常强，桂林队以1比5遭遇挫折。

8日上午，唐崇哲在开局不错的局面下惜败于老对手白宝祥，白宝祥曾拿过全国冠军，小唐输了也在情理之中。高恬亮的对手是刚放弃职业段位进入业余棋手行列的孟繁雄，小高的棋还稍嫩一点，也败下阵来。而黎念念则不敌江南晚报队的季力立，上午桂林队连折三阵，形势转危。下午再战，高恬亮对大连晚报队的于清泉6段，弈至快终局时，对手已进入最后一分钟读秒，小高则还有近半小时，这时小高见局面非常接近，顿起不良之心，想把对手逼得超时，对手一落子，他也飞快跟上，谁知忙中出错，走出一大漏着，懊悔得连连拍头，但大势已去，只得认输。唐崇哲碰上银川晚报队的李旭6段，双方旗鼓相当，小唐在中盘时围剿对方一块大棋未果，形势一度非常危急，好在他还比较冷静，逼得对方进行劫争，在收官时优于对手，赢下了宝贵的一局。黎念念下午对乌鲁木齐晚报队的高子齐，小高也是一位二十来岁的女将，和黎念念一样目前都在北京的围棋道场训练。整盘棋双方咬得很紧，但最后小黎遗憾地小输对手两子。

9日只进行了一轮比赛，下午休战。桂林晚报队止跌回升，获得2胜1负的不错成绩。

进入第四个比赛日，经过半天的休整，桂林晚报队又满血复活，以5胜1负的优异成绩又加入争夺十强、夺取奖牌的行列中。

10日，小将高恬亮表现非常优秀，连下两城，特别是在上午以机动灵活的运动战术击败江海晚报队的业余强手刘轶一6段。小高在整局棋中始终牵着对手的鼻子走，没有给对手一点机会，最后击溃强敌。下午对阵上海新民晚报队的曹聪6段。上海是传统强队，他们的队员都是从强手中选出的强手，非常不易对付。但小高充分发挥了既快又准的计算特长，在与对手的厮杀中，快一气成功屠龙而中盘获胜。

唐崇哲上午与扬子晚报队的小将汪希如大斗内功，对手此前也是4胜1负，棋力不弱，但经验稍差，小唐最后小胜两子。下午，小唐遭遇强敌兰州晚报队的马天放。小马尚不满二十，但已在全国业余大赛中夺冠。小唐在前半盘稍占上风，但在激烈的中盘战中一步不慎，被对手屠掉20多子而不得不中盘认输。

黎念念状态开始回升，上午中盘战胜洛阳晚报队的周中仁，下午再胜海口晚报队的胡江华。

11日，桂林队的成绩是4胜2负，跻身团体前10之列。

12日，第一阶段最后的两轮比赛，桂林队保持了旺盛的斗志，以4胜2负的好成绩收官。

唐崇哲连胜两场。上午在中盘不慎出错的劣势下，顽强奋战，力挽狂澜，中盘战胜齐鲁晚报队的汪渌6段。下午，小唐在要赶回上海参加复旦大学期末考试的情况下，沉着应战，勇于拼搏敢打敢拼，不到一个半小时就将对手挑落马下。

高恬亮上午对阵比他分数还高、已胜8盘的今晚队报董明。双方才弈出50多手，小高就杀掉对手一块棋，之后一直保持优势，直至最后取胜。下午，高恬亮与兰州晚报队的马天放6段交锋，在序盘时通过弃子转换占了不少优势，但在破对方大形势时走得过分了一点，被马天放及时反击，在小马精准的攻击下，局势变得不相上下。小高懊悔不已，情绪上受到影响，最终在官子阶段出错而落败。

黎念念上午较为轻松地战胜了香港队的赵家瑞，下午与钱江晚报队的张洋作战时已取得优势，但因为行棋较慢，在读秒声的催促下痛失好局。

第一阶段比赛结束后，唐崇哲、高恬亮总积分虽排在小组前列，但还是遗憾未能进入第二阶段的比赛。他们的好成绩，三位棋手的努力，帮助桂林晚报中族中药队取得了团体第6名的优异成绩，也是桂林队参加"晚报杯"以来第二好成绩。

2012年 桂林队金陵城里无惊喜

由桂林晚报与桂林中族中药股份公司联合组建的桂林晚报中族中药围棋队2012年1月4日前往南京，参加1月5日举行的第25届全国晚报杯业余围棋锦标赛。

桂林队继续由中族中药公司董事长唐小森担任领队，桂林市工人文化宫棋艺中心总教练白起一担任教练。队员有唐崇哲、代智天、胡子真三位6段棋手。唐崇哲此前在全国比赛中表现突出，勇夺杭州"商业杯"国际围棋邀请赛亚军，自然免选入队。胡子真6段本是上海棋手，前几年与桂林女棋手唐盈结婚后，很多时间待在桂林，2011年曾代表桂林参加广西围棋联赛。他在选拔赛决赛淘汰了黄府山、李志欣、严剑刚3人，夺得了一个参赛名额。14岁的冲段少年代智天是桂林队经过多方考察选中的。小代年纪虽小，但棋力很强，曾在全国赛中战胜一些全国名手，实力已接近唐崇哲。

1月5日，在首日比赛中，桂队4胜2负。

6日，桂林队三名棋手发挥正常，再次拿到了4胜2负的好成绩。上午，唐崇哲碰到了强劲对手——新民晚报队的陈翰6段。陈翰曾经获得首届全国智运会围棋业余赛的银牌，是一名很有实力的功夫派棋手。是役，陈翰一开始就出现了失误，一直处于被动状态。弈至中盘，执黑的小唐抓住机会，割掉了对方的一条"尾巴"。之后，虽然陈翰拼得很凶，无奈之前亏得太多，未能挽回败局。下午小唐的对手是彭城晚报队的冲段少年朱骏寰。开局双方都下得较为平稳，思路清晰，目标明确。走至中盘，执白的唐崇哲大胆打入对方大空。这时小朱在剿杀中出现明显失误，被白棋轻松活出，最终只能投子认输。

冲段少年代智天表现出色，充分发挥出自己棋艺娴熟、技术均衡等特点，上午中盘战胜金陵晚报一队的老将梁程，下午轻轻松松地将潮州晚报队的冲段少女吕烁挑落马下，成功拿下两盘。

胡子真6段上午遭遇的是江南晚报队的李岱春8段。双方一开局火药味就很浓，相互攻杀，一顿乱战。正当局面处于胶着之时，胡子真贪图便宜，去抢一个只有2目价值的官子。而李岱春这时发挥出其形势判断清楚、计算准确的特长，果断脱先，弃掉一条足足有40目的"大龙"，守住了大空，从而奠定胜局。下午，胡子真面对的是来自春城晚报队的冲段少年许嘉伟。胡子真一上来就与对手展开了战斗，并早早确立了优势。就在他吃掉对方一大块死棋，以为胜券在握之时，下了一步随手棋。对方抓住机会，居然在被吃掉的地方再次打入，并成功活出。进入官子阶段，胡子真再次出现失误，最终以半目之差遗憾告负。

桂林队在之后几天的比赛中，表现较为平淡。小组赛的最后一天，桂林队上午1胜2负，下午在最后一轮比赛中顽强拼搏，取得三战三胜的成绩。就此结束了本次"晚报杯"征程。

2013年桂林队旨在交流和练兵

第26届"晚报杯"全国业余围棋锦标赛2013年1月6日在西安拉开帷幕。桂林晚报中族中药队的教练和队员1月5日抵达西安。

本届桂林队依旧由桂林晚报和桂林中族中药公司联合组队。桂林市工人文化宫棋艺中心和中族围棋俱乐部主持选拔和训练。

经过选拔，胡子真6段、唐韬6段、严剑刚6段代表桂林晚报中族中药队参加本次比赛。在5日晚的赛前预备会上，教练白起一在仔细研究了参赛名单后认为，由于本次参赛强手林立，再加上桂林主力队员唐崇哲因参加学校期末考试首度缺席"晚报杯"，桂林队要想取得好成绩，难度加大。白起一表示："本次比赛重在参与和与广大棋友交流，开拓视野，为桂林围棋引入新风，注入活力。"为队伍定下了一个全无压力的目标。

1月6日，桂林队开局平稳，取得了3胜3负的成绩。

当天上午，第一次参加大赛的唐韬以奇招力克对手，赢得开门红。而胡子真和严剑刚这两个"桂林女婿"尽管发挥不错，但还是被对手抓住了漏洞，首轮遇挫。

胡子真上午的对手是齐鲁晚报队的陈翰祺。陈翰祺是一名冲段少年，满脸稚气但棋力可不弱。胡子真开局执黑先行，不敢掉以轻心。他没有采用传统攻势，而是摆出怪异布局，用来打破陈翰祺的套路。开局没多久，胡子真这一招果然奏效，前半盘取得了巨大优势。不过，棋局中盘时胡子真一时疏忽，被陈翰祺钻漏洞找到了机会。陈翰祺在后半盘十分顽强，不仅挽回了劣势，还占据了主动，最终反败为胜。胡子真赛后表示很郁闷："很好的一盘棋，结果被很痛苦地逆转。"

在赛场另一分区的严剑刚则棋逢对手，双方一直处于胶着状态，85分钟规定时间几乎用尽。在最后关头，严剑刚本有一条活路冲关，可惜心里有点急躁，错失良机，以半目之差惜败。

下午第二轮比赛开战，唐韬遭遇了一名"狠角色"——海南南岛晚报队的邵光。此人曾在2000年"晚报杯"杀入前六名，棋风厚实，掌控局势能力很强。比赛进入中盘时，邵光稳扎稳打的作风令唐韬感到压力很大，有点招架不住。后半盘邵光见时机成熟，攻势不再含蓄，突然使出杀招，拿下了这一局。

胡子真下午的状态明显好了许多，与对手激战正酣。擅长布局的他前期十分顺手，但战至中盘时，频频出现小差错，被对手在布局中找碴，进而转入劣势。此时，更富于戏剧性的是，胡子真的对手也开始接连犯错，从而形势急转直下。胡子真此时危机解除，不给对手一点机会，笑到了最后。

严剑刚下午与呼和浩特晚报队的王伟对阵。最后严剑刚连续抢占先机，取得主动，一举拿下对手。

至11日，小组赛的最后一天，桂林队尽了最大努力拼搏，最终以2胜4负结束了比赛。

当天上午，胡子真与严剑刚的对手分别来自贵阳晚报队和柳州晚报队。他们比赛时未对桂林队的两名棋手造成太多压力，在顽强抵抗了一阵后，乖乖缴械投降。唐韬则没这么幸运，他的对手是江海晚报队的程观，很是老练。唐韬执黑子起初想缠住对手搏杀，但遭到反制。唐韬费了九牛二虎之力才将棋做活，稍微占了一点优势。此时，唐韬突然对全盘局势持过于乐观的态度，点着目数与对手纠缠，以为可以凭借厚实的本钱取胜。对手却不依不饶，艰苦地一步步追赶，趁唐韬不注意做活了一大片棋，棋局顿时难以继续，小唐只能认输。

下午小组赛最后一轮，桂林三将都遇到了强敌。唐韬的对手是德州晚报队的一员女将。别看这名女棋手长相斯文，但下棋十分凶悍，很轻易地杀掉了唐韬一条大龙，逼得他无力翻盘直至败北。

胡子真遭遇的对手是成都晚报队的龙霖，他曾获"晚报杯"个人第三名。尽管胡子真开局落子十分谨慎，但被对手的快节奏所牵制。棋局战至一半时，胡子真中腹棋阵皆被击破，做活不成，突围无路，只得认输。

严剑刚下午遭遇南岛晚报队的邵光。邵光在之前的比赛中曾击败唐韬，非等闲之辈。严剑刚先展开了一场漫长的拉锯战，在对手阵地一角旁敲侧击，占据了主动。邵光为做活，花费了不少时间才脱身，然后立刻采用了奇袭反击战术。严剑刚仔细地判断形势后巧妙躲过。不过，战至中盘时严剑刚因为外围势力太薄一度陷入迷茫，不知该如何进攻，被邵光断开一条大龙。严剑刚觉得自己已经落后，便断然采取非常手段想屠龙。不料对手硬抗住了攻击，还刮走不少地盘，使得严剑刚回天无力落败。

十一轮赛罢后，桂林三将都是5胜6负。在53支参赛队伍中，桂林晚报中族中药队居团体中游。

2005年"美罗杯"，桂林棋手刘宇勇夺第三

2005年6月底，在素有"围棋之乡"之称的河南南阳，14岁的桂林少年棋手刘宇勇夺第三届"美罗杯"业余围棋大赛第三，桂林的另一位年轻棋手黎念念获得了本届杯赛的最佳女棋手。

在这届"美罗杯"上，当年的全国"晚报杯"冠军唐韦星不负众望，力摘桂冠，"晚报杯"亚军胡煜清获得第五名。

由美罗集团赞助举办的"美罗杯"比赛，是中国第二大业余围棋赛事。

2005年"漓江奥林苑杯"广西城市围棋对抗赛 桂林三战三胜

2005年7月，"漓江奥林苑杯"广西城市围棋对抗赛拉开大幕，广西围

棋棋坛再度烽烟弥漫。在广西围棋无数次的比赛中，像这样先桂柳对抗，后桂邕搏杀，最终演绎成桂林市棋手与广西棋手全面大碰撞局面的比赛，尚属首次。

桂林九大高手出战

为征战"漓江奥林苑杯"广西城市围棋对抗赛，桂林市尽遣围棋高手上阵。除了唐韬6段、李志欣5段、唐崇哲5段、黄府山5段、李新华5段、莫云龙5段、黄文4段外，两员老将白起一5段、邓双陆5段也出现在阵中，阵容堪称豪华。

全国金融系统围棋赛冠军自学成才的唐韬，曾多次参加广西壮族自治区、桂林市比赛并多次进入前三名，对阵职业棋手战绩亦不俗。

莫云龙5段曾获广西名人战冠军，亦有战胜职业棋手的佳绩。

邓双陆5段，广西围棋冠军，20世纪80年代"横行"八桂棋坛，棋风强硬、不拘一格。

李志欣5段，广西围棋季军，曾代表桂林晚报出战全国"晚报杯"业余围棋锦标赛，且战绩颇佳。

李新华5段，广西围棋季军，曾代表广西参加"晚报杯"比赛，在曾经参加的广西区内比赛中，鲜有跌出前六名之时，多次在中日、中韩围棋交流比赛中取得优异成绩。

黄府山5段，桂林市首届运动会围棋赛第四名。突然杀出的"绿林好汉"，被认为是此次对抗赛可能的"黑马"。

唐崇哲5段，年仅14的少年俊彦，2005年广西围棋棋王战中击败广西顶尖人物柳州严剑刚，令人刮目相看。

黄文4段，默默从事围棋普及工作近20年，是本次征战城市对抗赛桂林选手中段位最低的棋手，此次从好手众多的选拔赛中脱颖而出，显示出其围棋功底之深厚。

白起一5段，1990年国际比赛团体冠军主力、广西围棋冠军。在桂林、广西围棋界，老将白起一大名鼎鼎。这次征战广西城市围棋对抗赛，白起一既是教练，又兼队员，身先士卒，对其他参赛选手有难以估量的激励作用。

桂林七比二狂胜柳州

7月1日，在本次对抗赛的新闻发布会上，桂林队领队葵忠阳、教练白起一在展望桂林柳州对抗时，非常自信地预测：在双方9盘对抗中，桂林将以5比4胜出。

葵忠阳、白起一认为，虽然柳州队有"棋王"严剑刚，但单个高手不足以左右对抗赛的胜负。桂林的整体实力稍优对方，而且通过近段时间在研究会的切磋，棋手的状态很好，信心十足，对决的胜面非常大。至于桂林少年高手刘宇5段、黎念念5段因在外学习，不能参加本次比赛，是否降低桂林队的整体水平一事，白起一认为不会。

柳州的严剑刚很了解桂林棋手，就像桂林棋手了解严剑刚一样。严剑刚认为，整体实力，桂林占优；在有9名选手参加的对抗赛中，桂林的赢面大些，双方的胜负概率对比可能是6比3，桂林胜！

7月3日，首场对抗，桂林战柳州，在龙城柳州拉开战幕。

双方各9员战将在两个对局室依次排开。在第二对局室，第七台的黄府山快刀斩乱麻，屠龙收官一气呵成，拿下柳城棋王李思宏，为桂林队赢得首场胜利。就在大家还沉浸在胜利的喜悦中时，镇守第二台的桂林骁将莫云龙已败在柳州"杀手"梁俊刀下。莫云龙梁俊棋风类似，莫云龙排兵布局中规中矩，稳扎稳打，每一步走得都十分厚实，而梁俊则剑走偏锋，出其不意，双方争夺非常激烈。战至最终，莫云龙一着不慎，遗憾地以半目告负，双方战成1比1平。紧接着，李新华、李志欣捷报传出，他们分别战胜许志军和陈晓军，为桂林队夺得两分。

此时，在第一对局室激战的重头戏落幕了。出战第一台的桂林小将唐崇哲爆冷，击败"广西棋王"严剑刚，拿下本次对抗赛分量最重的1分。此前，双方各有胜负，但老将严剑刚胜多负少。本次双方对决十分精彩，引来大量棋迷围观，裁判长不得不一而再、再而三地疏散棋迷，以免干扰到两位棋手。严剑刚不敢轻敌，招法严谨；唐崇哲全力以赴，一副争胜模样。最终，唐崇哲屠龙成功，中盘胜出。在7月2日晚桂柳棋手聚餐时，严剑刚端着酒杯戏言："我现在最想和唐崇哲多喝几杯，免得他明天打败我。"不想竟是一语成谶。

坐镇第四台的桂林队唐韬和曾获得广西冠军的柳州老将唐良锦激战良久，也分出了胜负。唐韬不畏老将声威，下得十分勇猛，唐良锦也十分了得，宝刀不老。毕竟，姜还是老的辣，小唐半目不敌老唐。

桂柳双方总比分战成4比2，柳州队落后。这时，桂林的三位棋手邓双陆、黄文、白起一的盘面均进入了最后阶段，三人手起刀落，分别把鹿寨棋王韦雄其、柳州高手张尉、广西第六花斌斩落马下。至此，桂林队挑战成功，以7比2取得了本次桂柳对抗赛的胜利。

桂林6比3再胜南宁

在南宁围棋协会的再三斟酌下，南宁队的名单在距离桂邕对抗前两天才最终确定。9员大将分别为：关卫海6段、陆文浩5段、卢前5段、王永进5段、张海华5段、周洁凝5段、朱智鹏5段、吴增宇5段、黄才进5段。从这个名单看，老将王立国因为在杭州教棋未能参加本次对抗，小将安航也因为打升段赛错过了为南宁挣分的机会。南宁队领队于学军说，王立国和安航在广西围棋界都属于一流高手，此次没能参加对抗，对南宁队是个不小的损失。不过这九大高手中也不乏棋力雄厚的棋手，其中关卫海、陆文浩等人在近年与桂林棋手对弈中均取得了胜绩。于领队谦虚地预测比赛结果是"4比5"，但他还是留了一手，希望以战术与桂林抗衡："要论实力桂林优势很大，但如果南宁队采用'田忌赛马'战术，我们爆冷巧胜对手并非没有可能。"

7月10日，在南宁翔云大酒店，桂林的9大高手上门挑战南宁队的9员大将。

大胜柳州让桂林队气势高昂，赛前就曾发出豪言要再演好戏。

黄府山又为桂林开了个好头，在一直保持优势的情况下，惊险地以半目将南宁的卢前挑落马下；第二个胜出的是唐崇哲，他干净利落地将对方大龙灭掉，中盘获胜；李新华运气稍差，中盘不敌对方的王永进，此时双方打成2比1。

接着李志欣和黄文胜出，桂林又将优势扩大到4比1。两人也和黄府山一样，在局面大好的情况下，频出昏招，但最终有惊无险地以半目胜出。在"美女"棋手周洁凝面前，老将白起一起了轻敌之心，在开局较好的形势下居然最终以4目半落败，实在可惜；唐韬被判超时，负于朱智鹏。

这时还有两盘棋未定胜负，但从局面来看桂林占优。坐镇第一台的两员主将的战斗进行得惊心动魄，莫云龙在布局开始后局面一直不错，就有了轻敌之意，保守起来，并在收官时出现了失误，好在对方也出了昏招，莫云龙稳下神来终以2目半的优势获胜；而邓双陆屠掉了陆文浩的大龙后，也中盘击败对手，为桂林队再下一城。桂林队6比3，再度大胜。

三地好手联合"讨伐"桂林　大败而归

连克柳州队、南宁队后，桂林围棋队自豪地班师回朝，坐等广西联队上门叫阵。

广西联队网罗了一众好手：南宁（4人）关卫海、朱智鹏、卢前、卢永杰；柳州（4人）严剑刚、唐良锦、梁俊、韦雄其，再加上北海棋王方灿。该阵容是除桂林棋手外广西的最强阵容。

出发前，联队领队于学军甚至喊出了"此战必斩桂林队"的口号。于学军说，"做客桂林，我们心理底线是5比4取胜，如果大比分取胜，我们更加高兴。"

为了壮大声威，广西联队还组成包括记者在内的多人助威团前来桂林。

有鉴于此，桂林中族围棋研究会对此次对抗赛进行重新评估，并对对方的几员大将作细致研究，仔细斟酌出场阵容、顺序。对于这场强强对话，桂林众虎将赛前信心十足。大家比较一致地预测了比赛结果：5比4，桂林队胜！

在7月17日广西联队与桂林队的大决战上，有三个"新面孔"亮相。他们是广西联队的卢永杰5段（南宁）、方灿5段（北海）和桂林队的唐国斌5段。

上一仗南宁与桂林大战，因出差在外而缺阵的卢永杰连呼"可惜"，因为南宁队有三盘棋仅以半目惜败，且三盘棋都有翻盘的机会。本次主动请缨、加盟广西联队，期望能给联队夺取1分。卢永杰"自学成才"，从广西大学毕业后，才在广西棋坛渐露头角，颇具实力。

方灿，北海顶尖高手。功底深厚，招法中规中矩。在广西名次当在6—8之间；而在网上角逐，已达到7段的水平。

14岁的唐国斌是桂林棋坛的一个"异数"。在桂林中族围棋研究会的比赛中，唐国斌战绩不错。教练白起一对自己的弟子评价比较保守，"没有见过大世面"，力战型棋风的唐国斌被白起一看成是决定最终胜败的"死活题"。

7月17日，广西联队挑战桂林队的比赛在桂林榕湖饭店国际会议中心全面展开。11点，赛场传来一阵骚动：第七台首先决出了胜负，桂林队的小将唐国斌执白中盘大胜联队老将唐良锦，大出人们意料。

"小唐赢了老唐。"赛场上小唐的表现让众人惊奇不已，两人的棋下得也非常精彩。唐良锦6段是广西围棋的顶尖高手，曾夺得过广西围棋个人冠军；而此次顶替唐崇哲出战的唐国斌5段，年仅14岁，名气不大，但实力不可小觑，曾勇夺2004年全国少年网络围棋大赛的冠军。唐良锦赛后说，和小唐下棋很有心理压力，导致昏招连连。而小唐则如初生牛犊，越战越勇，直至把老唐斩落阵前。

莫云龙5段又碰上了"苦手"梁俊5段——在3日和柳州队的对抗中曾以半目之差负于梁俊。数日之隔的再度交手，最终还是梁俊技高一筹，执白以4子半再胜莫云龙，为广西联队获得了宝贵的一分。

紧接着桂林队连奏凯歌，黄文4段执黑中盘大胜"鹿寨棋王"韦雄其5段；唐韬6段执白力克"新手"卢永杰5段；老将邓双陆5段执白中盘胜卢前5段；李新华5段执黑中盘斩落18岁小将朱智鹏。至此，桂林队5比1领先广西联队，胜负已分。桂林队教练白起一和领队蔡忠阳的表情都是胜利的愉悦。

这一时候，本次比赛的高潮来了。双方坐镇第一台的主将刘青琳三段和严剑刚6段的较量，已到了决胜负的关键时刻。"广西棋王"严剑刚棋艺高超，是广西围棋赛场上很长一段时间的佼佼者。刘青琳是职业三段，棋力非同一般，此番对碰，精彩非常。经过一番斗智斗勇，双方形势几度反转。严剑刚在第179手由于面临超时，出现严重失误，刘青琳抓住这一大好时机成功翻盘，最终中盘取胜。

在之前的对抗赛中连赢两盘的黄府山5段，此次对阵"北海棋王"方灿，没能把"黑马"的角色扮演到底。方灿果然名不虚传，一直压着黄府山打，最后黄府山耗尽时间，被判超时，桂林队再输一局。最后结束战斗的是第五台，李志欣擒下南宁第一高手关卫海，为桂林队的胜利画上圆满句号。

至此，桂林队7比2大胜广西联队，再次证明了桂林围棋在广西的实力。

尽管柳州输了，南宁输了，广西联队也输了，但广西围棋赢了！通过本次大赛的成功举办，通过企业、媒体与围棋界的紧密合作与不懈努力，广西围棋得到了推动，获得了发展。用广西围棋协会副主席于学军的话说，这次对抗赛是一次成功的"案例"，为广西围棋的发展走出了一条新路。

2005年华山杯 唐崇哲夺亚军

2005年"华山杯"全国业余围棋赛是年10月在陕西进行。桂林市14岁少年棋手唐崇哲5段过五关斩六将，获得第二名。这是当时广西业余棋手在全国大赛中取得的最好战绩。

"华山杯"是一项传统赛事。本次比赛国内业余高手云集，多名世界冠军及全国冠军参加。最终，河南李天罡6段夺冠，当年"晚报杯"冠军唐韦星7段列第四，世界业余围棋冠军胡煜清8段仅得第八。

2005年国际旅游城市围棋邀请赛　桂林夺团体冠军

经过三天六轮比赛，"桂林中山置业杯"国际旅游城市围棋邀请赛2005年10月14日在桂山大酒店圆满结束。中国围棋协会主席陈祖德、桂林市委书记莫永清、广西围棋协会主席季桂明、桂林市人大常委会副主任林观华、桂林市副市长汤杰、桂林市政协副主席容作信为获奖队伍和选手颁奖。

"桂林中山置业杯"国际旅游城市围棋邀请赛由广西围棋协会主办，吸引了五大洲的业余围棋高手，美国波士顿，加拿大多伦多，英国伦敦，荷兰来顿，瑞典隆得，澳大利亚悉尼，日本东京、大阪，南非约翰内斯堡，越南河内，以及中国香港、澳门、台北，广西南宁、东道主桂林派出了队伍参赛。

根据比赛规则，参赛者须为成年业余棋手，段位、性别不限。东道主桂林队发挥了较强的实力，荣获团体第一名，台北队、南宁华蓝队分别获得第二和第三名。个人赛冠军被南宁华蓝队18岁的女棋手黎念念夺得，桂林队的莫云龙、邓双陆分别获得第二和第三名。

2005年世界双人业余围棋赛　黎念念和队友东京夺冠

2005年11月15日，第16届世界双人业余围棋赛在日本东京完赛，桂林市刚满18岁的女棋手黎念念和来自武汉的男棋手刘帆，在决赛中击败日本棋手摘取桂冠。对刚过完18岁生日的黎念念来说，这是她给自己最好的生日礼物。

当年8月21日至24日在南宁举行的"中国南宁·东南亚围棋邀请赛"中，黎念念以业余5段的身份出征，最终夺得了个人冠军和团体冠军。就是凭借在这次邀请赛中的骄人成绩，黎念念被中国围棋协会确定为参加第16届世界双人业余围棋赛的女选手。

2006年桂林市中小学生围棋赛创办

桂林市中小学生围棋赛创办于2006年，之后每年举办一届，至2019年已连续举办了14届。

比赛由各中小学组织报名，团体赛按中小学分组，个人赛按选手段、级位进行分组，团体赛、个人赛分别录取前几名给予奖励。

比赛由桂林市教育局、桂林市体育局主办，桂林棋院承办。

此项赛事活动提高了各中小学校对围棋项目的关注、支持程度。

2006年非洲棋王挑战桂林高手

2006年8月中旬，非洲围棋冠军，曾获世界业余围棋赛第五名的周广，回到桂林，在丽泽桥畔闲居茶庄与桂林中族围棋研究会的几位高手过招。

周广原籍桂林，少年时曾在桂林学棋，后移居南非。他对围棋的热情不减分毫，棋艺日见精进，曾多次获非洲围棋赛冠军，人称"非洲棋王"，数年前夺得世界业余围棋锦标赛第五名。他和父亲周英林在南非以棋会友，成立了围棋俱乐部，该俱乐部获得了日本棋协认可，每年的世界业余锦标赛都有一席参赛名额。这个围棋俱乐部不仅在南非培养了一批白人、黑人围棋手，还成为南非与中国体育界友好往来的牵线搭桥者。南非与中国正式建交前，周英林就于1996年邀请桂林围棋代表团到南非访问，这是中国第一个访问南非的体育代表团；1998年，中国与南非建交后，中国围棋代表团到访南非，也是周先生从中积极牵线搭桥。

此次周广代表非洲赴日本参加世界业余围棋大赛，特意回桂热身，桂林中族围棋研究会的众高手也欣然应战，陪他磨刀。自8月17日起，周广连续挑战三位桂林围棋高手，取得二胜一负的战绩。他分别击败曾获广西冠军的邓双陆和莫云龙，却负于刚从北京训练回来的小将刘宇。周广此次桂林热身，每盘布局均采用自创的"宇宙流"标新立异，令人耳目一新。

2006年两市围棋对抗，桂林不敌贵阳

2006年"中族中药·福鼎堂杯"桂林—贵阳城市围棋对抗赛，桂林队以12比16不敌贵阳队。

比赛采取主客场制，双方各派7名棋手分别在贵阳与桂林各赛两场，以

四场比赛的得分之和定胜负。在贵阳先进行的两场比赛中，桂林队分别以3比4和2比5落败。8月29日桂林队主场作战，紧急征调唐崇哲6段、刘宇6段、莫云龙5段三员大将上阵。

29日上午的比赛，桂林棋手虽然开局不利，但小将发挥出色，唐崇哲、刘宇、莫云龙分别战胜对手，可惜另外四名棋手均在官子阶段功亏一篑。其中，李志欣与邓双陆都是在优势情况下，因时间太紧而一损再损，以半目之差惜败于对手。

当天下午，两市棋手强强对抗，增添了比赛的观赏性。桂林队以4比3拿下了最后一场比赛。

本次比赛由两市围棋协会、桂林中族中药股份有限公司、贵阳福鼎堂药械有限公司合办。

2007年"广陆杯"广西顶级围棋高手挑战赛　业余选手大获全胜

2007年春节期间，桂林围棋界在市文化宫棋艺中心上演了一出重头戏——2007年"广陆杯"广西顶级围棋高手挑战赛。经过一番激烈较量后，三名业余棋手分别击败各自对手，大获全胜。

当天，刘宇6段对阵潘峰四段，唐崇哲6段对阵刘青琳三段，黎念念5段对阵唐盈初段。

最终，刘宇和唐崇哲中盘战胜各自对手；黎念念与唐盈一战，最终以黎念念半目取胜而告终。

比赛由市体育局、市总工会主办，得到了桂林广陆数字测控股份有限公司的协助。

2008年第四届"倡棋杯"决赛　古力成就全冠王

2008年1月15日至18日，第四届"倡棋杯"中国职业围棋锦标赛决赛在桂林举行。曾获"春兰杯"冠军、国内等级分第一的古力九段，与刚夺得中国NEC杯冠军的刘星七段在桂林宾馆展开三番棋决战。

古力是当时中国围棋第一人，棋风刚猛，刀快力沉，人称"肌肉男"；刘星是中国棋界著名的"另类"，不拘一格，天马行空，自由飘洒，且越是大赛越来劲，之前不但夺得NEC杯，还将日本围棋第一人、日本"NEC杯"冠军张栩斩于马下。"倡棋杯"是国内规格最高的围棋赛事，冠军奖金40万元，亚军奖金10万元。

比赛由中国围棋协会、应昌期围棋教育基金会主办。使用应氏棋规，其独特棋桌、棋具及比赛方式、计算胜负方式也令棋迷大开眼界。

本次"倡棋杯"古力和刘星都是首次进入决赛，首局中刘星发挥失常迅速落败，次局则借助攻击古力大龙一举获胜。双方战成平局。观战的应明皓老先生笑言："要通过决胜盘来决出最后的冠军，我们基金会的钱没有白出！"

决胜局，刘星猜得黑棋，再次祭出第一盘的开局，只是黑9改成"低中国流"。序盘两人不分高下，古力42手首先下出疑问手，但此后黑75掏白棋左上角则成为刘星的疑问手，弃角转身走到外围后，刘星略为亏损。而在上方最后一战中，刘星突然出现误算，黑棋玉碎，刘星爽快认输。此时时间还不到下午3点，原本最慢的"倡棋杯"被这两个"快枪手"下成了快棋赛。

这盘"倡棋杯"决胜局比赛净值30万，而刘星的一个大勺子拱手让出胜利。古力赛后认为："如果刘星不打勺的话，将是半目胜负。"刘星则心服口服地表示："最后我已经注意到自己可能被吃，但如果不拼一下可能输半目，所以在没计算太清楚的情况下就走上去了。"

古力以2∶1的总比分首次获得"倡棋杯"冠军，并获得40万元人民币冠军奖金。继2001年"理光杯"、2004年"招商银行杯"以及两获"阿含桐山杯"、三夺"NEC杯"、名人战四连霸、天元战五连霸后，古力此次在"倡棋杯"拿到了惟一一项没有染指过的国内头衔，7年时间成就国内全冠王。

在颁奖仪式上，古力大赞对手的表现，并表示，在桂林进行比赛令他心情舒畅，发挥正常，"希望下次还能来这里比赛"。

2008年桂柳邕围棋再摆擂台

2008年8月末，八桂棋坛风云再起，桂林、柳州、南宁三城市围棋高手，将以擂台赛的形式争夺广西头把交椅。8月30日，擂台赛战火在南宁点燃。以申银皎为领队，白起一为教练，由唐崇哲、黄府山、莫云虎、邓双陆、李新华组成的桂林天和药业队前往挑战。

广西三城市围棋擂台赛，南宁、柳州、桂林各有5名选手出赛，从8月30日开赛，共进行4站比赛。第一站（南宁），桂林队开门红，先锋黄府山5段接连将南宁队安航5段、雷峻麟5段及柳州队唐良锦6段打下擂台。

第二站（桂林），柳州队梁俊6段与南宁队关卫海6段各下一城后，桂林队李新华5段夺取二连胜，将柳州队打得只剩下主将严剑刚6段一个光杆司令，南宁队余下主副二将形影相随。

第三站（柳州），南宁队副将崔寿福6段爆发，连胜桂林队李新华、邓双陆后，当着柳州数百棋迷的面毫不客气地将柳州队主将严剑刚斩落马下。至此，擂台赛三城之争变成邕桂两雄之战。

第四站比赛于9月26日在南宁上演，崔寿福鼓余勇，一举降伏桂林队副将莫云虎5段，请出桂林队主将唐崇哲6段。崔寿福原是吉林省冠军，3年前"嫁"到南宁，为南宁围棋教练，实力不可小视。

9月27日上午，执黑的崔寿福挟四连胜之威，下得很有气势。唐崇哲弓马娴熟，落子如飞，在气势上不落下风。中盘，有"快刀"之称的崔寿福频频长考。唐崇哲在化解了崔寿福的多处挑战后，牢牢把握局势，终将对手击败。

当天下午，邕桂主将对决。南宁队主将王立国是年28岁，曾进入全国大赛十强，当时在浙江省当围棋教练，南宁队特意将他请回坐镇中军帐。是役，唐崇哲执黑先行，猛抢实空；王立国不惊慌，取外势以抗衡。局势惊险却又难分伯仲。中盘战的尾声，唐崇哲突然发力，将打入的一队白子用妙手一"点"吃住，白棋顿时崩溃，王立国坦然认输。

桂林队夺得本次擂台赛冠军。

2008年广西围甲联赛桂林中族中药队夺冠

2008年广西围棋联赛12月21日在南宁落幕。白起一教练带领唐崇哲、莫云龙、黄府山三位棋手组成的桂林中族中药围棋队，以6胜1负的成绩夺取第一；广西希望之星围棋学校队、柳州机场队分别获第二、第三名；由邓双陆、莫云虎、白起一组成的桂林广陆数测队名列第四。以李新华、黄文、张忠强组成的桂林文化宫棋艺中心队，在乙级赛中夺得第三名，升为甲级棋队。这样，2009年广西12支甲级队中，桂林将占有三席。

比赛在20日、21日举行，广西业余围棋高手几乎全部上阵。七轮比赛，战况激烈，波澜起伏。桂林中族中药队在第五轮比赛中负于柳州机场队，几乎夺冠无望。但桂林广陆数测队在接下来的比赛中拉了兄弟一把，以两个半目战胜柳州机场队，使柳州机场队卫冕梦落空。

在比赛中，桂林小将唐崇哲以七战全胜的战绩笑傲全场，老将邓双陆7战6胜1负令人刮目相看。比赛由广西围棋协会主办，全区有30支队伍参赛。

2010年全国围棋锦标赛（个人）首次落户桂林

2010年9月14日，"华南杯"全国围棋锦标赛（个人）在桂林阳光大酒店拉开战幕。本届比赛从9月14日持续至25日。

全国围棋锦标赛自1957年起每年举办一届，是国家体育总局批准的三项全国性正规比赛之一，更是中国水平最高的围棋赛事之一。该赛事首次落户桂林，来自全国30个省区市的49支队伍、186名男女运动员参加了比赛。还有棋坛名家陈祖德、王汝南等莅临指导。其间，还举办了"10城市名流邀请赛"，邀请广西、贵州等省区10个城市的多位业余好手前来纹枰论道。

最终，朴文垚五段、周振宇四段分获男子甲、乙组冠军，曹又尹三段获女子组冠军。

2010年首届"广陆杯"桂林市围棋联赛

老中青少棋手汇聚一堂

首届桂林市围棋联赛2010年10月24日在桂林市体育中心棋牌馆拉开帷幕。本赛事可谓桂林市围棋史上规模最大、规格最高的业余围棋赛事。比赛采用团体赛方式，分甲、乙级组进行比赛，根据比赛成绩升降级。比赛每周末举办一轮，整个赛事历时两个多月。参赛者来自桂林市机关、学校、企业、社区等地。甲、乙级各组前六名获得奖牌和奖金。比赛由桂林市体育局、桂林日报社共同主办，桂林市围棋协会、桂林棋院承办，桂林广陆数字测控股份有限公司提供冠名赞助。

自10月24日揭幕后，每周日晚7：30—10：00在穿山东路市体育中心棋牌馆进行一轮比赛。

老当益壮，后生可畏

24日晚，首届桂林市围棋联赛正式开赛。百余名棋手齐聚市体育中心棋牌馆，24支队伍捉对厮杀。

广陆元老队最为引人注目，5个队员的年龄加起来超过300岁，20世纪60年代的棋王潘世兰已年过七旬，依然精神矍铄。最终他们干净利落地将临桂队斩落马下。

刘青琳和唐盈两名职业棋手的比赛吸引了众多观众的眼球。桂林师专队的职业三段刘青琳对阵棋艺少一队的刘喆天。刘青琳在比赛中发挥正常，自始至终掌握着全局，刘喆天也丝毫不怵，中盘时还利用对手的大意吃掉十个子，让刘青琳惊出一身冷汗。

市场中心队的职业初段唐盈和中族中药队的黄府山分别担任队伍的主将。黄府山执黑先行，双方一直处于胶着状态。中盘阶段，黄府山为了抢占边上一个拆二，被唐盈等来机会，将对手中央分断，绞杀其尚未做活的两块棋，虽然黑棋大龙安全回家，可在此过程中目数亏损很大。官子阶段，黄府山时间比较吃紧，最终以一又四分之一子惜败。

以四名10岁左右美少女组成的棋艺女子队与中医院战平，不过由于主将段淞译败给了中医院队的张卫革，只得到一分。棋艺女子队9岁的莫添琪作为年龄最小的参赛选手，表现不俗，成为赛后大家议论的焦点。

4名11岁小学生组成的中华小学队全胜秀峰社区队，大家直呼后生可畏，桂林围棋前途不可限量。

新老两代"棋王"上演巅峰对决

在进行了首轮试探性"火力接触"后，10月31日晚，首届桂林市围棋联赛进行了第二轮较量。各路选手在"刀光剑影"中显示出争霸的态势。

第二轮最激烈的一战是广陆元老队和桂林师专队的比赛。广陆元老队拥有白起一、邓双陆两名前广西冠军，成名已久，稍有瑕疵的是年龄偏大，持久战能力稍弱。师专队则拥有广西冠军、职业三段刘青琳，广西名将李志欣和新秀顾俊杰也实力不俗。赛前，双方排兵布阵也非常有默契，都把最强的选手放在主将位置，白起一对阵刘青琳，新老两代"棋王"上演了一场巅峰对决。白起一执黑先行，招法凶狠，意在速决；刘青琳年近30岁，有意把战线拉长，前半盘一直呈拉锯战，局面非常接近。官子阶段，老白一个缓手被对方抓住，实空稍差，爽快认输。

此时，另外两场比赛也已结束，广陆元老队的邓双陆和吴稚华分别战胜各自对手，局分上暂时以2：1领先。最后一台，观战之人环绕，满头白发的老将李昌邦与李志欣酣斗近半个小时，老将小败。双方战成2：2，平分秋色。但师专队凭借主将之胜获得2分，广陆元老队获得1分。

桂林师专队夺魁

经过两个多月的激烈角逐，首届桂林市围棋联赛于2010年12月19日下午在市体育中心棋牌馆落下帷幕。在最后一轮的较量中，桂林师专队笑到最后，将冠军收入囊中。

最后一轮比赛，桂林师专有两分优势，目标直指冠军。市场中心队与铁西队的比赛早早结束，坐二望一的市场中心气势如虹，4局比赛全胜，毫无悬念地拿下对手。在与中华小学队的对抗中，桂林师专却遭到了顽强抵抗，差一点就将冠军拱手让人。桂林师专队派出了专业棋手刘青琳担任主将，顺利获胜，第二台的李志欣也拿下对手。不过另外两局比赛却没有那么顺利，顾俊杰和曾庆虎意外落败，中华小学队也拿下两局。双方2∶2战平，桂林师专队凭借主将胜利惊险拿下2分，虽然保住了冠军，但也惊出了一身冷汗。

相对于榜首之争，争夺前12名的比赛则显得更加残酷。按照组委会的规划，首届桂林市围棋联赛的前十二名，将获得参加次年桂林市围棋甲级联赛资格，大多数队伍特别是各县城的队伍就是奔着这个资格来的。志超罐头队是荔浦县的围棋队，其队员组成有医生、公务员、教师、私企老板，他们的目标是前十二，但是由于客场作战，他们的成绩时上时下，很难稳定在十二名之内。"每个星期天都要挤时间开车上桂林，舟车劳顿，但是我们乐在其中。"前八轮比赛后，志超罐头队积11分排名14，他们的最后一个对手阳朔芳草队积12分排名12。最后一轮，双方捉对厮杀，最终阳朔芳草队获胜，全取3分排名跻身前八，而志超罐头队则滑落到第18名。与他们情况相似的队伍还有很多。

最终桂林师专队、市场中心队、中族中药队、教育1队、广陆元老队等12支队伍顺利获得次年征战围甲联赛的资格。

"不论是比赛规模还是比赛水平，都差不多代表了桂林的最高水平，本次联赛非常成功。"桂林棋院院长王洪军说，虽然桂林的围棋气氛比较浓厚，但赛前也没想到会有这么多队伍参赛。他表示，联赛将很多棋手都吸引了过来，大家互相交流，切磋技艺，对桂林围棋的发展有着非常积极的意义。通过比赛，还发现了一批有潜质的少年棋手，虽然还稍显稚嫩，但是锋芒毕露。"几年之后，从桂林围棋联赛走出一个全国冠军也说不定。"

在此之后，"广陆杯"桂林市围棋联赛每年举办一届，至2019年已连续举办了10届。

"广陆杯"桂林市围棋联赛已经成为桂林市群众体育品牌赛事。

2012年桂林首届职业围棋世界冠军赛古力夺冠

由中国围棋协会、广西壮族自治区体育局、桂林市人民政府主办，桂林市体育局、桂林日报社承办的桂林首届职业围棋世界冠军赛，于2012年9月14日至16日在桂林市桂林宾馆进行。曾在世界职业围棋赛中获得过世界冠军的亚洲国家一流棋手古力九段、李世石九段、依田纪基九段三人，在桂林进行了强强博弈。

本次比赛采取三轮一局制进行：首先抽签确定一位轮空者，另两位选手进行第一轮比赛；第一轮负者，与第一轮轮空者进行第二轮比赛，负者获第三名；第二轮胜者与第一轮胜者进行第三轮比赛，负者获亚军，胜者获冠军。本次比赛总奖金60万元人民币，其中冠军奖金30万元人民币，亚军奖金20万元人民币，季军奖金10万元人民币。

9月14日，揭幕战由中国的古力九段执黑迎战日本的依田纪基九段。当时，古力九段雄踞中国职业棋手等级分榜首已久，被誉为中国围棋第一人。依田纪基比古李两位年长17岁，此时的战绩不如两位后辈棋手那般耀眼，但他几乎是20世纪末以来，唯一堪与中国马晓春、常昊，韩国曹薰铉、李昌镐等世界超一流棋手抗衡的日本棋手。此前古力曾和依田纪基在第4届CSK亚洲四强赛、第17届亚洲杯电视快棋赛、第20届富士通杯世界围棋锦标赛上三度交手，未尝胜果。依田九段可谓古力的苦手。

这一战，依田在布局阶段率先弈出新手，白14顶让人看着很陌生。黑15应得手法小巧，直到23挺头，黑棋愉快，白新手未见成功。古力在气势上丝毫不落下风。黑棋33手再次脱先守住左下，是有大局观的一手，也是古力灵动棋风的体现。至黑43虽然被白在左上角提去一子，但黑得以在右面连抢两手大棋，速度极快。布局至此，有黑成功之感。序盘，黑主动放弃很大的角地换取了右面的模样，充分显示了古力九段的气魄。优势下的黑棋下得非常稳健，并没有采取"来者必歼"的策略，而是谋求攻击取利，逼迫白88手只得使用"苦肉计"丢盔卸甲而活，自己则舒服地将整个右面连边带角围住，同时在中腹筑成一道外势，将白左面厚味的发展潜力化于无形。当黑101手抢到扳的好点逆收15目以上的大官子后，胜势已不可动摇。之后白虽然四处挑衅，但黑棋判断清晰，始终不为所动，步步为营，将盘面10目强的优势保持至终局。

9月15日进入比赛的第二天，由依田纪基和李世石对阵。

经过猜先依田纪基执黑先行。依田有备而来，想把局势引入李世石不太擅长的布局当中。依田的布局思路令李世石陷入了长时间的思考中，这是在李世石的对局中很少见的。

下至第52手，第一次战斗告一段落，从依田纪基的表情来看，他对结果还是比较满意的。也正是这一瞬间的放松，依田纪基第53手下出了本局的第一步缓手。下至64手，依田纪基发觉形势有点不妙，于是黑65强行将中间白棋挖断，挑起战斗。战至100手，黑棋成功地将自己的孤棋治理好。这时黑棋只要将上方两颗子处理好，黑棋实地将领先白棋。就在这时，黑棋101手下出了致命的问题手。这时，李世石体现出他敏锐的胜负感觉，白棋102不理会黑棋，直接点入要全部将黑棋杀掉。而此时，依田纪基的规定时间用光了，进入了读秒，由于上面战斗复杂，依田纪基无法仔细计算，最终黑棋因没有劫材，突然死亡。

9月16日下午1点，决赛正式开始。古力九段对阵李世石九段。

古力和李世石代表着当时世界围棋的顶级水平，他们之间的每一次对局都能成为焦点，每一张棋谱都会被大批职业和业余棋手学习研究。之前此二人在各大比赛中共交锋30盘，总战绩为古力十五胜十四负一无胜负暂时领先。

开赛10分钟前李世石已经到达赛场，而古力则是掐着时间准点出现。经过猜先后，由李世石九段执黑先行。

李世石没有使用当时非常流行的"中国流"布局，而是采取了相对更容易导致细棋局面的"对角型"下法。由于本次比赛采用中国规则，黑方需贴3又3/4子（相当于七目半），比起李世石所熟悉的贴六目半的韩国规则负担更重。李世石如此选择，既可说明对自己的后半盘具有信心，亦可说对古力深厚的布局功力有所忌惮。

李世石在第33、35手下出靠断的超强手，倚仗周围子多势厚，意图在右边和白棋展开决战，瞬间棋局进入白热化。正在大家为古力担忧时，只见他不慌不忙，白40反过来切断黑子。李世石不愿实地受损，再次弈出连扳的强手，吃掉白3子，但因此黑棋也暴露出气紧的弱点。第一次战役以白成功告一段落。

之后在左下的行棋中，古力不与黑多作纠缠，抢先靠出。这一带古力处处主动，下得非常漂亮。劣势下的李世石非常顽强，不但要破掉白空，还要扩张自己的下边，同时还将白棋分断，希望纠缠白左右两块。对此，古力下得非常清楚，先是简单压缩一下黑棋下边任其成空，再利用黑棋中间的薄味，在劫争中吃住黑两子，确保了实空优势。白争得162后，胜势已不可动摇。以下虽然还进行了几十手棋，也只是走过场而已。至214手白中盘获胜。

古力九段两战皆胜，获得本次比赛的冠军。

2015年"广陆杯"桂林业余围棋棋王争霸大奖赛打响

"广陆杯"2015年桂林业余围棋棋王争霸大奖赛于6月在桂林棋院举行，共有60名桂林围棋业余高手参加比赛。60名棋手分A、B两组进行七轮积分循环赛，决出小组名次后，进行名次相近名次交叉赛决出最后名次。

冠军奖金为10000元，前10名棋手均有奖金。

比赛每周末进行一轮。

比赛由桂林市体育局主办，桂林市围棋协会承办，桂林广陆数字测控股份有限公司为比赛提供全额经费、奖金。

2016年700网"晚报杯"唐崇哲豪揽70万元大奖

2016年4月29日，700网晚报杯全国业余围棋公开赛总决赛在无锡收枰。桂林棋手唐崇哲以小分的优势喜夺冠军，从而捧走了中国围棋史上最高的冠军奖金——70万元大奖。

此项赛事由中国围棋协会和中国体育记协晚报分会主办，北京市中晚棋业文化传播股份有限公司承办，是经国家体育总局核准的全国业余最高规格的围棋赛事。

最后两轮比赛前，争夺冠军的形势扑朔迷离，一片大乱，唐崇哲、胡煜清等5人积18分，还有6人积16分，理论上11人都有机会争夺70万大奖。因此，最后两轮的比赛就十分关键。29日上午的比赛结束后，唐崇哲、胡煜清和赵炎三人均是10胜积20分，冠军形势依然不明朗。

最后一轮比赛，唐崇哲对少胜一场的李岱春，胡煜清和赵炎两个20分棋手相遇。在这轮比赛前，唐崇哲小分领先，如果能获胜将夺得冠军。唐崇哲对李岱春的比赛，双方一直争夺十分激烈，但唐崇哲还是笑到了最后，将冠军和70万奖金牢牢地抱在了怀中。

2016年桂林首次组队参加城市围棋联赛

2016年7月2日，城市围棋联赛2016—2017赛季暨揭幕战·中建八局专场在南宁打响。来自北京、上海、韩国首尔等国内外城市的24支俱乐部代表队参赛。桂林也首次组队赴邕参赛。

本届联赛星光闪耀，顶级棋手强势加盟各参赛队，可谓精彩纷呈。"棋圣"聂卫平挂帅北京茅台黔坤队，马晓春担纲广州华夏汇队，国家围棋队领队华学明任北京队名誉教练，韩国围棋顶尖棋手韩钟振九段领军韩国首尔队，等等。采用"接力赛"赛制，分为常规赛、季后赛两个阶段，采取赛会制和主客场制。

桂林此次参赛的实力也十分强劲，由国家围棋队总教练俞斌九段出任桂林合和队名誉教练，由老棋手白起一任领队，队员以桂林籍棋手为主，其中包括是年夺得全国冠军、狂揽70万大奖的唐崇哲7段，青年棋手潘峰职业四段和马光子职业二段、安航业余5段。女棋手则是曾夺得全国冠军的唐盈初段和现役军队棋手苏琦玮职业二段。

24个参赛队抽签分成4个区，桂林合和队分在C区，与武汉、香港、昆明、南昌、南宁等队分别进行两轮主客场厮杀，然后前4名的队出线，进入季后赛决赛。

10月15日，城市围棋联赛C区第七轮桂林赛会的比赛在榕湖饭店举行。桂林合和、南宁天元、昆明龙飞虎、香港协进会、武汉丰达、南昌天强等六支城围联C区队伍共聚一堂，捉对厮杀。经过一番龙争虎斗后，桂林合和不敌南宁天元，昆明龙飞虎拿下香港协进会，南昌天强小胜武汉丰达。

当天，比赛现场热闹非凡，一大早，榕湖饭店的大厅里挤满了前来观战的棋迷。

城围联赛制特殊，每方50分钟包干，分三个阶段，每阶段都必须换人，必须有女棋手上场，下满一定手数，还可以暂停讨论棋局。在当天的比赛中，南宁天元与桂林合和狭路相逢，上演广西德比。经过猜先，桂林队执黑，南宁队执白。在第一阶段比赛中，桂林队和南宁队分别派出女将唐盈、潘阳出战。唐盈和潘阳在布局的战斗中各有收获，局面基本两分。布局结束后，是中场表演时间。著名书法家陈沛彬在悠扬清脆的琵琶声中，为大家表演了书法，他书写的"棋魂"二字，笔墨酣畅，遒劲有力，赢得现场观众和嘉宾们的一片叫好声。

书法与音乐表演结束后，桂林队换上唐崇哲，南宁队则换上了白宝祥，棋局进入剑拔弩张的中盘战。可能是主场作战，压力较大，急于取胜的桂林队稍显毛躁，特别是黑棋第85手棋的缓手，导致大龙遭到白棋的凌厉攻击，处境非常危险。双方队员频频要求暂停，棋手们都聚集到一起，小声而激烈地讨论着棋局。第二阶段后，桂林换上马光子二段，南宁换上马天放七段。棋局继续进行，马光子对黑棋的困境显然没有太多的办法，局势继续恶化。最终，桂林队的马光子投子认负，南宁天元队中盘战胜桂林合和队。

赛后，唐崇哲和白宝祥上台复盘，唐崇哲连连感叹，想不到白棋会孤注一掷，不顾一切地追杀黑棋大龙，他为自己的轻敌懊恼不已。

2017年第十三届全运会唐崇哲为广西队夺得一枚银牌

2017年7月，在第十三届全运会群众比赛项目围棋比赛中，代表广西队出战的唐崇哲，在如林的强手中，一路过关斩将，先后战胜了东道主天津队的王异新、宁夏队的唐陆陆、陕西队的王天一、福建队的骆焯凡，打进决赛。决赛7月5日在天津进行。唐崇哲决赛的对手是江苏队的刘云程。唐崇哲负于对手，获得银牌，为广西代表团夺得第十三届全运会群众比赛项目首枚奖牌。

广西围棋代表队女运动员黎念念凭借出色的发挥，获得第七名。

2017年中国围棋大会团体赛老将白起一晋升业余6段

2017年8月8日至10日，在内蒙古自治区鄂尔多斯市举办的中国围棋大会全民围棋团体锦标赛上，代表广西出战的广西围棋协会队收获了好成绩——桂林老将白起一发挥出色，晋升业余6段。

本次比赛赛事规则为每个省、区、市派一支代表队参赛，进行团体对抗赛。男子组按年龄分为20岁、30岁、40岁、50岁以上四个组，女子组不按年龄划分，各队派一人参赛。全国共有28支围棋队140名顶尖高手参加。

在此前的选拔中，广西棋协遴选各市好手组队，最终桂林市的白起一、安航、莫云虎入选，柳州市和南宁市各有一人。在6场比赛中，广西队取得3胜3负，名列第11名。

参加男子50岁以上组的白起一，在比赛中战胜了2名6段和3名5段棋手，负于1名6段棋手，最终以5胜1负的成绩名列该组第3名，并升为业余6段。

这个成绩引起不小的轰动，不少棋手都认为，这个成绩将成为难以逾越的一个纪录，因为50岁以上组的选手年龄大多在50岁至60岁，但白起一这一年已70岁，是参赛棋手中最年长的。

2019年张文东九段与桂林民间高手车轮战

2019年4月4日上午，在逍遥楼广场上进行了一场精彩的围棋赛，中国围棋职业九段棋手张文东与6位桂林民间高手进行1对6的挑战。

张文东1982年入选北京队，1985年入选国家围棋队。1982年打入职业初段，1993年升为九段，是当时中国最年轻的九段棋手，也是中国围棋项目恢复段位制以来第一位从初段打上九段的棋手。他还在第五届中日围棋擂台赛连胜日方三位九段。1993年获中国个人赛冠军。

挑战赛现场，为了让比赛更加精彩激烈，张文东根据每位棋手水平的高低让3到5子。6位桂林民间高手凝神静气，在棋盘上与大师激烈"厮杀"。

2019年第十四届广西运动会群众体育项目围棋赛桂林队包揽男女团体冠军

第十四届广西运动会群众体育项目围棋赛于2019年9月在百色市田东县举行。桂林市参赛队伍以彭朋为领队，王洪军为教练，男队员有唐崇哲、安航、莫云龙、莫云虎，女队员有严古韵棋、梁瑞琼等。

经过4天的激励争夺，桂林队获得了男子团体冠军、女子团体冠军，唐崇哲、安航、莫云虎分获男子个人第二、第五、第六名，严古韵棋、梁瑞琼分获女子个人第二、第三名。

（根据《桂林晚报》《桂林日报》等媒体报道整理）

棋海浪花

新国手

新中国成立以来，广西最负盛名的国手，当推黄进先六段了。他的国手来历，还颇有些传奇色彩。黄进先出身书香世家，其父黄槎客先生，擅长书画，围棋也是桂林一流水平。进先自小下围棋，读桂林中学时，得到父亲与袁兆骥老师指教，棋艺已与袁老师不相上下。1962年，参加中南五省比赛，与袁老师并列第一。

1963年，时任华北局书记的李立三路过桂林，邀桂林棋手对弈，其中有黄进先，当时进先十几岁，还是桂林中学的学生。李立三和他对弈后，很欣赏他的凌厉招法。回到北京后，爱惜人才的李立三找到他的老棋友陈毅说起此事，一向支持围棋的陈毅元帅马上找到主管体育的贺龙元帅，贺老总即指示国家队调进先进京集训，所以进先进国家队是非常特殊的，为此广西体委特批了一个指标，成立只有他一个人的广西围棋队。当时进先正面临高中毕业，他成绩优秀，上大学是不成问题的。但这个机会对他来说不容易，对广西围棋来说更是一个机遇，因此他最终选择放弃高考，进了国家队。哪知在国家队与陈祖德等青年高手一比，才知天外有天，当时进先的棋力要差到二子。但进先天资聪颖又勤奋好学，竟在一年之内赶上一流高手。他在1965年入选中国围棋队出访日本，并在1966年全国围棋赛上获得个人第八名。成为名副其实的新一代国手。

不久，"文化大革命"爆发，一切体育比赛训练都停止了，接着围棋被打成"四旧"，国家队解散，陈祖德等进了北京通用机械厂当工人。既然到处都不能下棋了，那么就为爱情牺牲一回吧，进先就选择了到他妻子的工作地——邕宁县伶俐糖厂，做了一名榨糖工。因此与围棋绝缘两年。1972年，国家形势稍有改观，一些体育项目又逐步恢复比赛。时任河南省委书记的刘建勋爱好和支持围棋，准备组织河南围棋队，陈祖德给他推荐了罗建文、黄进先、陈锡明三位国手，罗、陈分别从福建、江苏调去河南。谁知广西体委不同意放走黄进先，理由是广西以后组织围棋队，上哪去找这样的专业人才。刘书记自有办法，他径直找到他的老同事，时任广西第一书记的韦国清，两人说好，先放黄进先到河南，到广西需要的时候，再放他回来。谁知"黄鹤一去不复返"。到1990年，广西棋协季桂明主席和桂林市陈雨萍书记共商在桂林建立广西围棋队，逐步实现"在全国围棋中占有一席之地"的宏图大计。准备调回进先时，河南体委左推右阻，不愿放人。这时，刘、韦二书记都已去世，原来的口头约定已无人见证。好在进先及时协调，把他在河南队的高徒王洪军七段调入广西担任教练兼棋手，才解了燃眉之急。

出访日本，左三为黄进先

左为黄进先，右为潘世兰（1966年初弈于文化官）

　　进先到河南时，虽然在全国赛中晋升六段，毕竟已错过棋手的黄金岁月。从此他转为教练，并且主持河南队的教练工作。在他主政期间，河南队培养出全国冠军刘小光九段，丰云九段，以及汪见虹九段、周鹤洋九段、王檄九段、王冠军八段等高手。由于训练成绩显著，很多省队队员都来河南参训，后来成为世界冠军的俞斌也在此训练多次，一时河南有"第二国家队"的美誉。总共培养的职业棋手超过200段。为此进先被誉为"河南围棋教父"，当选为中国围棋协会副主席。

　　进先虽人在河南，却不忘广西，不少广西棋手都到河南接受他的训练，如后来获得全国女子冠军的唐盈、"新人王"邹俊杰、潘峰四段、全国业余赛冠军的唐崇哲等。有的甚至吃住在他家里。由于进先在长期的实践中，总结出先进的教育理念和成功有效的教育模式。退休后他还忙得很，经常到全国各地讲棋，但一有时间他就回到桂林。指导后辈，与棋友们在桂林的青山绿水间手谈，有大师风范，无名师架子，因此与棋友们相得甚欢，他总是说："我是桂林人，我喜欢桂林。"

（白起一）

围棋缘　故乡情

欣闻中国围棋协会主编《围棋与名城》丛书的桂林篇，老友白起一邀我回顾撰写过去数十年和桂林棋界的交流历史，我欣然从命。

我祖籍广西桂林，先祖父张涛，字鉴清，前清举人，后因丁忧家居近9年，才赴广西阳朔县上任为县令，民国初年卸任。家父张公永康，号临桂散人，1916年出生于桂林，后从军参加抗日战争。我于1945年出生于武汉，1949年随父母赴台湾，1977年夏我从美国返国探亲，从北京、杭州再到桂林，一偿还乡夙愿。因为在国内的亲戚都已迁居广州，我乃一人独行漓江之滨。近乡情更怯，不敢问来人，才算体验到少小离家老大回的感受，遨游山水甲天下，乡亲们却笑问客从何处来。

1981年，在美国加州洛杉矶成立的美国中华围棋协会，是当初由老大哥巴山发起，聚集了二三十位棋友集资，租场地、请专人、备棋具等，因为我比较热心，肯出钱出力，就被推举为理事长，陈之诚为会长，会员最多时有近百位。这之后的黄金岁月里，我们曾经办过下列多项活动。

定期举办内部比赛和升段委员会，制定升段规则，有会员段位排行榜，名列首位的是吴清源的老哥，吴涤生，论资排辈，直到初学。我就是靠着升段比赛，升到3段，2016年中国围棋协会主席王汝南，授予我业余4段。

通过大陆台联处，和中国大陆进行交流。1984年起，每年互访两周，他们来两位职业高手指导我们，我们组团12人巡回大陆各城市比赛，包括北京、上海、青岛、西安、成都、重庆、昆明、桂林、广州、武汉等地，费用方面，国际机票自理，当地食宿交通由主办方负责。这个安排当然是我方占便宜，当时中方为了推广侨务，也就同意，前后共办了有10年之久。

我们主办过6届中华杯，邀请中国大陆、韩国、中国台北派团来LA参加比赛，先后有北京、成都、重庆、桂林、杭州、台北、台南、首尔、新加坡等队参加。

1988年在美国洛杉矶承办了大陆"新体育杯"的两场决赛，聂卫平对阵俞斌。同年，我们主办了首届"中华杯"赛事，程晓流和孔祥明组队夺得冠军。

每年和洛杉矶的韩国棋社举行对抗赛，双方各派12人参加。1985年，韩国天王曹薰铉来访，说是收了一个10岁的天才徒弟李昌镐，要介绍给我们认识。餐会上第一次见到李，呆头呆脑，其貌不扬，我心想这个老曹是否有眼无珠，弄了此子来献宝。殊不知人不可貌相，海水不可斗量，这之后的二十多年里，李昌镐一统江山，夺得17个世界冠军，成了吴清源之后全球最杰出棋手。

举办暑期青少年围期班，多次选派代表美国参加世界青少年比赛。

从2006年迄今，每年组团赴广西南宁市，代表美国参加东盟国际围棋赛，其间我队获2010年冠军，严仲泰（2010年）和林雪芬（2019年）分获个人男女冠军。

配合美国围棋协会，参加每年围棋大会和其他比赛，其间我会的许传缵、严仲泰、杜乃荡、林雪芬，曾经获得美国公开赛冠军。

2019年，组织洛杉矶队参加中国城围联比赛，阵容强大，有世界冠军王立诚九段，美国名将 Michael Redmond 九段，台湾程清江、林雪芬初段，中国大陆多次业余冠军王异新7段等人。

1991年，开始赞助桂林、阳朔中学，2002年开始，迄今每年赞助桂林青少年围棋赛，每年参赛选手已逾2000人。

在以上的各项活动中，我们和桂林棋界的交流是最多也最持久的，迄今仍在继续进行，具体活动的详情如下：

1985年，我们首次组团访问桂林，共有12位棋手和同行亲友，住在榕湖饭店，由体委申银皎主任亲自接待，并有白起一、葵忠阳陪伴旅游和比赛，又安排和少年围棋班同学们比赛交流。记得当时葵老师提及，桂林天才少年邹俊杰初试啼声，前途无量，我们也赞助一些奖学金，后来邹也不负众望得到新人王头衔，纵横棋界多年。

1989年，我们主办的第二届中华杯围棋赛，邀请桂林、新加坡、上海、首尔组队参赛，每队两位棋手，单循环以决胜负。其中桂林队由季桂明领队，申银皎任教练，广西冠军白起一和葵忠阳为棋手，上海队实际是我会的两位上海旅美高手，许传缵、严仲泰，两人当年都曾经下乡到江西，代表省队参加过全国比赛，而且都分获美国公开赛冠军，实力雄厚。新加坡队由当地围棋协会田会长领军，首尔队则是在洛杉矶韩国棋院的掌门人出马，各路豪杰一阵厮杀之后，桂林队棋高一着夺冠。犹记得桂林和我队对局时，季老问我希望谁胜，我答曰，这倒是个难题，手心手背都是肉。桂林队诸友两周来住在我家，朝夕相处成了至亲好友。

1990年，我们每年一度的返国比赛又访问桂林，那次和季老等人，携手轻舟遨游漓江，并在船上纹坪对局，市长袁凤兰也设宴款待。经过季老和白起一的事先安排，我赞助桂林、阳朔中学的奖学金，以纪念祖父和父亲为名，举行颁奖仪式。多年来受益的学生先后进入各大高校，曾有多人和我通信联系。

1997年，我在台北承建秀凤山庄工程，应桂林国际比赛之邀，组团参加，有程清江等人同行。记得还有几位英国棋友参赛，再度于漓江方舟上品茶对局，此情此景，俨然有古棋士之风。

2002年，开始由王洪军、申银皎、白起一安排协助，我开始赞助桂林青少年围棋比赛，为纪念祖父，冠名为张涛杯。迄今每年参赛人数已逾2000人，我也数次参加颁奖典礼。

2006年起我们每年组队，代表美国参加南宁市的东盟国际围棋锦标赛，此赛由季老发起。赛后多次访问桂林，与当地棋手交流比赛，并且认识了许多棋雀好手，如蓝茵、容主席、黄进先、王洪军、王民学、白起虹、唐盈、唐小森、东北虎、"赵主任"、麻科长、瘦子、小罗、邹老师等人。

回顾这段人生黄金岁月，我会尽天下棋界精英，乃人生一大快事。我粗算一下，交往的各国职业棋手数百人，各地业余棋友数千人，唯独和桂林结缘最久，情谊最深。岁月悠悠，我已旅居美国愈半世纪，每次回到台北、桂林前夕，期待着"白日放歌须纵酒，青春做伴好还乡"的感觉，总是那样的美好。

（张南旋）

从河南到桂林

一、在河南

我是1975年10岁时开始在家乡河南省安阳市学习围棋的。

我学围棋的机缘很偶然。记得是母亲带我上街的回家途中，路过当时位于县前街的安阳市体委对面的安阳市围棋班时，由于我的表姐夫何德顺在围棋班当教练，母亲就带我进去看了一下。当时我就对这个黑白子的游戏产生了浓厚的兴趣。之后就正式拜何德顺为师，开始学习围棋。记得当时在我之前已在围棋班学习的有丰云、尚志成、李小玲、王大勇、赵文革、王小芳等。后来我和丰云成了职业棋手。

安阳市围棋班是在时任安阳市委第一书记王一夫的支持下建立的。由于王书记喜欢、支持围棋，安阳市围棋班也成为当时安阳市体委为数不多的体育训练班之一。

学习围棋后，何德顺老师不仅认真指导我，还经常带我在业余时间与当时安阳市的成人围棋高手对弈学习。其间一度达到废寝忘食的地步，记得有几次下棋下通宵的经历。大量的实战对局，使得这段时间我的围棋水平提高很快。

1976年，何老师曾带我到郑州交流学习。其间一天晚上到被国内众多棋手尊称为"总教练"的刘厚老师位于省棋楼的住处去拜访，恰遇时任河南省委第一书记刘建勋到刘厚老师处下棋，刘厚老师便安排我和刘书记下了两局棋。之后刘书记到安阳视察工作时还专门派人到我上学的学校，找我到他住的宾馆又下了两局棋。

1976年，河南省少儿围棋比赛在郑州举行，我代表安阳市参加儿童组比赛，最后与洛阳的马殿石（后改名马石、职业七段）、郑州的唐洪文并列获得儿童组第一名。当时的马殿石已是全国有名的围棋"神童"，其1973年已参加过全国儿童比赛，资历比后来的国手马晓春都早。能在学棋一年多就接近马殿石的水平，大大坚定了我继续学习围棋的决心。而省儿童组冠军的获得，也为我之后的围棋之路提供了良好的发展机遇。

1977年，我被选入到位于郑州市北郊的河南省体育运动学校围棋班学习，教练是庞凤元老师。学生们上午上文化课，下午、晚上进行围棋训练。当时的学生有汪见虹、丰云、王冠军、袁曦、鲍国俊、尚志成、马石、赵余宏、康占斌、王海军、于梅玲、刘霞等人，这些学生中的大多数人后来都成了职业棋手。

由于刘建勋书记的支持，当时的河南省建立了市体校、省体校、省体工大队专业队三级围棋训练体制。可以说三级训练体制的建立为河南围棋后来的腾飞提供了坚实的基础。

庞凤元老师是天津人，也是一位象棋高手，庞老师还懂日语。记得那时除了我们学生之间的对局训练外，讲棋时庞老师最喜欢的是拿着一本日本棋院出版的对局细解为我们详细讲解日本职业高手对局心得。正是庞老师的细心讲解，使得我这段时间对围棋理论的理解有了很大提升。

1979年，河南省体育运动学校围棋班解散，我和一部分学生进入河南省体工大队围棋专业队成为一名围棋专业运动员。当时的教练是黄进先、陈锡明老师，队员则有20多人。由于队员众多，而参加全国比赛的名额很少，这段时间队员之间的竞争非常激烈。

当时河南队的训练环境仅次于国家队，故吸引了全国各地的很多专业棋手到河南队训练，记得当时先后有浙江的俞斌、广东的廖桂永、梁伟棠、曾炳权，云南的陆军、梁鹤年，山西的季荣强、黄焰，福建的张璇、宋丽，黑龙江的陈兆峰、鲁健、牛娴娴等人，一时间河南队有"第二国家队"之称。在黄老师、陈老师的悉心指导下，加上这么好的训练环境，这段时间我的围棋水平有了很大程度提高。

1984 年，是我围棋生涯中一个关键年份。这一年我在队中脱颖而出，有幸与刘小光、汪见虹、王冠军一起代表河南参加全国围棋团体锦标赛。这是我第一次参加全国围棋团体锦标赛，我打第四台，在 12 轮比赛中我 10 胜 2 负，发挥出色，助河南队取得了第二名的好成绩。

这次比赛的出色发挥，奠定了我河南队主力队员的位置。之后，我与刘小光、汪见虹、王冠军一起代表河南队参加了 1985 年、1986 年的全国围棋团体锦标赛及 1987 年的全国运动会围棋团体赛，团体成绩均列前三。这也是河南围棋团体成绩最辉煌的一段时期。

1985 年，我入选国家围棋集训队集训。在国家队期间，我有幸在聂卫平、华以刚、罗建文等老师的指导下训练，和众多国内一流高手一起交流对弈，不仅棋艺水平有了一定程度的提高，也大大开阔了自己的眼界。可惜的是，那段时间自己努力不够，棋艺水平没能达到国内顶尖地步。

在国家围棋集训队期间最难忘的事是第一届中日围棋擂台赛决赛。第一届中日围棋擂台赛决赛在聂卫平与藤泽秀行之间进行，比赛对局室设在北京体育馆的三楼，裁判长是陈祖德老师，记录、读秒分别由杨晖、芮洒伟担任。在对局室的对面设了一间研究室，由华以刚、罗建文老师带领擂台赛中方参赛棋手对比赛对局进行研究。在一楼大厅还安排了电视直播讲解。当时网络还不够发达，按惯例要安排专人进入对局室将对局棋谱传到研究室，我被国家队安排为传棋人。由于规定比赛开始后只有对局者、裁判及传棋人有资格进入对局室，我有幸成为为数不多的能进入对局室并亲眼看见这场历史性决战的人。

1986 年底，国家围棋集训队进行战略调整，除了留下一些顶尖棋手外，将大多数棋手调整出国家队，腾出的名额调入常昊、罗洗河、邵玮刚、刘菁等一批年少有希望的小苗子，我回到河南队。

1987 年，全国围棋个人锦标赛在江苏镇江举行，当时比赛较少，全国围棋个人锦标赛是国内最重要的个人比赛，国内顶尖高手悉数参赛，含金量很高。在比赛中我发挥较为出色，获得了第六名，记得当年的第一名是马晓春。这也是我围棋生涯中取得的个人最好成绩。

1989年，我在全国围棋名人赛预选赛中打进循环圈，并参加了1990年的循环圈比赛。记得当年循环圈的8位棋手是聂卫平、马晓春、刘小光、钱宇平、曹大元、梁伟棠、阮云生和我。

1989年9月，应苏联鞑靼斯坦共和国体委的邀请，我和王冠军、袁曦、李予川在河南省体工大队大队长路国华的带领下访问了莫斯科、喀山，参加喀山国际围棋赛。

时逢戈尔巴乔夫刚访问中国，中苏恢复友好关系不久，苏联方面给予我们这个代表团极高规格的接待，规格之高令我啧舌。举几个例子吧：从莫斯科到喀山火车坐的是两个人的包厢；喀山当地的艺术家专门为我们一行表演钢琴演奏、美声歌曲演唱；品尝当地风味大餐，一顿饭吃了四个多小时；回到莫斯科住的是红场上正对克里姆林宫的莫斯科大饭店，一人一间房，窗外正对克里姆林宫墙；在莫斯科大饭店请我们吃有黑黄金之称的黑鱼子酱。

1989年下半年，听黄进先老师说广西成立了围棋专业队，围棋队是广西壮族自治区体委编制，经费由广西壮族自治区体委提供，队伍建在桂林，由桂林市体委代管，桂林市体委想在国内找一名高段专业棋手到广西围棋队担任教练，桂林方面承诺分一套住房给愿意来的教练。

听到这个消息后，我有些心动。当时主要的考虑是虽然自己的棋艺水平还在进步，但已离开了国家队，不知道还能不能达到顶尖高度，如不能，继续在河南之后的前途能怎样也不清楚，到桂林边作教练边下棋也是一个不错的选择。再说那个年代能分到一套住房的吸引力还是很大的。当黄进先老师问我愿不愿到桂林时，我表示愿先到桂林看一看再决定。其实当时我对桂林这个城市是并没什么深刻印象的，虽然1984年"新体育杯"时我曾到过桂林一次，但当时忙于比赛，对这个城市没留下什么深刻印象，只是听说风景很美。

恰逢1989年底桂林要和台湾方面在桂林搞一个"中环杯"两地对抗赛，桂林方面邀请河南队队员参赛，我便与王冠军等人在黄进先老师的带领下来到桂林，既参赛也顺便了解桂林的情况。

在桂林期间，令我印象深刻的是，时任广西壮族自治区政府副秘书长、广西围棋协会主席季桂明，广西体委主任张书武，桂林市分管体育的副市长袁凤兰（后任桂林市市长），桂林市体委主任申银皎共同专门请黄进先老师和我在位于依仁路的市体委招待所二楼吃饭。席间领导们专门谈了希望我能来桂林，并表示全力支持我的工作，安排好我的住房等后勤保障，同时也希望通过共同的努力，尽快提高桂林青少年围棋水平，从而达到广西围棋要在全国占有一席之地的目标。正是这次高规格的谈话让我感受到广西、桂林领导搞围棋的决心和支持力度，从而坚定了我来桂林的决心。

当然，其间我也看了桂林市体委预留给我的那套位于信义路桂林市体委家属院内的射击场二楼临水的小二居住房。后来，张璇、杨晖、马晓春夫妇先后到过这套住房做客。虽然我自己已决定要到桂林来，但当时我仍处"当打"之年，河南体工大队不太愿意放人。于是我找到陈祖德老师，请陈老师给时任河南省体委主任迟美林写了封信，河南才同意放人。

二、到桂林

我是1990年2月正式到桂林担任广西围棋队教练的，当时队中年轻队员的水平还较弱，所以我也上场带领队员一起参加全国比赛。广西围棋队的训练场地在依仁路桂林市体校办公楼的四楼，队员在市体委招待所集中吃住，领队由时任桂林市体委主任的申银皎兼任，我和葵忠阳搭档负责队员的训练和比赛工作。当时的队员有刘青琳、邹俊杰、莫云龙、莫云虎、白瑜、梁瑞琼、吴青倩。后来又从柳州选周结凝，从桂林永福选骆燕进入广西围棋队。古萍也在队中短时集训，后因其父母想让其读书，离开了棋队。队员们上午在体操学校上文化课，下午、晚上则安排集中训练。

1990年，全国围棋团体锦标赛在郑州举行，这是我第一次以广西围棋队教练兼队员身份代表广西参加比赛，因为当时年轻队员们的棋力还较弱，主要目的是锻炼队伍。令我感动的是申银皎主任不仅带队参加比赛，还亲自到河南省体工大队为我办理了工作调动手续。

之后棋队的日常工作就是在训练、比赛中度过。考虑到队员们当时在棋理方面较弱的情况，训练安排除了实战对局外，我大量为队员进行复盘讲解。据队员后来讲，这期间他们对围棋的理解有了新的提高，水平也有了快速进步。1991年刘青琳打上了专业段位，打破了之前广西没有自己培养的青少年职业棋手的记录，同年刘青琳入选国家集训队。1992年邹俊杰在全国段位赛定段赛最后一轮战胜南宁的关卫海打上了专业段位，关卫海则因此后超龄而无缘职业棋手。当年邹俊杰也入选国家集训队。

1991年，参加全国围棋段位赛时，发现南宁也有关卫海、唐兢、王立国在吴肇聪带领下参赛。后来南宁的棋友告诉我，广西围棋队实际有16个编制，12个放在了桂林，4个放在了南宁。

年底，广西围棋协会会议在南宁召开，广西体委、广西围棋协会的领导都参加了会议。不知是不是出于方便协调桂林队伍与南宁队伍的关系，会议任命我为广西围棋队总教练。会议还安排了一项重要活动，安排在桂林的我、刘雅洁二段与南宁的业余高手于学军、吴肇聪、关卫海、王立国一起到当时围棋尚不发达的广西南部的北海、梧州、玉林、钦州四地进行了一轮巡回指导。事隔多年后仍有四地的棋友见到我时和我回忆起此事，说那是职业棋手第一次到当地，他们第一次与职业棋手对弈。

1992年，在哈尔滨举行的全国段位赛是我迄今为止最难忘的一次比赛，之所以难忘，并不是在这次比赛中取得了骄人的成绩，而是行程的艰辛。

那次是我和刘雅洁带着邹俊杰等9个队员前往哈尔滨的。当时桂林到哈尔滨没有直达车，去时我们先后在郑州、北京转了两次车。虽然我托人在北京买票，但只买到了半夜到哈尔滨的票。糟糕的是我们到哈尔滨时无人接站。一通折腾后才在站前找到一辆破面包车拉我们到了赛地。回程时又先后在北京、衡阳转车，到衡阳时又是凌晨。记得那时在往返行程中我和刘雅洁做得最多的事就是，每到一处先清点人数，然后将队员排成一纵队，我走在队伍的最前面，刘雅洁走在队伍的最后面，行进中不时清点。可以说整个往返行程中，我和刘雅洁都是在紧张、不安中度过的。

1993年广西围棋队参加全国团体赛时，女队由刘雅洁和唐盈组成，当时唐盈10岁，是第一次外出参加全国团体赛。据刘雅洁讲，在驻地安排唐盈进卫生间洗澡后发现里面久久没有动静，推门进去后看到唐盈正不停地将洗发水涂在没淋过水的头上，问后才知道之前唐盈没自己洗过澡。于是刘雅洁便边帮唐盈洗澡边教其如何洗澡，当然唐的衣服也由刘雅洁包洗了。可喜的是她们在这次比赛中打上了甲级队。1995年她们又一次打上了甲级队。

应新加坡围棋协会的邀请，我于1993年6月至1994年1月到新加坡围棋协会执教，主要工作是在青少年和成人中普及围棋及担任新加坡国家少年队教练。其间我的工作得到了新加坡围棋协会的高度认可，协会专门为我制作、颁发了一张印有"教育英才"的新加坡工艺锡盘。在新期间，生活上我得到了协会理事胡丁海一家和协会理事洪锡海、学生黎志毅家长等人的诸多关照。也和协会人员、学生、学生家长建立了深厚的友谊。

我原计划去新加坡半年左右，但当时获得的新加坡工作签证是一年，考虑到广西围棋队刚成立不久，为不影响桂林小棋手们的成长，遂决定按期回国。回国前有新加坡学生家长（也是协会理事）跟我说，新加坡围棋协会有意请中国职业棋手长期到新加坡执教、居住，问我有没有兴趣。考虑到广西围棋队刚成立不久，桂林的小棋手们的成长还需要我，当时我便婉谢了他们的好意。后来杨晋华六段、康占斌六段去了新加坡执教、定居。

王凡是黄进先老师的小儿子，在河南学了一段时间围棋，后来黄老师希望王凡能到广西队继续学习围棋。王凡初到桂林时是和其他队员一起吃住训练的，后来其他队员因年龄已过打专业段位的年龄规定陆续离开了队伍，一段时间队中只有王凡一人独自在招待所吃住。当时王凡的身体较弱，在河南时时有哮喘的情况，记得那段时间我每天早上带王凡出早操进行早锻炼，下午、晚上则与其对局、复盘。后来王凡代表广西打上了专业段位，身体情况也有好转。

1996年、1998年由我、刘青琳、邹俊杰、唐崴参赛的广西队两次打上全国甲级队。

1998年底，广西体委实施奥运战略，撤销了非奥运项目广西围棋队编制、经费。根据之前广西体委和桂林体委达成的约定，我的编制落入桂林市体校。

1999年时，经广西体育局批准，广西围棋协会接管了广西围棋队，广西体育局还专门去函国家体育总局棋牌中心明确此事。广西围棋协会让我继续负责队伍的训练、比赛工作。新队伍没有编制，由广西围棋协会提供队伍参加全国团体赛、教练及部分队员参加全国个人赛、段位赛经费。其间，广西华蓝集团、桂林中族中药公司都曾冠名资助广西围棋队参加全国团体赛。记得当时在桂林参加训练的有桂林的刘宇、黎念念、程龙、熊正、陈林君等，柳州的有廖行文、于翔宇、林宇舒、李进、许阳彤等，柳州的学生都住在我家中。南宁的安航则是我通过网络与其对局、复盘指导。经白起一引荐，唐崇哲一段时间也在我家中由我与其对局、复盘指导。廖行文、刘宇、黎念念、唐崇哲、安航、于翔宇都由我带队代表广西参加过全国段位赛定段赛，后廖行文、刘宇打上了专业段位。

廖行文是1998年4岁多时住到我家中跟我学棋的，当时的水平是我让七个子，之后进步较快。

2000年，应伦敦智力体育奥林匹克组委会邀请并出资，我夫人刘雅洁二段带6岁的廖行文参加了伦敦智力体育奥林匹克围棋赛，小廖获得青少年组冠军，并战胜众多成年业余高手引起轰动，BBC、天空卫视、《泰晤士报》都进行了采访报道。

其间还发生了一件有趣的事。一位在大英图书馆工作的英国棋友邀请刘雅洁、廖行文到大英图书馆观摩存于大英图书馆内的《敦煌棋经》真迹，观摩完毕后，年幼的小廖以为这是送给他的礼物，要拿走《敦煌棋经》真迹，这一举动让在场的人都忍俊不禁。

2001年廖行文到了上学年龄，由于小廖的户口在柳州，在桂林上学就出现了问题。于是我找到了桂林市委原书记陈雨萍原来的秘书，时任象山区政府区长的余秋平。在余区长的帮助下，小廖按学区生标准在我家附近的宁远小学顺利上了学。

2001年年底时，我考虑到廖行文如继续跟我学棋，虽复盘讲解条件较好，但其在桂林已少有对手，缺乏激烈竞争环境的磨炼这一情况，为了让小廖能更多磨炼、更快提高，我决定劝说小廖家长送小廖到竞争环境更加激烈的北京去学棋。开始时小廖家长并不是很理解，一来家长觉得到北京复盘条件没有桂林好，生活也不便。二来之前他们已在桂林租房居住并在桂林做了点生意，且生意较有起色，丢掉难免有些不舍。后在我细致的劝说下，家长明白了其中的道理，遂舍掉桂林的生意陪同小廖到北京学棋，也结束了小廖在我家中3年多的学棋生活。

小廖到北京后先后跟罗建文老师、陈祖德老师学棋并入选国家少年队，后正式拜在陈祖德老师门下成为陈祖德老师弟子。小廖到北京之后，我与小廖的见面多是在其代表广西参加全国比赛期间。2006年起小廖加入广西华蓝队，代表广西华蓝队连续多年参加全国围棋甲级联赛。2018年小廖自广西围棋协会转会至上海棋院。

刘宇是7岁半时在桂林棋院跟刘雅洁二段启蒙学习围棋的，因其进步较快，一年后转到我的门下学习，有一段时间住在我家中专门学习围棋，后到北京学棋。2007年打上专业段位，2008年加入全国围甲队伍北京新兴地产队，2010年到杭州棋院发展，2014年起任杭州围棋学校教练。

2002年全国个人赛报名前，唐盈跟我说，虽然其已过了打专业段位的年龄，但还想继续下棋，想参加全国个人赛。于是我便报上了我为教练、唐盈为队员的个人赛广西参赛名单。没想到的是，唐盈在比赛中超常发挥，获得了冠军。根据当时中国棋院的规定，唐盈同时也获得职业初段。

2002年8月，受中国棋院指派，我与梁伟棠九段赴瑞典进行了短期的围棋普及、指导工作。

2006年时，广西华蓝集团成立了广西华蓝围棋队参加全国围棋甲级联赛，廖行文也代表华蓝队参赛，之后广西围棋队没有再组队参加全国职业常规比赛。

2008年4月，桂林市体育局任命我为桂林棋院院长，由此我的工作重心也由原来的培养青少年棋手、组队参加全国比赛，转到了组织、举办桂林市的围棋、象棋比赛等活动上。

2008前，桂林已有了由美籍华人张南旋博士赞助的每年一届的"张涛杯"桂林市青少年围棋赛和每年一届的桂林市中小学生围棋赛这两项青少年比赛，但一直没有固定的成人比赛，有些缺憾。2009年时，我找到时任桂林市体育局局长也是棋友的兰茵，提出想办一个主要由成人参加的桂林市围棋联赛的想法，得到了兰茵局长的大力支持。恰逢当时国家提倡大力发展群众体育活动，兰局长便安排将比赛经费纳入2010年市级财政预算中，之后每年均将比赛经费纳入次年市级财政预算中，保证了这项比赛活动得已长期持续开展。

2010年，第一届桂林市围棋联赛正式开赛，共有32个代表队参加，参赛队伍分别来自机关、学校、企业、社区、县域等多领域。比赛采用全国围棋联赛模式，不限职业业余，实行甲、乙级升降制，每周比赛一轮，设有比赛奖金。比赛由桂林市体育局、桂林日报社共同主办，桂林市围棋协会、桂林棋院承办。之后每年举办一届，迄今已连续举办了10届。

桂林广陆数字测控股份有限公司董事长彭朋是一位长期热心支持桂林围棋活动的棋友，与兰茵局长经常相约切磋棋艺。记得有段时间二人经常相约中午在桂林棋院下棋，我则在旁观战、复盘。

第三届桂林市围棋联赛前期，彭总与兰茵局长商议，决定冠名赞助桂林市围棋联赛，提高比赛奖金，吸引更多高手参赛。此后桂林市围棋联赛连续8届冠名"广陆杯"。

此后彭总还冠名赞助了两届"广陆杯"桂林围棋业余棋王争霸赛和一届"广陆杯"桂林围棋精英争霸赛。

2011年时，兰茵局长向我提出想2012年在桂林举办一项世界顶级围棋赛事"中、日、韩世界职业围棋冠军争霸赛"的想法，并说市领导也很支持举办这项赛事。在共同探讨了具体操办的可能性后，兰局长决定由市体育局正式向市政府打报告申办此项赛事，并很快得到了市政府的批准。市政府还专门将要举办此项赛事写进了2012年市政府工作报告中。

之后，在兰局长的指导下，由我具体负责比赛筹备工作，精心制定了筹备工作各项具体方案。根据筹备工作具体方案工作安排，兰局长和我两次到中国棋院商议比赛细节，邀请到了古力、依田纪基、李世石三位当时中、日、韩顶尖棋手前来桂林参赛。之后又在兰局长的带领下考察了桂林多家酒店，确定了赛事举办酒店，按顶级围棋比赛要求规划了对局室、观战室布置，确定了新闻发布会，市领导会见，开、闭幕式宴会，大棋盘现场讲解等多项活动流程方案。为充分宣传赛事、宣传桂林，还与桂林晚报社商定，在赛事期间晚报每天安排一至两个版面专门报道赛事；与桂林电视台商定，安排两场赛事直播；邀请了北京的几家大媒体到桂林报道赛事。可以说一切准备就绪，乐等比赛开始。

然天有不测风云。就在比赛开始前几天，日本首相安倍突登钓鱼岛，引起中国国内情绪一片愤怒，桂林也出现了群众上街游行抗议活动。考虑到比赛有日本棋手参赛，为防止出现失控事态，市政府紧急召开了体育、外事、公安、宣传等多部门联席会议，兰局长和我参加了会议。会上由于其他部门表示对赛事的公开活动有安全担忧，最后市政府决定：比赛照常进行，取消新闻发布会，市领导会见，开、闭幕式，媒体报道，电视台直播、大棋盘现场讲解等公开活动安排。

原本的计划是"中、日、韩世界职业围棋冠军争霸赛"要至少连办三

王洪军陪同宫本直毅九段浏览漓江

年，但由于突发事件的影响，赛事没能取得很好的宣传效果，第二年赛事停办了。

2013年，桂林市围棋协会换届，选举彭朋为主席，我为常务副主席兼秘书长，白起一为副主席。

2019年，桂林市围棋协会换届，选举彭朋为主席，我为常务副主席兼秘书长，黎小泉为副主席。

这些年，桂林市围棋协会连续主办（承办）了两届桂林市围棋联赛，8届"广陆杯"桂林市围棋联赛，18届"张涛杯"桂林市青少年围棋赛和每年一届的桂林市中小学生围棋赛等多项赛事。

自10岁学棋至今，围棋已伴我走过了45个春秋。这其间，不论是在河南的15年，还是到桂林的30载，围棋始终贯穿于我的学习、工作、生活之中，就像流淌在我身体内的血液，不仅滋养着我的生命，也与我的生命完全融为一体，构成了我的围棋人生。

（王洪军）

袁、魏南来

袁兆骥是北京人，约1958年调到桂林地质学院当教师。袁老师当时30多岁，在北京时已跻身一流棋手行列。1960年曾代表广西参加国家围棋集训队，获得第九名佳绩。袁老师棋风强悍，骁勇善战，着法不拘一格。他曾下出对小目守角用小尖攻的大胆下法，令人吃惊。

袁老师曾在1958年夺得广西冠军。他在广西几年带动了广西围棋水平的提高，当时的桂林青年棋手黄进先、潘世兰等都得过他的指教。初到桂林时要让黄进先四个子，等他离开时，进先已与他并驾齐驱。

袁老师身材魁梧，为人豪爽，常邀人去家里下棋。他经济条件较好，袁师母既漂亮又贤惠，常热情地留客人吃饭，棋友们觉得去他家下棋真是一种享受。

袁兆骥获广西第一届广西围棋冠军

新中国成立后，南宁的第一高手应推魏壮。魏壮也是北京人，20世纪50年代调到广西，担任广西交通厅的副总工程师，当时南宁的围棋活动不多，能与之抗衡的没有。他曾出差到桂林，到乐群茶社，见有人下棋，他观望一会，提出与人对弈。几盘过后把对手打到让三子，观战者大惊，请出一些桂林高手和他对阵，仍稍逊一筹。直到请出桂林第一高手袁兆骥，才将魏老降服。魏老的棋是典型的"书房派"，着法中规中矩，像他的工程设计一样严谨、细密，以内力取胜。魏老身材颀长，慈眉善目。与人交往，谦让不争，极讲礼节。下棋时，拈子慢，下子轻而稳。棋风棋德堪称一流，至今为人称颂。魏老在20世纪70年代，"文化大革命"过后的一次围棋比赛中，以近60岁的高龄还夺得过一次广西冠军。当时袁老师、黄进先已不在广西了。

袁、魏两人对阵，袁老师稍占上风，大约是一先的差距。袁老师在"文化大革命"前被广东省聘为围棋教练，举家迁往广州。他与北京前去的齐曾矩二人在广东培养了陈志刚六段、陈嘉锐七段等一批棋手，使广东围棋一跃成为全国前列。当时广西没有围棋专业队，致使人才外流，殊为可惜。

（白起一）

黄门薪火

黄家大院在桂林市西城路，一条窄长的小巷进去，里面是数间平房和很大的一个院子，有桃树、石榴树，还种了几十种花。20世纪六七十年代，这是我们的乐园。当时一同跟黄槎客先生学棋的少年共有20来人。最早是欧阳礼、李昌邦、黎小泉、黄建萍等，1964年暑假，黄进先回南宁举办了广西少年围棋训练班，他们代表桂林参加，同时南宁、柳州也有几个少年棋手一起训练。他们回来后，我和葵忠阳、王志伟、罗时胜、麻则民、邹永华、白起虹等十几人又陆续加入，最后加入的应该是容作信了。当时槎客先生已近60岁，我们叫他黄伯伯，他身材不高，一脸络腮胡子，但剪得很干净，面容清癯，两眼炯炯有神，待人和善，与世无争，但遇事很有决断，生气时不怒而威，特别目光如刀，直刺你的心里。他担任桂林文史馆员，多有闲暇。他既是桂林棋坛高手，又喜欢结交朋友，对学棋的小朋友更是来者不拒。当时桂林市体委的张荣禧老师也是有心人，就拿了几副围棋来，不收费的少年棋训班就开始了。槎客先生其实从不讲课，只是让我们下棋，他不时在旁边指点一下。而且随便你下棋或者看棋，甚至躺在靠椅上听大人们聊天，或是到院子里踢毽子，悉听尊便，真是自由自在啊。当时槎客先生的老伴已去世，三个儿子都在外地，他一人住着一房一厅，算是较宽敞了。由于在他家没有拘束，所以朋友多，除了棋友，还有一些文化人。我们去下棋并不定时，有空就去，在那里总能碰到当时桂林的一些围棋高手，他们就是我们的老师，戴副眼镜、杀法凶狠、从不拿黑棋的赵世裕，说话轻柔、棋力偏软、喜欢记谱的侯正修，落子利索、喜欢走二路飞做活、人称"裤裆式"的黄文续，这些老师都是常客。当时最厉害的青年棋手潘世兰也偶去对弈。有段时间作家秦似也去下棋，还送去两本日本高部道平的棋谱供槎客先生研究欣赏。他是当时的名人了，但下起棋来却和小孩子一样天真，他落子快，但常常一看不妥，又拿起重下，我们管这种手段叫"拔萝卜"。黄伯伯是教我们不拔"萝卜"的，下棋要靠实力取胜，但秦似是快乐围棋，要拔就让他拔吧。但是有一天，秦似的对手是一位刚来的小师弟，下了几着后，秦似的老毛病又来了，对方却按住他的手不给拔，急得秦似喊起来："槎客，你看你的学生啊。"黄伯伯过来一看，乐了！把小师弟的手轻轻拿开，我们看棋的都笑了，秦似也笑起来。80年代初，秦似任广西政协副主席，还担任了第一届的广西棋类协会主席。我在南宁碰到他，聊起往事，他说："槎客是个好人。"

人称"十一哥"的黄履先是槎客先生的侄子，住在院子的另一处，他总说"我是试金石，赢了我才算高手"。我们都和"十一哥"下过好多盘，后来差不多都成了"高手"。

"文化大革命"开始后，我们都不约而同地卷进这片洪流中去，然而"造反"之余还是常去黄家院里下棋。下棋之余，我们"派"性十足，有时

黄槎客与他的学生们

争得面红耳赤，黄伯伯总是不插话，问他，他慢条斯理地说出一句："王八哄我，我哄王八。"当时我们不明白什么意思，多年后，我们回想起来，才知道黄伯伯真是世事洞明啊！随着"文革"的烈火越烧越旺，连黄家院子这块"净土"也起了波澜，有一天，人称"罗大哥"的罗时胜和外号"老三"的小杨在棋盘边为"派"性的事情吵起来，"罗大哥"摸出腰间的手枪，"老三"当时不满16岁，忽地扯出一颗手榴弹，一时，所有的人都惊呆了。槎客先生闻声而来，一改往日的笑容，怒目呵斥，两人都还听话，乖乖地把武器收起离开，以后再也没有带枪弹来下棋，这是我一生看过的最危险的棋局。

槎客先生家学渊源，对国学浸淫很深。能背上万首诗词，自己边创作。他还擅长书法和丹青，每天或书或画，难有一天停止。作品挂在墙上和衣柜上。来此的朋友，看到哪幅喜欢了，说一声就拿去。有时人少，黄伯伯踱着方步，吟诵古诗文，声音清越，音调铿锵，我们也听得入迷。"文革"中槎客先生的朋友周游从南宁逃难到桂林，他是剧作家，他一来，朋友更多了。再加上喜欢"抬杠"的师院教授李培础、桂中老师秦宗汉等，还有黄伯伯的哥哥——书法家黄燕客，在黄家这个"世外桃源"里高谈阔论，我们旁听的也得到不少教益。后来成为作家的李海鸣和书法家宋传善等也是这里的小"听客"。

"文革"后，我们或参加工作，或考上大学，各奔东西了，但我们却成为传承桂林围棋的主力军。后来桂林的广西冠军，甚至全国冠军，多是这些黄门弟子，或者是再传弟子。

槎客先生1985年去世，享年86岁，我们这些弟子差不多都去参加了他的葬礼，亲手传递石块，在尧山修建了一座墓园。

记得1966年初桂林的一次比赛，成年棋手不过十几个人，少年棋手差不多清一色的黄门弟子，也不足二十人。而今桂林的青少年比赛已有2000多人参加。这种鼎盛的场面，黄伯伯可能想也想不到，但他一定会高兴的。

（白起一）

黄槎客题棋诗词选

1.隐泉

招游朋辈忆髫年，自理茶铛煮隐泉。

一局棋枰消永昼，夕阳归路有余妍。

2.唐薇卿看棋亭遗址

终军壮志请长缨，阃外威名四海惊。

一曲清歌豪气尽，旁观袖手看棋枰。

黄槎客自注：唐薇卿看棋亭遗址，原在桂林市榕湖旁，今桂林市委大院内，现已无存。

3.奖冠军画并题

庚申秋，桂林围棋赛纪念，八十二老人槎客画葡萄并题。

炎暑收梦尾，银塘莲瓣稀。

凉风生马乳，清露湿龙须。

4.送汪振友赴北京

收拾棋枰消酒债，不甘颓废老游民。

文章已定荆州价，资用不愁季子金。

肝胆论交必有合，情怀若水更无争。

京华偶遇知心问，为道偷闲髀肉生。

自注：汪振雄：桂林人，著名围棋国手。

5.西江月（六九年中秋）

挥手云归天外，低头月在杯中。

姮娥戏问白头翁，词笔可还飞动？

棋座尚称宿将，高谈犹有清风。

豪情于我岂能空，不作浮生若梦。

（寄小文　辑录）

围棋与数学

我是桂林航天工业学院的退休教师，二级教授、北京大学理学博士。获得过国家自然科学基金项目一项、美国西太平洋癌症基金会项目一项、教育部重点项目一项、自治区科技厅项目三项、桂林市科技局项目一项。在国内外高级别学术刊物上发表学术论文 70 多篇，国家发明专利 5 项。获自治区科技进步奖二等奖一项、三等奖一项，自治区科技发明奖三等奖一项，桂林市科技进步奖二等奖一项。围棋业余 4 段，获广西围棋争霸赛名流组冠军、桂林市首届围棋甲级联赛冠军、全国首届少数民族围棋大赛男子个人银奖。对围棋有一些粗浅的认识，对围棋中的数学等有一定的研究，在围棋与学习能力的培养等方面也有一些心得和体会。

1985 年底，首届中日围棋擂台赛以令人难以置信的结果结束了，中国队主将聂卫平连斩三名日本超一流棋手小林光一、加藤正夫和主将藤泽秀行而使中国队取得了令国人十分振奋的胜利，从而在中国和日本刮起了聂卫平旋风。随后，北京师范大学邀请聂卫平到学校作了一场报告，我当时是北京师范大学的一名学生，有幸聆听了聂卫平的演讲。他说，日本是一边倒完全看好日本队，只有少数几个中国留学生基于强烈的爱国之心盼望中国队取得胜利，就连我们自己国家大多数民众对这次擂台赛也没有足够的信心。特别令人气愤的是当时有很多日本棋手嚣张跋扈、目中无人、不可一世，完全没有把中国队放在眼里。他心里一直憋着一口气，暗暗下决心一定要把他们全部斩下马来，杀杀日本人的威风，为中国队出口恶气。功夫不负有心人，他果然取得了历史性的胜利。

首届中日围棋擂台赛中国队意外的胜利，大涨了中国人的志气，举国上下沸腾了，都为这来之不易的胜利而欢呼！在这种氛围的感染下，我决定要学习围棋，但周围没有懂围棋的同学和老师，怎么办？只有自学一条路！那个周末，我一早就到王府井书店去买书，可没想到当时全国最大的书店里只有一本围棋书，是日本超一流棋手大竹英雄写的《围棋定式以后的下法》。这可不是一本入门书，当时，对我这个围棋棋盲来说，简直就是看天书。但我还是把它买了回来。凭着对围棋的执着，一遍不懂看两遍，最后顽强地坚持着把书看完了，然而到这时还没有实际下过一盘棋，现在回想起来，还不得不佩服自己对围棋的热爱和执着。好不容易等到放假回到桂林，终于找到了一个愿意跟我一块学棋的棋友，才慢慢开始了真正的下棋，从此与围棋结下了不解之缘。

由于对围棋的执着和热爱，我一直在思考一个问题，围棋是什么？它有什么属性？我认为，围棋具有科学、艺术、体育、游戏等四个方面的属性。

常言道，聪明棋子运气牌，就是说下棋要靠智慧，打牌则运气的成分更大。根据华东师范大学心理系的测试，世界冠军常昊的智商是138，有世界围棋第一人之称的李昌镐智商是139。说明下围棋的人智商很高。为什么呢？为什么下围棋能使人聪明？因为围棋训练和对弈过程中有大量的数学运算，而且有些运算还可以通过数学公式加以归纳总结。围棋的死活具有重现性和可预测性，因此围棋包含科学的属性。围棋还能够培养我们的注意力、记忆力、观察力、想象力和思维能力。

围棋是琴棋书画四艺之一，当然现在广义的艺术还应该包括舞蹈、文学、建筑、戏剧、电影、电子游戏等。简单说，能带给人美的享受就是艺术。围棋的美无处不在，棋形的美、妙手的美、飘逸的美、沉稳的美等。

围棋是一种智力运动，围棋的训练和对弈，能促进我们大脑的发育，能极大地增强大脑的记忆、运算、思维、想象等各种能力。

围棋还是一种竞技活动，能培养我们坚忍不拔的毅力，胜不骄、败不馁的精神，是进行挫折教育的良好途径。

围棋是一种益智游戏，可以帮助我们开发智力，锻炼思维能力和反应能力，训练技能，培养战略战术意识、规则意识等。围棋还是我们降压减压的一种方式。紧张的工作之余，与朋友下下棋，让紧张的大脑和疲累的身体得以放松，有利于进一步的学习和工作。

通过研究，我发现围棋训练和对弈过程中不仅有大量的数学计算如气的计算、劫争价值大小的计算、官子价值大小的计算、形势判断的计算、胜负的计算等，而且有些计算还可以用数学公式加以描述，说明围棋具有科学规律。这在各种智力运动中几乎是独一无二的。下面逐一进行讨论：

1. 直线型棋形气的计算

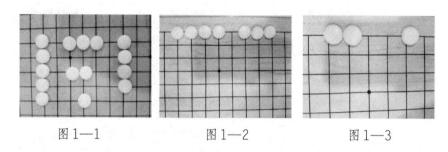

图1—1　　　　　　图1—2　　　　　　图1—3

中腹 $Qn= 2n+2$ 其中 $1 \leq n \leq 17$ （n为棋子数）

边线（比较特殊）$Qn=n+2$ 其中 $1 \leq n \leq 17$ （n为棋子数）

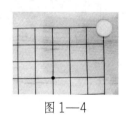

图1—4

角（特殊）

$Qn=2$

其中n=1（n为棋子数）

例1：图1—1中，中腹四个直线排列的棋子，n=4，它的气 Q_4 为：

$Q_4=2×4+2=10$ （气）

2. 眼型棋形气的计算（直四、曲四、板六等活棋棋形除外）

图2—1　1气

$Q_n=n$　（气），

其中n=1，（n为眼中的交叉点数）；

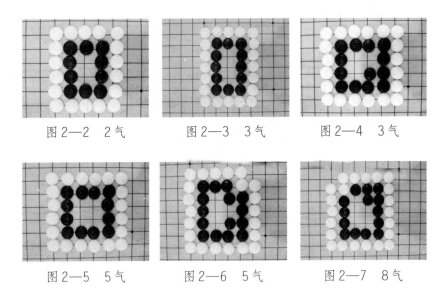

图2—2　2气　　　　图2—3　3气　　　　图2—4　3气

图2—5　5气　　　　图2—6　5气　　　　图2—7　8气

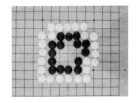

图2—8　12气

以上图2—2到图2—8棋形的气可以归纳为：

$Q_n=2+(n-1)(n-2)\div2$　（气）

其中$2\leqslant n\leqslant6$，（n为眼中的交叉点数）

当 n≥7 时，是活棋。

例2：图2—5中方四的棋形，n=4，它的气为：

$Q_4=2+（4—1）（4—2）÷2=2+3×2÷2=2+3=5$（气）；

例3：图2—8梅花六的棋形，n=6，它的气为：

$Q_6=2+（6—1）（6—2）÷2=2+5×4÷2=2+10=12$（气）

3. 官子价值的计算

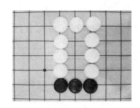

　　　图3—1　　　　　　　图3—2

官子价值：

双后1目

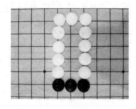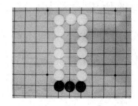

　　　图3—3　　　　　　　图3—4

官子价值：

双后1+1/2+1/4目　双后1+1/2+1/4+1/8目。

归纳起来，此类图形的官子价值为：

$M_n=2—（1/2）^{n-2}$（目）

其中 n 为黑、白棋子所围住的交叉点数，n≥1。

从上面公式可以看出，当 n 不断增大时，$（1/2）^{n-2}$ 不断变小，$M_n→2$。即n越大，官子价值越接近双后2目。n增大，也就意味着空间增大，而此时同样一手棋的官子价值也增大。所以可以一般的认为棋盘上哪里更空旷，哪里价值更大。

例4：图3—1中，n=2，它的官子大小为：

$M_2 = 2 — (1/2)^{2-2} = 2 — (1/2)^0 = 2 — 1 = 1$（目）。

例5：图3—4中，n=5，它的官子大小为：

$M_5 = 2 — (1/2)^{5-2} = 2 — (1/2)^3 = 2 — (1/8) = 1.875$（目）。

4. 围棋究竟有多少变化?

常言道，千古无同局，说的是围棋的变化无穷无尽，从古至今都不会有相同的棋局。围棋究竟有多少变化呢？大家知道围棋的19路棋盘有361个交叉点，第一步有361个选择，第二步有360个选择，第三步有359个选择，依此类推，理论上，可以认为他们的变化是361×360×359×···×3×2×1=361!，这可是一个巨大无比的数字，本人经过计算，它的数值大概是$1×10^{768}$。这还没有包括提子以后重下的变化。当然由于围棋棋盘的对称性，还有一盘棋不可能下满，变化也会相对减少一些，但可以相信，它依然是一个天文数字。在人类的历史长河中，究竟能下多少盘棋呢？假设从围棋产生到地球消亡为100亿年，地球上的人口为平均每年100亿人，每人每年下10000盘棋，合计也就只有1亿亿亿（$1×10^{24}$）盘棋。我们可以把$1×10^{24}/1×10^{768} = 1×10^{-744}$看成是出现同局的概率，显而易见，此概率接近于零。所以对围棋来说，千古无同局是有相当的科学依据的。

（义祥辉）

我的围棋之路

我是1992年华中理工大学自动控制工程系本科毕业；2004年华中科技大学计算机学院硕士研究生毕业；2010年中国科学院计算技术研究所博士研究生毕业，获工学博士学位，导师为史忠植研究员。2010年至今于广西师范大学计算机科学与信息工程学院任教，2015年晋升教授，2018年评为博士生导师。

长期从事智能科学的研究，主要研究领域包括图像理解、机器学习、跨媒体计算、自然语言处理。先后主持国家自然科学基金项目3项和广西自然科学基金项目2项，在国内外重要学术期刊和会议上发表/录用学术论文90余篇。博士学位论文《图像语义标注和检索的研究》获2011年度中国人工智能学会优秀博士学位论文奖。

9岁在父亲的启蒙下学棋，完全自学，学棋道路上所有的对手都算是我的老师，当然也曾有幸得到白起一老师、王洪军老师和黄进先老师等高手的指点。1993年升为业余5段，曾获湖北省大学生围棋赛个人和团体双料冠军、桂林市"国税杯"围棋锦标赛个人冠军、桂林市业余棋王争霸赛个人亚军、桂林围棋联赛3次团体冠军等成绩。

以下是我围棋生涯中取得的一些重要的比赛成绩：

1990—1991年，连续两次获得华中理工大学"十强赛"个人冠军。

1991年，代表华中理工大学参加"应氏杯"湖北省大学生围棋赛获个人和团体双料冠军，定为业余4段。

1993年，获广西壮族自治区名人赛个人第四名，升为业余5段。

1995年，获广西壮族自治区棋王赛个人第四名。

1997年，获桂林市"国税杯"围棋锦标赛个人冠军。

2002年，代表武汉市大学生参加"应氏杯"全国大学生围棋赛，获男子团体第4名，男子个人第19名。在本次比赛中首次战胜职业棋手。

2005年，代表桂林市参加三亚"晚报杯"业余围棋锦标赛，成绩5胜4负。在本次比赛中战胜冲段少年王玮和业余天王刘轶一。

2005—2006年期间，代表桂林市参加了多次城市对抗赛，与贵阳、南宁、柳州、南阳等地对抗并获得优胜。

2010—2018年，连续参加9届桂林围棋联赛，获得3次冠军，5次亚军，1次季军。

2015年，获桂林市业余棋王争霸赛（不允许职业棋手参赛）个人亚军。

2015年，代表中族中药队参加北部湾联赛获团体亚军，个人成绩4胜2负。

2015年，代表广陆数测队参加广西围棋甲级联赛获团体亚军，个人成绩4胜2负。

2015年，作为外援参加成都市围棋甲级联赛，个人成绩8胜1负。

2016年，获桂林市围棋精英争霸赛（允许职业棋手参赛）第9名。

2018年，与胡煜清、唐崇哲、黄府山合作，获中国围棋大会城围联棋迷接力赛冠军。

最初接触围棋是印象中很小的时候，大概小学三年级9岁左右吧，当然比起现在的小朋友是老得多了！某日无聊，父亲从箱子底掏出一副围棋（其实只是一副中号普通玻璃棋子，但印象里觉得这副棋子手感很好），说是他读大学时候用的，要教我下盘棋。我当时已经会下象棋，进步还算快，在小伙伴中棋力也算出色，自然很乐意学这类智力游戏。谁知道从此后的一辈子就爱上围棋，无怨无悔！

人生第一盘棋，我被父亲吃得稀里哗啦，全盘死光，最后父亲指点我活了个直三的小角。可能是第一次明白两眼活棋，这个场面几十年后居然还记得！后来自然是不服气，就开始和几个小伙伴从象棋转围棋，痛快地杀了起来。因为没有老师指点，对局量又不大，进步自然是不快。小学期间我的棋力估计还没达到5级，因为始终没有下赢我的启蒙老师——父亲，而父亲的棋力估计也就业余5级。当时我的棋力与现在小朋友（包括我的儿子）的棋力相比自然差得很远。

上初中之后，由于学习的原因，加上当时下围棋的人确实少，又没有和市里的体委等机构有任何联系，整个初中阶段几乎没有下棋，棋力也就停滞不前。直到上高中后，班上买了一副围棋，加上当时的体育老师有业余2段实力，才又重新痴迷上了围棋。

这次是全身心的迷恋，上课用坐标纸画棋盘下，下课更是早早跑去体育教研室下，下学还到昔日小伙伴家里下，放假就更不用说了。更重要的是，高一时正好是1985年，第一届中国擂台赛开始，全国下围棋的人数猛增，对手也越来越多。只要会个三招两式，我都会邀请作为对手下上两盘。

可能是年龄大了领悟力也强吧，上高中几个月后父亲就不是对手了，而且几乎是毫无还手之力。从此以后，父亲就以我的启蒙老师自居，再也不和我下棋了！此外，具有业余2段实力的体育老师，最开始在我们心中是神一样的存在，班上最厉害的高手，也要被他让四个子。我至今还记得，几个月后我被让四子战胜体育老师的兴奋与激动。而高二已经能分先战胜体育老师了，高三就全面超越了体育老师。以体育老师为参照系，我在高中期间大约是从业余5级提升到了业余3段，水平约提高了9个子！学习成绩虽然波动很大，但最终还是没有落下，顺利考上华中理工大学。如果说我个人在围棋上有什么天分，可能高中阶段的表现算得上有一定的天分！

高中阶段的对手很多，也结交了很多棋友，包括李习之、雷波、孙政、周永胜、黄文、唐秦新等，这些棋友几乎是一辈子都有联系，通过围棋建立的友谊也是历久弥新。其中与李习之对局是最多的，最痴迷的时候几乎天天课外活动都会下。但是，李习之当时在体委学棋，是桂林市中学生围棋赛的冠军，我当时的水平要比他稍逊一筹。我想正是有比自己高一点的对手作为锻炼，自己才能进步得比较快吧！无论如何，比起现在只能埋头学习的中学生，我们是幸运的一代，没有这么大的学习压力，高中阶段还有时间培养一门受益终生的业余爱好。

本科阶段正是聂卫平在擂台上横扫日本棋坛的时代，全国各地都掀起围棋热，大学校园里更是下得不亦乐乎，几乎每个班级都有一副围棋，每个同学都会三招两式。夸张地说，不会下围棋，都不好意思说自己是大学生（当时的大学生还是较少的）！如此盛况是一去不复返了！

由于我在高中下过围棋，加上年轻气盛，一年级时就在东八舍楼下贴了挑战各路高手的广告（当时没有网络），而上门挑战的"高手"也都被我一一击败，更加不可一世！而事实上我当时也就是个3段水平，后来才知道冯魁等也都看到了我的挑战书，只是没有找我而已。直到在1989年华工十强赛上输给了动力系的金博，才第一次认识华工的高手。印象中参加了两次华工十强赛，这是第一次，似乎是冯魁得了冠军吧！（年代实在太久，记不住了）

随后，在我一个同学的介绍下，我认识了教英语的戴老师。戴老师是一个真正的棋迷，他的宿舍就是各路高手的聚集之地。这时我才真正认识各路高手，也参与了多次校际对抗赛、擂台赛、华工十强赛和武汉大学生围棋赛等比赛。当时东区的高手有冯魁、马劲松、余川、徐冰、我（勉强算一个）、石磊、盛燕（女）等，还有一个叫梅艳的职业女棋手，她很快毕业了，我没有见过。西区的高手有动力三剑客：金博、黄智农、陈建栋，电力双雄：蔡伟、黄奇凡，还有高峰、郭国红和协会会长王剑屏等。可谓是人才济济，高手如云！但总体来说冯魁最强，其他人谁也不服谁！

我参加的第一次校际对抗赛是与武汉工业大学的比赛，当时武汉工业大学有一个传说中的绝世高手，据说比冯魁更厉害！此人姓柯名红星，当时就有业五的实力（1990年左右的业五是很强的，而现在某些弱五恐怕我都能让四个），而且经常在阮云生七段的专业队参加训练，可谓深不可测！有趣的是，柯红星在2000年后在华工读MBA，事隔10年后我们又成了队友，共同出战全国大学生围棋赛，此为后话。当时我方以冯魁领衔，参赛队员有我、金博、余川、马劲松、王剑屏等。比赛结果：我们队险胜（比分似乎是4：3）。记得冯魁这次比赛输给了柯红星，而我艰难取胜，对手叫王百一（因为我记了棋谱，所以查得到名字），赛后对方说王百一的实力在队内仅次于柯红星。这次对抗是最艰难也是我印象最深的对抗赛，后面的对抗赛我们都赢得较轻松。

第二次校际对抗是与武汉大学的比赛，对方由胡建光领衔，但总体实力比不上武汉工业大学，华工轻松获胜。后来还有几次校际对抗，华工都赢了！总的说来，1990年左右武汉各个高校的团体水平以华工最高，个人以柯红星和冯魁水平最高。但是对于这类校际对抗赛，输赢并不是最重要的，棋友之间互相切磋，交流棋艺和增进友谊才是最有意义的。2000年左右我在深圳参加比赛遇到胡建光，两人都能认出对方也能叫出名字，而我们之间只不过下了4到5盘棋而已。棋手之间的友谊是超越时空的，因此也应该特别珍惜！

1988—1992年期间所有的校际对抗赛，我每次都获胜，每次都很开心，不仅仅因为获胜！

大二的时候组织了一次华工"东区 VS 西区"擂台赛，基本包括了大部分华工的围棋高手。东区参赛选手有冯魁、我、马劲松、余川、徐冰、盛燕（女先锋）；西区是金博、郭国红、王剑屏、蔡伟、黄奇凡、先锋（记不住是谁了），比赛场地就在戴老师的宿舍。客观地说，西区高手众多，如果下对抗赛的话东区多半要输，但下擂台赛，只要冯魁发挥正常，东区胜面较大。

比赛进程似乎也验证了这个推断。先锋之战是盛燕赢了，但西区的黄奇凡以彪悍的招法，不太讲理的棋风一路连胜，直到东区只剩下我和冯魁。我必须面对连战连胜的黄奇凡。这盘关键的对局我以"中国流"开局，布局未几就一路扭杀，中间我的大龙一度危险万分，幸而对手下出缓手，我在喘得一口气之后反攻倒算，反而杀掉对手一条大龙。这盘棋即使在今天看来也能感受到当时紧张激烈的气氛，虽然双方对局面的控制能力还不够强，但算路还是不错的！赢了此局，我又一鼓作气拿下蔡伟和王剑屏，取得三连胜。于是双方都还剩主帅和副帅，回到了同一起跑线。对郭国红一战，我布局阶段即压制对手两眼苦活，取得相当大的优势，但在后面的战斗中，一点点失去主动，最后大败。这也暴露了我当时的弱点，尽管局部算路较准，但对全局的把握和掌控局势的能力还较差。这也是当时大多数业余棋手的通病，因为当时的业余棋手大多是自学成才，怀着对围棋的浓厚兴趣来下棋，体现在棋上就是基本功不扎实，但思路自由，不受条条框框的限制，可以说我们在思路上就是后来的"韩国流"！

最后冯魁不负众望，连胜两局为东区获得擂台赛的胜利！冯魁是一个谦逊有礼的高手，印象中我和他下了3盘棋左右，一次也没赢！他在毕业后继续追求棋道，并在90年代得过全国"晚报杯"的十强。2004年他在桂林参加"晚报杯"时我们又见过面，那时大家的水平都有显著提高，虽然没有下棋，但我知道我仍稍逊一筹，因为他在两年后还能赢正处于上升期的唐崇哲，而我对唐崇哲也是一盘也开不了和！希望将来在正式比赛上能与冯魁再度交手！

理论上，华工"十强赛"是一年一届，但我只记得参加了两届。第一次是一年级，输给了金博、邓科涛等，名落孙山！第二次是三年级，我战胜所有高手获得冠军，（冯魁已毕业！呵呵！）并获得参加同年"应氏杯"武汉大学生围棋赛资格！

棋友都会有这样的感觉，有一段时间状态特别生猛，见谁灭谁，以前下不过的人也能有打有杀了。这是积累量变到质变的过程，又称"上升期"。三年级（1990—1991年）是我的上升期，冯魁毕业后，客观地说，因为我在此时长棋，在战绩上比华工各路高手都要稍胜一筹。并在当年的十强赛上战胜了金博、余川、黄奇凡和邓科涛等获得冠军。团体冠军是动力系，动力三剑客（金博、黄智农、陈建栋）的整体实力是别的院系无法抗衡的，只有电力（蔡伟、黄奇凡）和光学（余川、徐冰、石磊）可以与之一争。

客观评价，我当时的水平大概业余4段，却代表了一个高校的最高水平，可能比起现在的高校最高水平要低不少！但是，要注意的是，我们当时都是纯粹的业余棋手，长棋的原因仅仅是因为热爱，极少棋手经过正规训练。现在高校中的前几名恐怕大多是从小学棋的吧！水平虽然高了，但对围棋的热爱我认为是降低了，爱好围棋的人数也是大大降低了！我认识的铁杆棋迷大多是 70 年代及以前出生的，而 80 后似乎较少纯粹的绿林好汉！值得一提的是，我的一个堂兄、一个堂弟及一个表兄都是棋友，我的堂兄当时也在华工求学，而当年他也入围了华工"十强"。

1991 年，我、金博和余川代表华工参加了当年的"应氏杯"武汉大学生围棋赛，王剑屏是教练兼领队。这是我在大学本科期间最后一次重要比赛，我们赛前厉兵秣马，力争取得好的成绩，而比赛的成绩也是出乎意料得好。

首先，团体冠军是必须保证的。华工这几年在团体项目上就没有输过，如果失去团体冠军，这次比赛就是失败的。另外，赛前宣布个人前 3 名可以代表武汉参加全国大学生围棋赛，所以我的赛前目标定为团体冠军、个人前 3 名。团体冠军的竞争者主要是柯红星领衔的武汉工业大学，而个人的对手有武汉工业大学的柯红星、黄敢彪，武汉大学的胡建光，当然，还有我的队友金博和余川。

比赛开始，我一路连胜，直到遇见柯红星。老柯当时的水平确实比我要高，不止一点，而是一段。尽管我殚精竭虑，仍然中盘败下阵来。随后老柯又连胜我的队友金博和余川，不出意外，他应该是本届冠军。然而，意外发生了。最后一轮前，老柯全胜领跑。我也连胜黄敢彪、胡建光等，以五胜一负紧随其后。最后一轮前，柯红星 VS 黄敢彪，我对阵武工大另一位选手。结果老柯负，我胜。我最终以小分优势获得冠军，柯红星屈居第二，黄敢彪第三，余川、金博分列第 4、第 6 名，第五似乎是胡建光。华工获得团体冠军，武工大获得亚军，武大第三。我获得了个人、团体双料冠军，以完美的方式完成了我大学期间最后一次重大比赛。至于全国大学生围棋赛，由于华工领导并不关心小小的围棋，以及围棋之外的种种原因，我们弃权了。

10 年之后，我与老柯代表武大&华工联队携手参加全国大学生围棋赛，说起这段往事，老柯说是为了团体的名次才输给黄敢彪的。我相信他的话，因为他当时确有笑傲江湖的实力。不过，如果我再多输一盘，冠军的位置仍然是老柯的，所以，机会总是留给有准备的人。无论如何，这个双料冠军对于我的围棋生涯是有重要意义的，我在之后的生活中无论遇到什么困难，都没有放弃围棋，围棋已经成为我生命的一部分，虽然，我不是一个职业棋手！

四年本科，认识了很多棋友，有些会一直记得，有的已经忘记了名字！有的记得名字，但已忘记模样！

不会忘记，在武汉工业大学对阵王百一时的初露头角，冯魁和柯红星的巅峰之战；不会忘记，在擂台上对阵黄奇凡的惊心动魄；不会忘记，周末到西区与金博、黄智农、陈建栋、王剑屏等的激战，激战之后的喝酒、再激战；不会忘记，武汉大学生围棋赛上获得双料冠军时的喜悦，与胡建光等的复盘研究；不会忘记，大四时与后起之秀石磊在东八舍楼道上优哉游哉而又紧张刺激的"十番棋"，香烟一支接一支……

毕业之后的几年时间，由于在研究所的工作轻松工资低，事业上处于迷茫期和停滞期，所以长时间泡在棋社冒充"茶馆高手"，练就一身"滚钉板"的中盘功夫，在围棋上却取得了长足的进步。印象中最快乐的事情就是八九个棋手分成两队进行对抗，输的队伍负责宵夜。吃宵夜的时候正好讨论刚结束的棋局，口头复盘探讨得失，棋乐融融的同时对于棋力增长也起到了重要作用。这几年获得两次区赛第四名，一次桂林市冠军，1993年晋升5段，已经俨然算是省一级的高手了。

但是，由于事业上陷入停滞，这几年在精神上是苦闷的，于是1998年只身前往深圳发展，棋友雷波、周永胜已经先一步去了深圳。在深圳的三年，事业上和围棋上都是磨炼期，为后面的爆发积累力量。印象中在深圳只参加过一次比赛，获得前六名（具体第几不记得了）。还下过几局彩棋，包括对阵后来赫赫有名的佟云和徐文革。

值得一提的是，这几年正好是网络围棋的初始阶段，我个人不可避免地成为痴迷网络围棋的一员。当时网络围棋还未全面普及，在网上下棋的人水平普遍非常高，我在联众和新浪等对弈网站都是打到6d就会遇到很强的对手。于是经常通宵达旦地上网下棋，有时和周永胜两人联手上网下到昏天黑地，现在回想起来也是觉得过于放纵自己了。围棋又称"木野狐"，也就是说人很容易受到它的迷惑。我觉得确实如此，想处理好围棋和事业的关系并不容易，就像今天也有很多人痴迷于网络游戏无法自拔。围棋本质上也是一种游戏，如果处理好是一种有益身心的爱好，如果处理不好也很有可能造成人生无法挽回的损失。好在最终我还是以事业为重，选择了自己擅长的学术道路，狠下决心，花了大半年时间全职复习，考取华中科技大学计算机学院的硕士研究生。

总的来说，这段接近十年的成长期我在事业上不顺利，在精神上也是比较颓废的，但是花了很多时间下棋，围棋上仍然有不小的进步。应该说是从4段进步成为强5段，为今后战胜职业棋手和业余天王奠定了坚实的基础。

时光如梭，转眼已经毕业9年了。2001年，我又一次来到华工攻读硕士。此时，华中理工大学已改名为华中科技大学，我也已不是当年的4段少年，已是三十而立的一方业余豪强。1993年，我获得广西围棋"名人战"第4名，升为5段；1995年，我获得广西围棋"棋王战"第4名；1997年获得桂林市围棋赛冠军；1999年入围深圳市围棋赛前六（具体第几不记得了）。

2001—2004年正是中国围棋求一冠而不可得的时代，自1995年马晓春夺得双冠之后只有俞斌在1998年得了一次LG杯。这段时间华工校园内的围棋氛围给人的感觉就两个字——萧条！周围的同学不会下棋，校园内也没有关于围棋的海报，只好偶尔到网上过过棋瘾！直到有一次看到华工围棋比赛的消息，我决定去检验一下现在华工大学生的围棋水平。

不记得是2001年底还是2002年初，华工围棋比赛在东区篮球场边上的活动室举行，参赛选手大概有二三十个吧，比起1990年时在西四食堂楼上比赛的规模和气派是差得远了！也许是我的水平提高了吧，比赛结果波澜不惊，我在事隔十年后又一次以全胜战绩获得华工围棋比赛的冠军，应该说其他选手的实力与我的差距不只是一点！

后来才知道，当时有两个高手没有参加这次比赛。一个是老朋友柯红星6段，他正在华工读MBA；另一个是女子高手刘希若6段，这位女棋友的大名听老柯提了多次，但好几次老柯邀她出来都正好有事。好像那时她正在忙什么事，没时间下围棋，所以我与这位女棋友始终缘悭一面。这也从一个侧面说明当时高校围棋的萧条，大家都要忙各自的事，下围棋成为一件奢侈的事。不过看黄羊同学的帖子，华工围棋在2004年之后又恢复了兴旺，甚感欣慰！

但正是这次不太重要的比赛使得当时组织比赛的老师（似乎姓张）认识了我，随后他邀我参加了2002年在武汉大学举办的"应氏杯"全国大学生围棋赛。没想到事隔十年我又能了却十年之前的遗憾。

2002年的暑假，"应氏杯"全国大学生围棋赛在武汉大学（原武水校区）开战，参加比赛的大概有20个队，100多人的规模吧。这100多人中有十几个职业棋手，如史金帛、葛凡帆、唐崤等，也包括胡煜清、鲍云等业余高手，女子高手则有孟昭玉、唐盈等，可谓是高手云集。

向老板请了假后，我立即到武大报道，在这里见到了久违的柯红星，还有几位武大的高手。刚到就与武大的高手下了两盘热身训练棋，均中盘胜。由于武大是东道主，所以派出了两队选手。说是武大&华工联队，实际上是联队一队代表武大，二队代表华工。这是华工领导不重视围棋的结果，不过对于我们选手来说有比赛可下就行了，武大华工都是一家人！老柯、我和武大的杨巍和另一位邵某某（名字忘了）代表一队出战，华工另一位棋友（老柯的同学，名字忘了）和武大的许云等选手代表二队出战。女队的选手是刘亚茹（小刘帆的姐姐）和程屿菲。

比赛第一轮，我战胜了陕西的一位棋友。第二轮，我艰难战胜北师大的王斌，数棋的时候我已确认要赢一点，此时上轮我战胜的陕西棋友悄悄告诉我对手是一个职业二段，我顿时张大了嘴合不拢来，因为我很少有机会和职业棋手对局，从没想过自己具备战胜职业棋手的实力。这就是我第一次战胜职业棋手的经历，也许如果我事先知道对手是职业棋手的话反而赢不了了吧！这次胜利大大鼓舞了我的士气。而令我没想到的是，我第二次战胜职业棋手的时间来得如此之快。

大概在第5轮左右吧，我执白对上了上海的葛凡帆三段（首先声明，葛三段的水平绝对比我高，我能赢只是运气好而已，如果葛三段看到此篇千万不要生气）。这盘棋开局不久，我就发生误算，被对手吃掉一条小龙，局势已经十分被动。于是在别的地方我开始用强，此时对手充分展示了专业素养，用强的结果我又吃了小亏。此后，对手开始安全运转，各处简明定型，不做纠缠。这样下去，我会安乐地输掉此局。就在此时，我发现开局被吃掉的小龙有一个隐蔽地做缓一气劫的手段。继续深算，我发现尽管此时我的劫材有利，但由于是缓一气劫，对手在别处连走3手，我的形势仍然不容乐观。而看对手的神态和下法，应该是没有发现这个缓气劫的手段，我决定配合对手简明厚实定型，直到对手找不到足够大的劫材。于是，对手觉得收束非常顺手，就在他潇洒地在中腹走出一手飞刺（类似胜利宣言）时，正常情况下我必须单官连回，但此时我开劫了，如果此劫我打赢，对手的中腹飞刺反而成了单官，整整差了一手棋，所以此劫对方必须赢。但此时我的白棋全盘厚实无劫材，而对方有本身劫材（而且一手补不掉）和另一条边上有一个超级大的劫材。于是，开劫，对方先手提劫，我找边上的大劫材，经过长考对手消劫，我穿掉一个大边，对方在中腹飞刺的地方吃掉我一大块，我再在边上补一手吃尽一条大边。转换结果对方多吃掉我中腹的十几个子，而对方的一条大边连皮带肉成了我的地盘！这不是转换！此时全局已无可下之处，白棋胜定！葛三段推枰认输！也许是由于煮熟的鸭子飞了而过于气恼，对手在"推枰"时用力过猛，将棋盘上的棋子纷纷推落桌面！

本次比赛我取得7胜4负的成绩，输给了本届冠军史金帛三段和鲍云6段等。最终我排名第19，老柯也是7胜4负，排名第22。我们男子一队和女队的团体排名都是第4名，未能进入前三当然遗憾，但我们已经尽力，对手也实在很强。而我对自己在本届比赛上的表现还是很满意的，毕竟赢了两个职业棋手，取得了前所未有的突破。

一周的比赛，白天下棋，晚上复盘。小刘帆6段也经常来看我们下棋，一起复盘，日子过得真是惬意极了。本次比赛之后，在整个硕士期间我没有再参加任何比赛。队友们也只是一起再唱了一次歌，就没时间再聚了，看来进入21世纪后的生活节奏真的变快了！

硕士毕业后，我选择当大学教师的职业，尽管工作压力也越来越大，而且2004年结婚之后也多了家庭的责任，但时间可以自己相对灵活地掌握，因此可以继续安排时间下自己心爱的围棋。应该说，我的棋艺和人生一样，进入了相对稳定的成熟期。回头看自己的棋艺生涯大约有两次巅峰：一次以2005年三亚"晚报杯"战胜业余天王刘轶一为标志；一次以2015年获得桂林市业余棋王争霸赛（不允许职业棋手参赛）个人亚军为标志。

2004—2007年这段时间，桂林市的围棋活动非常活跃。在白起一老师的主持下，成立了桂林市围棋研究会，基本每周都会有内部比赛，参与者包括职业棋手刘青琳、唐盈，业余高手白起一、莫云龙、莫云虎、黄府山等，几乎包括桂林市所有一流高手，当然也包括我。后来成为国内业余天王的唐崇哲7段，这段时间也在研究会学习锻炼。当时他的实力已经非常强，但我们还能与他分先交手，后来他外出学棋更上层楼，达到的高度就不是我们所能望其项背了！

除了研究会内部比赛交流，这段时间最开心的活动就是去外地参加城市对抗，不仅可以以棋会友、切磋交流，也能顺便游览一下祖国的大好河山。我们先后去了贵阳、南宁等地，大部分对抗取得优胜。印象最深的是去贵阳比赛，第一轮对阵贵阳主将李波6段取得胜利，第二轮李波6段继续低迷，又被我方黄府山5段砍了一刀。取得胜利的同时游览了著名景点黄果树，心情真是格外舒畅（当时黄果树旅游区不像现在这样人山人海）！后来，贵阳市回访桂林市，我再次对阵李波6段，这次在优势下由于时间紧张被对方追到正好输半目。尽管输掉心情不爽，但与知名6段战成1：1的战绩也说明自己的状态上佳。

2004年底，《桂林晚报》携手中族中药决定通过选拔组队参加全国"晚报杯"。经过两轮选拔赛，我与唐崇哲（后成为业余天王）、刘宇（后成为职业棋手）获得代表桂林参加了三亚举办的"晚报杯"全国业余围棋锦标赛的资格。选拔赛过程也异常激烈，我第一阶段前六名入围第二阶段后，发挥神勇，击败刘宇、黄府山等名将获得出线资格，获得了目前为止唯一一次参加"晚报杯"的经历。

2005年1月4日，桂林队出征海南三亚，"晚报杯"开战。《桂林晚报》大版面全程报道了"晚报杯"全过程。可能由于首次参加如此高规格的比赛，对于对手实力之强没有充分的心理准备，一上来就连输两局，第三盘稳扎稳打止住颓势，之后胜负交替，直到第六轮我的成绩仅为2胜4负。第七轮对手是陈俊宇，后来也成了国家级的业余高手，但当时年纪还小，棋力尚显稚嫩，被我轻松拿下。第八轮遇到的对手是上海冲段少年王玮，后来实现了冲段目标，成为职业棋手。这盘棋自我感觉下得很好，充分发挥了自己的水平。对局中有攻击、有治孤、有腾挪、有大局、有弃子，几乎是取得了完胜。现在看来也是质量比较高的一局，从本局开始，我才进入良好的比赛状态，可是这时离比赛结束只有最后一局了。

最后一局的对手是王玮的老师，国内赫赫有名的业余天王刘轶一6段。首先需要说明，这局棋关系到刘轶一所在团队新民晚报队的名次，他是很想拿下这一局的，不存在"放水"问题。对手执黑开局布下当时流行的"迷你中国流"，我则稳扎稳打普通应对。对手强硬张势之后，我选择了深深打入，但之后的应对也许稍有问题，被对手一路攻击，全局陷入被动。然而之后的治孤过程中，我下出几步有弹性的强手，引诱对手犯下两挖的错误，最后结果是中腹双方拔花。但是白棋拔花之后，原来的孤棋变厚势，黑棋显然得不偿失。自此白棋确立优势，但全盘可下的地方还很多，也就是棋盘还很大。值得骄傲的是，面对强手的搅局，在时间有限的情况下，我始终稳健应对，该强则强、该守则守。虽然有小错，但大局上始终领先，并在对手搅局的过程中将优势扩大。最后对手认输时，我也只剩一分钟时间，当然这时候棋盘已经足够小，即使我这种纯业余棋手，也能收完所有官子了！

2007—2010年，我考入中国科学院计算技术研究所攻读博士。由于学业紧张，这段时间基本没有下棋。不过，还是利用休闲时间在飞扬围棋网上参加了一个书友组织的"南北擂台赛"，我作为南方副帅最后三连胜终结了比赛，并获得一副日式蛤棋子和多本棋书的奖励。这个比赛水平不算高，但是别开生面，有专人负责撰写观战记，最后模仿日本的观战记形式出了

由左依次为黄府山、胡煜清、唐崇哲、李志欣

一本书。我个人觉得这本书写得很好，对这本书非常珍惜，也是作为自己一段围棋经历的留念。

2010年之后，我博士毕业回桂林，在广西师范大学工作，同时桂林围棋联赛开始举办。至今为止的十届联赛我都全程参加，前九届取得3次冠军、5次亚军、1次季军的成绩，同时又结识了义祥辉、曾庆虎等快乐围棋俱乐部的新棋友。作为业余棋手，比赛之后和棋友谈天说地，是最快乐的事情了！

个人以为我的第二次围棋巅峰时刻应该在2015年，遗憾的是当年运气不够好，没有拿到一个冠军！先看看我2015年的成绩吧！

（1）2015年，获桂林市业余棋王争霸赛个人亚军。6胜1负小组第二出线，半决赛战胜唐韬6段，但决赛负于安航。总成绩7胜2负。

（2）2015年，代表中族中药队参加北部湾联赛获团体亚军，个人成绩4胜2负。包括战胜周弘毅、方灿、庞俊戈等强手，但关键一局在大优的情况下被柳州老将唐良锦翻盘，痛失冠军！很久没有这样被翻盘了，局后坐在棋盘前发呆了很久。

（3）2015年，代表广陆数测队参加广西围棋甲级联赛获团体亚军，个人成绩4胜2负。

（4）2015年，作为外援参加成都市围棋甲级联赛，个人成绩8胜1负，输的那盘对手是龙霖6段。

运气不好，没得冠军，似乎不能算是巅峰。不过，个人以为自己的棋艺比起十年前"晚报杯"时是进步了的，不过随着年龄增长，精力体力都有所下降，在当前包干制的用时下，是计算不过科班出身的年轻人了！比如，棋王争霸的决赛对阵后起之秀安航，开局应该说我还掌握主动，但进入中盘之后发生误算，瞬间被对手逆转击溃。

不过，到2018年，我与胡煜清8段、唐崇哲7段、黄府山5段组队，获得了中国围棋大会城围联棋迷接力赛冠军，算是给常年未获冠军的我一个补偿吧！与世界冠军、全国冠军一起夺冠，获奖的同时又能学棋，不亦乐乎！

目前，我已年近半百，花在围棋上的时间精力日益减少。不过，对于围棋的追求是一辈子的事，即使AlphaGo已经远远超越人类，我也还有一颗求道之心。今后的围棋人生，还有几个小小的心愿：

实话实说，现今的围棋水平提高太快，AlphaGo出现之后更是一日千里。想要在不限年龄的比赛中夺冠是不现实了，个人希望能够在年龄组的高级别比赛中再获一次冠军！

我是1993年升的5段，至今也是5段。二十多年了，被我让四子的小朋友好多都5段了，而我的级别和他们一样！尽管吐槽现今的段位制度，在有生之年拿到6段仍然是我的心愿！

由于围棋AI的发展，对局讲解已经逐步不再需要求助于职业棋手，但一本好的围棋书仍然是可遇不可求的。希望将来能够在围棋AI的帮助下，完成一本或多本围棋方面的著述，为围棋事业尽一份力！

（李志欣）

我的围棋老师们

　　7岁开始，受父亲的影响开始接触围棋。父亲是个超级棋迷，我让5—6子，大概在业余2—3段的围棋水平。我小的时候，父亲经常会在街边下围棋，他就抱着我下棋。那个时候，我就在想，黑白子为什么会有这么大的魅力，能够让我父亲如此着迷。渐渐地，我也开始喜欢上了围棋。这就是我的围棋启蒙之路。

　　正式开始学习围棋之后，我的进步很快。主要是自己特别着迷，喜欢琢磨围棋。也非常好胜，不愿意输棋。输棋就会哭鼻子，拉着对手下棋，直到赢了对手，才会甘心。当然，在学棋的初级阶段，父亲对我的指导是非常关键的！毕竟，对于刚学棋的我来说，父亲可以让我9子我也远远不是对手。可以说，父亲是我围棋道路上第一个追赶的目标！

　　8岁的时候，拿到了广西少儿组"神童杯"的冠军。记得那次比赛，我是参赛选手里最小的一个。那是我人生中的第一个冠军！虽然，那时候的水平还非常的差。但冠军给了我成就感，让我更加热爱围棋。不过，当时父亲根本没有想过我会成为职业棋手。而我那个时候，也没有这方面的想法，只是非常单纯地喜欢围棋，喜欢赢棋的感觉。

　　拿到"神童杯"的冠军之后，成了广西队的重点培养对象之一。也遇到了我围棋之路上，最为重要的老师——葵忠阳，我们都称：葵教练。每个人的学棋生涯里都会遇到很多老师。我广西的围棋老师有很多，白起一、邓双陆、黄建云、周绕增、王民学、吴稚华、邹永华、潘社兰、李昌邦等。还有河南队的围棋总教练、广西籍的黄进先老师。这些老师都对我进行过很多指导，对我的围棋水平提高帮助非常大！但最为重要的老师，还是葵忠阳教练。那时候，葵教练每天早上五六点钟带我们出操跑步，锻炼身体。6点半左右开始做死活题，只有全部做对的，才能离开训练室去吃早饭。葵教练对我们非常严格，也费尽了毕生的心血。可以说，没有葵教练的严格要求，我是不会走上职业选手这条道路的！

大概在10岁的时候，我在广西的围棋界算是小有名气了。应该说，已经达到了广西业余棋界当时的顶尖水平。我印象中，那一年举办的广西围棋10强赛，我是第3名。冠军是王民学老师。为什么我会记得王民学老师是冠军呢？因为，我输给了王民学老师，如果赢的话，我就是冠军。好胜的人，基本上只记得输棋。我就是如此。

在10岁的时候，广西已经很难有老师在围棋水平的提高上，能够给予我更多的指导了。就在这个时候，我人生中第二个重要的老师出现了。他就是职业七段——王洪军老师。王老师是职业棋手，水平要比我明显高出一大截。当时的我，已经把目标定在成为职业棋手。而我心里清楚，要想成为职业棋手，王老师是必须挑战的目标！只有无限接近王洪军老师的水平，才有可能打上职业初段，成为职业棋手。我能成为职业棋手，王洪军老师对我技术上的指导是至关重要的！

12岁的时候，终于在一年一度的全国围棋段位赛上，成了职业初段。那一年的比赛，400来人参赛，只有12人能成为职业初段，我第11名，非常幸运地定段成功。这是我人生最重要的比赛经历！职业生涯有很多重要的棋局。但对我来说，定段成功的比赛是印象中最为深刻的！成为职业棋手，我完成了小时候的目标！

12岁定段成功之后，似乎一下开窍了，围棋水平有了质的提高。在紧接着的全国少年选拔赛中，我获得第2名，入选国家少年队。来到北京的中国棋院，这是围棋的最高学府，是小时候梦寐以求的最高殿堂！我作为职业棋手的生涯，从这里正式开始。

进入国家队之后，主管我们训练的是吴玉林老师。吴老师为人随和，脾气特别好。我几乎很少看到他对我们发火。在这里，感谢吴老师对我的指导和帮助！

1994年，也就是我14岁的时候，遇到了人生中第3位重要的老师——曹大元九段。当时，围棋国家队提出了培养后备力量的计划，就是让成名的国手收徒，让年轻的棋手更快地成长起来。那一年，我很幸运地获得了这个资格。当时是吴玉林老师找到我，说可以从曹大元、刘小光、俞斌三位老师中挑选一位拜师！那时候，心里别提有多高兴了，至今想起来都还很激动！三位老师都是成名的大国手。而我，毫不犹豫地就选择了曹大元老师。原因是，我小的时候，曹大元老师是我的偶像！能让偶像成为自己的老师，我是多么幸运啊！而且，我是曹大元老师的大徒弟！想想就很自豪！从那时开始，追赶曹大元老师就是我的目标！遗憾的是，最终没能追赶上老师。没能够超越自己的老师，心里多少还是有些遗憾的。

　　这就是我学棋的主要经历。再次感谢我围棋生涯中，最重要的三位围棋老师：葵忠阳老师、王洪军老师、曹大元老师！谢谢你们对我的悉心指导和帮助！

（邹俊杰）

我的破关之局

我叫唐崇哲，业余 7 段，1991 年 6 月 13 日出生于广西桂林一个普通家庭，父亲喜爱围棋，在父亲的影响下 7 岁开始学棋，师从广西著名业余高手白起一。少年时期在广西壮族自治区、桂林市的比赛中也多次取得优异成绩，曾赴河南、北京等地的道场冲击职业段位，在此期间也曾得到黄进先老师及王洪军老师的指点，然而连续 4 年差之毫厘，随后回家上学，2014 年毕业于上海复旦大学。

大学毕业之后在全国业余比赛中愈发活跃，并且夺得过中国国内棋战最高（当时）的"700 网晚报杯"冠军，也曾在"丽水清韵杯"的比赛中连续三年夺冠，也创下了同一全国业余比赛中取得 30 连胜的传奇纪录。此外，也曾取得"杭州商旅杯""怀安杯"等多项全国比赛的冠军，是中国业余围棋界的代表人物之一。

下面给大家分享我代表中国业余围棋，与日本围棋界进行对抗赛的一局棋（本文刊载于 2020 年的《围棋天地》）。

对于网络围棋比赛而言，2020 年注定是充满故事的一年，因为疫情的影响，线下的比赛全面暂停。然而对于围棋爱好者来说，棋瘾却不会因为病毒的存在而有丝毫的消退，于是乎，在这一年中，我们举办了极多的线上比赛交流活动。其中中日业余棋手网络围棋擂台赛便是其中重量级的一个比赛。

虽然日本的职业棋手，在近年来的世界比赛中表现不佳，但是日本的业余棋手栗田佳树等人，却在日本的业余棋战中掀起了不小的风浪。在日本棋手的出场阵容中，占据主力位置的栗田、大关等人都是日本的大学生出身。近年来在中国业余棋界，大学生早已成为一股不可忽视的力量，也有很多棋手在经历了高考，进入大学之后，利用AI学习，将自身的实力提高到业余豪强，甚至打上职业段位。而栗田和大关的成长经历，想必也有些类似。在这个时代，哪怕在少年时期没有走上职业之路，只要有兴趣和毅力，就能够使自己的实力提高到接近于职业棋手的级别。这在我以前学棋的时代，几乎是不可想象的。

不同于中韩业余界之间的频繁交流，近年来中日业余棋手之间的交流并不是很多，以90后大学生为主体的新一代日本业余豪强，对我而言还是有些陌生的存在。在比赛之前，我对大关的了解仅限于他曾经两度夺得世界大学生锦标赛的冠军，虽然没有和大关直接交过手，但是中国参加世界大学生锦标赛的棋手我是了解的，能够两度在这个比赛中夺魁，大关绝对不是一个好对付的对手。从他们的排阵我们也可以了解到，能够让棋圣战循环圈棋手让出主将之位的人，也说明了日本棋手对他的认可。

6月17日晚，对我们队来说，这是最后的一关，也绝对是难以对付的大关。

在我擂台赛的前面四局当中，我都幸运地猜中了白棋，对于大贴目时代的棋手来说，几乎没有人不喜欢下白棋的。AI时代的布局，只要白棋不犯明显错误，基本会以优势的局面进入中盘的争夺。尤其是对于经常用AI研究布局的棋手，几乎所有的布局，用AI研究到最后，都是白棋胜率偏高，从心理上，拿到白棋也会更加有底气一些。

然而在主将战之中，我没有延续前四盘的好运，而是猜到了黑棋，虽然早就预料到这是一盘艰难的对局，但是在猜先结果出来之后我心里还是略微起了一点涟漪。似乎今天的运气，并没有站在我的这一边。

当然，从比赛的角度，对方是队伍的主将，而我的身后还有三名队友，我也是压力较小的那一方。

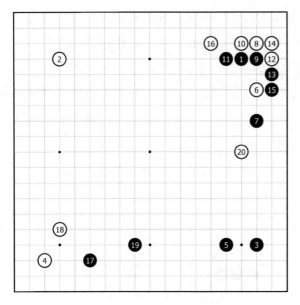

实战谱1

　　如果说是解说别人的棋，我不会在前面的20手做什么文章。

　　对现代棋手来说，开局不会出现明显的问题。黑棋星小目单关跳的布局是一个倾向于模样战的布局，和二间跳相比，单关所形成的模样更加坚实。

　　白4选择了用三三这样坚实的方式占角，那么索性我就下一个模样的布局，这是当时我的想法。

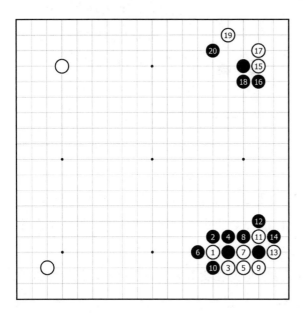

变化图1

　　面对黑5单关，白1是常见的下法，我的打算是下2、4这个局部胜率稍亏的下法，索性将模样战进行到底，白15、17也是常见的侵角下法，到20，是一盘针锋相对的格局。

实战大关并未选择这个针尖对麦芒的格局，而是选择了相对均衡的下法，白20也可以在左上守角，形成对围的局面，而大关则选择了直接打入，限制黑棋的发展。我们常说围棋是手谈，从对手的招法之中可以读出对方的一些心思，我在白棋前面的选择中，感觉大关还是比较希望把棋下成较为均衡的局面。我并不是很了解大关的风格，大关亦然，他也并不是很了解我。而且他作为主将，当然更加希望局面可控性高一些。

白20打入，是对付右上角定式的常见下法，对此，局部黑棋也有其他的下法。

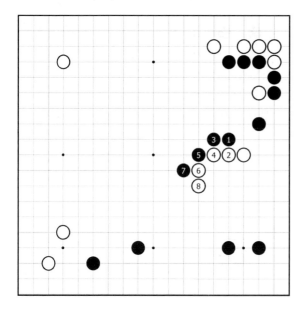

变化图2

黑1小飞攻击白棋，从局部来说也是可行的下法，但是这样会把白棋攻到黑棋的模样里面，3、5、7的组合拳气势汹汹，白棋只需要简单地跟着黑棋应，顺势而下，黑棋下方的模样已经难以围成。

这不是我想要的局面，所以实战我选择了跳，还是设法通过攻击白棋把下方的模样给围起来。

事实上我在写稿的时候，本来想将这个图作为黑棋失败的案例来写。随后我用AI摆了一下，发现AI对黑1以下下法的评价并不低，即使下面的潜力消失也无所谓。围棋实在太难了。

只是就算AI认可这样的下法，但是在我看来，还是有明确作战思路的选择更加适合我。

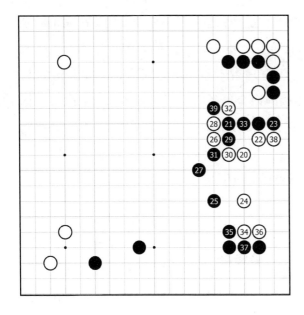

实战谱2

黑21过后，23简明忍耐，之后25镇，是我既定的作战方向，通过攻击右边的白棋，将下方的模样全部撑起来，此后白26飞企图接力。黑27不为所动，继续贯彻当初的思路，扩张下方的模样。此后，白28本手应当在29位贴回，实战的下法让本局进入了第一个十字路口。

就对局者的心态来说，大关的这一手，现在是在试探我，我知道他是故意给我留下了冲断的破绽，我仿佛看到了在两人对峙的时候，大关轻蔑的一笑，勾起了食指在对我说："你过来啊。"

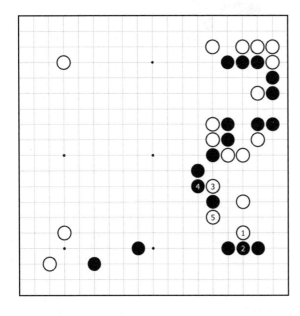

变化图3

在我的猜测中，大关的计划或许是这样的，白1刺一般来说都会是先手，黑2接上。此后白棋靠完夹出冲破黑棋的包围圈，既然黑棋前面的下法中，如此重视下面的模样，那么就把黑棋下边的封锁线摧毁，在实战中或许他是这么思考的吧。

黑35是强硬的一手，也许是实战的构思并没能成功，大关在36的时候花了一些时间去思考接下来的变化，也许是思路被破坏的关系，白36有些奇怪，白棋如果要做活，没有理由不冲一下再拐回，实战下到39为止，我对自己第一个短兵相接的回合里面的表现还算满意。从战略目标来说，我已经把下面的模样扩张起来了，而白棋右边活的这一块，还留有很多的味道。

在黑39之前，我有过一些思想上的斗争。

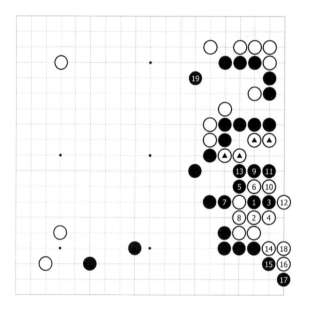

变化图4

黑1直接靠入也是一种选择，白2必然，此后黑3立下，白4挡住，黑5以下有先手割下白数子的手段，割下白数子之后黑棋右上也完全安定，可以于19位飞出整体攻击白棋中间的棋子，而不用担心自身的薄味。只是这个变化从目数角度来说并不便宜，也有

些卖味道，我实战看到了这里的手段，但是出于保留变化的考虑，我没有选择这个下法。我不希望先亏目，实战的时候我也低估了白棋在中央反抗的决心。

実战谱3

白40以下的反应有些出乎我的预料，我原本以为白棋会选择比较平和一些的下法，白40打出之后，白50的下法无论如何看起来都是十分勉强的行为。日本的老一辈棋手，自六超以来，普遍是以本格派的棋手居多。虽然井山之后，日本的年轻棋手逐渐变得"暴力"了起来，

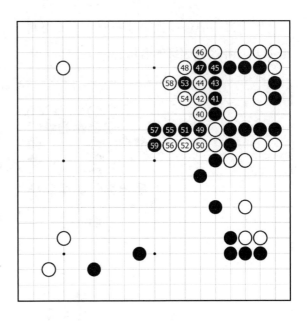

而在我们以前的印象里面，日本业余棋手棋风还是趋向于稳健。日本的副帅，老将平冈聪先生，棋风就十分的稳健，而大关这一串火爆的近乎无理的下法，让我对日本棋手的风格，也有了新的认识。

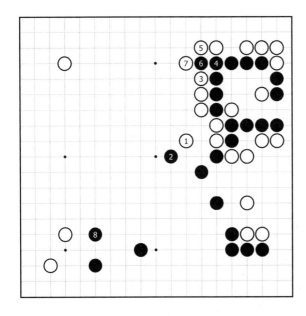

变化图5

我原本以为的进行是白1跳，我的打算是黑2飞，护住下方的潜力，此后白3再贴，我给白棋包围圈留下断点之后再于8位跳起扩张模样，如此上方白棋依旧欠一手棋，在作战的时候始终是个隐患，下方黑棋模样的子效也相当可观。

实战白棋的选择也是让我有些出乎意料，也许是计划被打乱，我也下出了57这样严重逸机的着法。

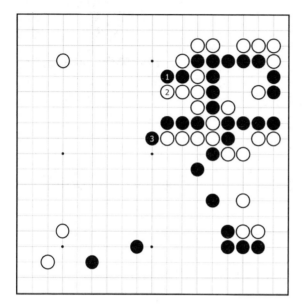

变化图6

黑1长才是最强之手，此后黑3直接扳紧凑，如此白棋中间处理起来比实战要困难得多，黑棋补断虎和接都是先手，还有直接断打上面的选择。比实战的57长好太多，这样下或许这个作战就可以直接将白棋KO。

实战黑57严重逸机，导致战线又被拉长了。

主将的气魄

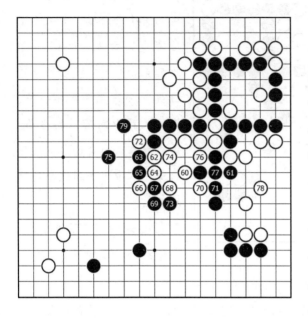

实战谱4

下棋的时候，我原计划中完全没想过白棋能出动中间的几子，其中一个原因是在我的意识中，黑61是绝对先手，然后白中间几子绝对不可能跑出来，白62！展现了日方主将的气魄。白方为了扭转中间作战的劣势，敢于将右边大龙放弃，转而对黑棋进行反击。

其构思之壮让人动容，而我在实战的时候，有些退缩了。

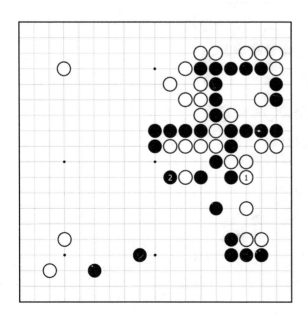

变化图7

白1绝对不能在右边跟着黑棋应了，如果补棋，黑2一夹，白中间数子无法逃脱。

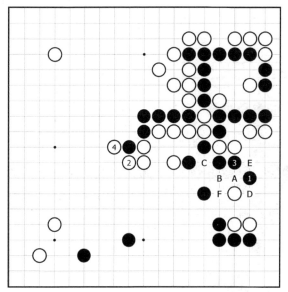

变化图8

黑61之后，右边一手棋无法吃净白棋，如果飞下后不走，白3，黑A，白B此后至白F，黑棋无法净吃白棋，如果黑3再补一手，将进入赌中间治孤的格局，作为原本认为自己占据优势的我，不希望看到这个局面的发生。

大关向我发出了赌约，而我在这个时候，选择了退却。

也许是在心理上松懈了这一下的缘故，导致黑棋在71、73、75接连错过一举取得优势的机会，最后到78，白棋终于挽回了形势，局面的天平开始向白棋倾斜。

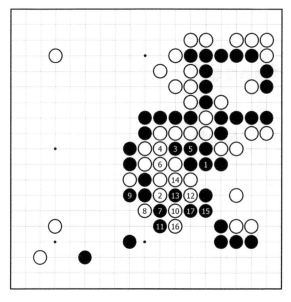

变化图9

黑71应该在1位接，如果白于3位接上，黑可以在12位补断，比实战好出甚多。

倘若白棋意图2位贴出反击，黑3、5、7、9的组合拳之后，白棋崩溃。

黑71错失良机，此后白72也略显过分，应该在73位贴出，73是让我懊恼的一手，此时当然不应该做没有意义的保留。

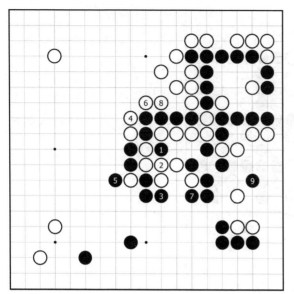

变化图 10

黑 73 应该先在 74 位叫吃，然后再拐，之后白 4 一下一本道，黑棋先手弃子，再抢到 9 位的飞下，是黑大优的局势。

实战的白 74，也展现了大关的冷静。

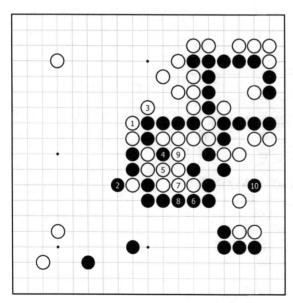

变化图 11

在落下 73 的时候，我原本以为白棋也只能在 1 位贴，随后黑弃子，结果和上图类似。这个转换是黑棋大优。然而实战白 74，给了我一记痛击。

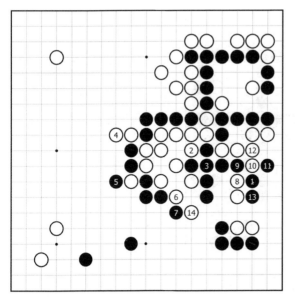

变化图 12

　　如果在 74 之后，黑 1 依旧飞下，那么在黑棋的模样里面，白棋留有 6 以下的手段，黑棋模样缩水极为惨重。

　　尽管如变化图 12 所示，白棋留有破掉黑棋下方模样的手段，但是黑棋还是应该先吃掉白右边大块再说。

　　在对局的时候，只是本能的感觉，这个图比预想差得太远，所以想要挽回一点“面子”，于是又下出了 75 的贪婪之手。

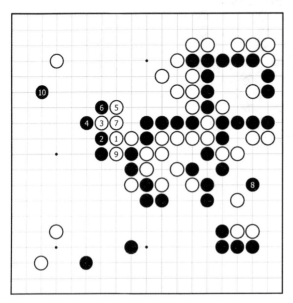

变化图 13

　　黑 75 的预想是在中间交换几手之后，把中间的黑棋变轻，这样白棋整体的模样规模会被黑棋压缩一些，多少能挽回一些颜面。

然而实战白棋判断十分精确，右边的大龙价值要大于中间的枷吃，果断回到了78做活，中间的折冲之后，又变成了白棋稍优的局面。

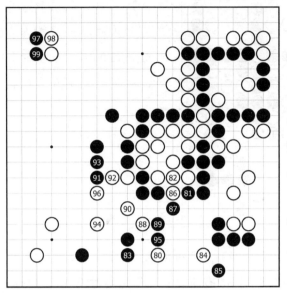

实战谱5

79枷吃之后，我意识到了形势已经不容乐观。

白80是试应手的态度，我们都知道在这个地方，白棋不可能出棋，只是要看看黑棋会不会给白棋一些便宜。白88、90是大关一流的棋感和判断，在这个地方，黑棋91没有退缩的余地。

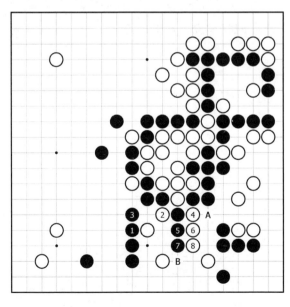

变化图14

在白88飞的时候，黑棋不能封锁白棋，否则白2断后贴下至白8，白留有A、B两个后续手段，黑无法兼顾，黑棋崩溃。

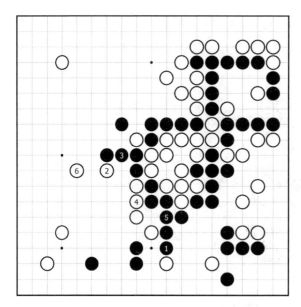

变化图 15

如果黑91松懈，白棋2靠，黑棋中间的棋形立马变得无比的局促，在本来形势就已经不容乐观的时候，这样当然更加不能接受。

黑91反击必然，此后白96是让我有些意外的选择，我本来以为白棋会抢占左上的大场。白棋虽然中间的作战有所收获，但是绝对没到可以松懈的地步，白棋放着左上大场不抢，悠哉地自补了一个。

从这盘棋前面的进程来看，大关的风格绝对不是本格派的棋手，这一下补棋多半藏着阴谋。不过对现在的我来说，左上的点角，我必须先拿到手再说。

决战前幽默的插曲

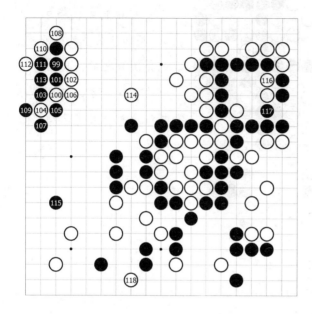

实战谱6

左上的定型大致如此，我们都知道，这盘棋的胜负，不在于此，黑115逼住是全盘最后的大场，这盘棋的目数十分接近，需要看下方的定型，我也在等待着大关出招，他想必也在思考下方的变化。

白116是读秒的打将，事实上这是一个勺子，116是后手，而我的注意力全在下方，想着不给对手过多的思考时间，几乎是不假思索地下了117。决战之前，我们的棋局中也留下了这个幽默的插曲。

白118，图穷匕见，这是大关在96的时候就留下的手段，现在轮到我接招了。

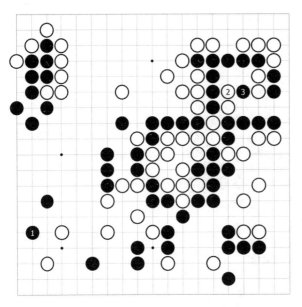

变化图 16

白棋右上的断是后手，黑棋脱先，白2，黑3，局部什么手段也没有。只是决战之前，我们的注意力都在下方，忽略了白棋这个打将其实是幽默的勺子。

错过了勺子，也只有正面应对对手的剑招。幸运的是从实战角度来看，118是绝招，同时也露出了破绽。

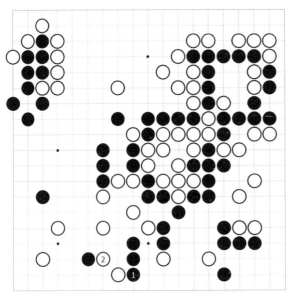

变化图 17

黑1退缩，和认输无异，被白棋尖回之后，黑棋下方目数大大缩水。

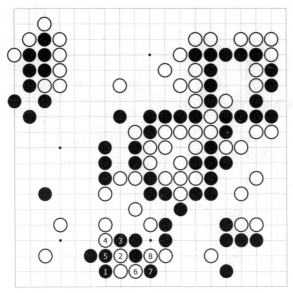

变化图18

黑棋尖顶也不行，白棋冲断之后6单拐是好手，黑7扳，白8断，黑空无法守住

决战

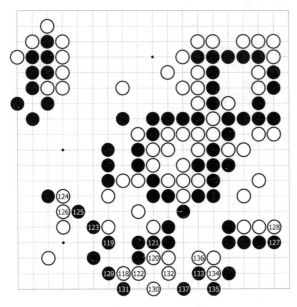

实战谱7

黑119必然，白120以下显然出现了错觉，黑123、125看似是想要吃掉中间的数子，实际上是在补厚，为下面的杀棋做准备工作。127先手，此后129是白棋忽略的杀棋手法，白棋发现下方的白子竟意外地无法做活。

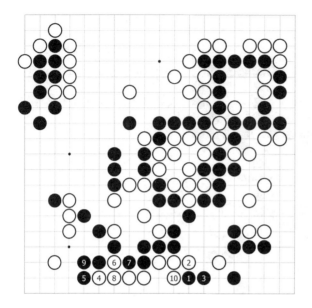

变化图 19

这或许是白棋的预想图，黑1点入，白2冲完之后4，6是先手，此后再于10位挡做活，黑棋不敢下手杀棋。

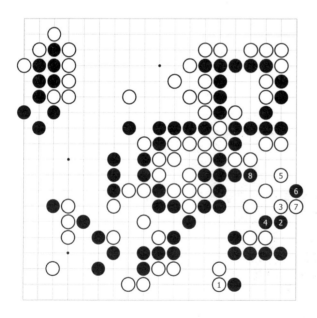

变化图 20

在黑127立的时候，白不能脱先，否则黑棋简单的跳入，白棋局部就是死棋。

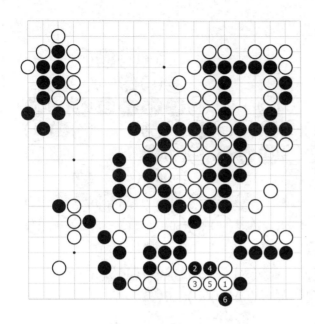

变化图 21

黑 129 是致命的一手，白棋挡在这个地方也不行，黑棋最简单的 2、4、6 缩小眼位，白棋局部也是净死。

实战白棋或许忽略了黑 127 的先手，防住了下面的接不归，在下方打入的棋子全部阵亡之后，本局的悬念也就到此为止，此后白棋无论如何，也没有翻盘的机会了。

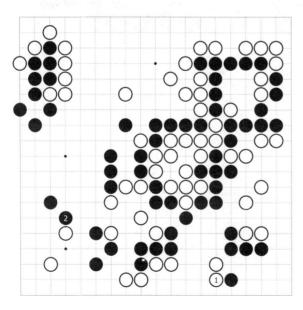

变化图 22

如果在黑 123 虎的时候，白棋在下面补活，如此形成转换胜负尚早。实战白棋应该没有注意黑 129 的冷手。

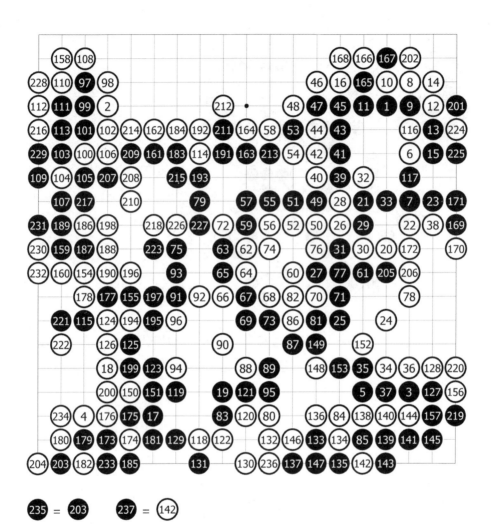

235 = 203   237 = 142

2016年，唐崇哲夺得"700晚报杯"冠军，获奖金70万元

实战总谱

最后白棋坚持到了小官子阶段，几乎是以盘面落后20目的巨大差距落败。综观全局，白棋展现出了强大的斗志，40以下，到96为止的中盘作战中，大关展现出了强大的斗志和惊人的气魄，62以下弃子构思的胆识，足以看出大关的实力和潜力。白棋凭借中盘作战的气势，一度把局势的天平拉向了自己这一边。

只是118亮剑的时刻，出现了误算，从而功亏一篑。

在我们以前的印象中，日本的棋手多以本格著称。而在这次比赛中，尽管是业余棋手，但是大关和栗田都展现出了惊人的战斗力。日本的业余年轻棋手，在AI时代也在以惊人的速度成长。

曾经世界围棋的中心日本，一度老去，也正在以他们的方式走向新生。

（唐崇哲）

桂林铁路地区围棋发展50年

50年前，偌大一个桂林铁路地区的围棋活动，基本是一片空白，稍微懂得下一点围棋的，就那么四五个人，能"上架"的，只房建段的郭全林和机务段的吴宏两个人，数他俩棋好一些。其中，郭全林，人称"老郭"，算是铁路地区的"棋王"。偶尔和几个棋友聚在一起"手谈"，按当时说法，仅是下下"卫生棋"而已，意即：下不动脑筋、不伤大脑细胞、保护身体健康的棋。自然，水平就免谈了。现在看来，当时"棋王"的棋力约莫是2k—1k左右，围棋活动处在自生自灭的状态中。

1969年后的50年，情况有了改变，在这半个世纪中，围棋运动经历了两个发展周期。第一个周期是1969—1972年，第二个周期是1973—现在。

第一个周期：1969年，广西"文化大革命"武斗结束，社会相对安定，毛泽东主席号召知识青年上山下乡，接受贫下中农再教育。当时，农村生活条件十分艰苦，很多人身体都"吃不消"，大部分知青存在回城找工作的想法；另一方面，湘桂铁路因生产上不去，每天，除了几趟援越抗美军车和几对客车外，运输并不繁忙，职工无所事事；再有，当时社会上，除了每天重复演出的八部"样板戏"外，娱乐活动极其单调。人心思变，也就成为大家的普遍共识。而千变万化的围棋，很快被一部分年轻的铁路职工接受下来，围棋给大家带来了乐趣，给它进入桂林铁路地区创造了条件。

这一时期，水平较高的桂林市围棋逐步扩散到了铁路地区。影响较大的是，广西师范附中"老三届"首届毕业生葵忠阳，当时是桂林市的一流棋手，黄家大院高徒，受桂林机务段火车司机洪光明之邀，经常到桂铁地区传播围棋技艺。与铁路"棋王"老郭、吴宏和吴法民让4—6子不等对局，且随输赢升、降让子数。场面甚为热烈。由于大家时间充裕，经常一下就是一整天，偶尔也会挑灯夜战。一些围棋发烧友听说桂林市高手来了，纷纷赶到现场看热闹……时间一久，桂铁地区潜移默化地接受了围棋这项活动。客观地说，桂林铁路地区的围棋，是被桂林市带动起来的。不言而喻，葵忠阳、潘世兰、李昌邦等桂林棋手以及引荐人洪光明，在推广这项运动中，均功不可没。

从此，铁路一些职工，由不懂变为懂；由看棋，变为下棋。不少人开始喜欢这项活动，先后涌现出曹邵生、常传觋、周耀曾、刘学荣、洪光明一批新手，逐步取代了老郭、吴宏的位置，铁路围棋氛围得到了提高，群众性的围棋活动有了改善。不足的是，当时仅限于成年人开展这一活动，还没有青少年的参与。另外，水平依然有限。1971年，由葵忠阳推荐，周耀曾、常传觋有幸与专业棋手黄进先老师下过一盘指导棋，是让七个子下的，按现在推测，当时的最高水平也就1段左右棋力吧。

第二个周期：1972，机务段周耀曾因工作需要，调到桂林铁一中当数学老师；同期，常传觋也由机务段调到南站铁路疗养院工作。桂铁地区围棋重心南迁，到达学生密集区。这一时期，围棋的普及和提高，达到了一个新的高度。在以后十多年日子里，围棋逐步由成年人的"专利"，转移到青少年中。学下围棋发生了质的变化。其间，利用课外活动时间，周耀曾老师利用工作之便，先后培养了代毅、曹红艳、莫云鹏、张亮、王民辉、周荣、周娅、韦桂燕、杨绣文、容明轩等一批中小学生，常传觋也经常到学校帮忙培训。更有甚者，1990年，学校改制，由原来的普通中学改为桂林铁路运输技校。由于没有高考压力，有了更多的学生参与围棋活动。每届、每个班级都有爱好者下棋，典型的，由周耀曾当班主任的行车一班，40名学生中，居然有37人会下围棋。他们毕业后分配到铁路部门各个站段工作，又带动更多人参与这一活动，把整个柳州铁路局的围棋普及工作，推上了一个新的台阶。资料显示，1990年底，柳州铁路局加入广西围棋协会，办了会员证的正式会员就达353人。从此，柳州铁路局（21世纪初，改为南宁铁路局）的围棋终于上了一个新的台阶。

后来，柳州铁路局体协和教育处得知桂林铁一中围棋活动开展情况后高度重视，授予桂铁一中"围棋体育传统项目学校"称号。每年下拨一定数量经费以支持，学校专门腾出一间教室开展围棋活动，局体协还鼓励由学校组队代表柳州铁路局参加自治区和铁道部围棋比赛。还邀请过河南省的李海五段到桂林铁一中，担任局围棋队的教练工作。

在一个仅有七万员工的地区级别参赛小单位中，柳州铁路局围棋取得过不错战绩：

1. 代毅多次获得广西少年男子第二名。

2. 莫云鹏、王民辉获广西少年男子第三名。

3. 曹红艳、周娅获广西少年女子第一名。

4. 韦桂燕、周荣、杨绣文获广西少年女子第二、第三名。

5. 张义宝、常传烎、周耀曾在铁道部围棋比赛中，3：0击败即将问鼎团体冠军的上海铁路局队，爆出了赛场重大新闻。

6. 2006年、2007两年，铁路最后两次参加的广西围甲比赛，在其他队大多数都邀请外省业余高手参赛的情况下，以周耀曾、王民辉、林超代表的纯南宁铁路局队，不仅保级成功，还取得团体第四名，奇迹般地把参赛的桂林市三个强队的名次甩到了后面。南宁铁路局参加比赛的三名棋手，均被大会授予甲级棋手称号。

改革开放，给围棋发展带来强劲动力，在新形势下，相信南宁铁路局围棋运动会持续发展下去，将有更多的小朋友和爱好者在这一活动中受益。

（周耀曾）

广西围棋队

　　广西围棋队于1989年成立，是广西壮族自治区体委专业队编制，由广西壮族自治区体委全额拨款，队伍建在桂林，由桂林市体委代管。

　　领队由时任桂林市体委主任的申银皎兼任，教练是葵忠阳。1990年初由河南省围棋队调入王洪军七段担任教练兼运动员。

　　当时的队员有刘青林、邹俊杰、莫云龙、莫云虎、王凡、白瑜、周结凝、梁瑞琼、吴青倩、骆燕等。其间也从桂林棋院借调刘雅洁、南宁市体委借调唐兢代表广西参加全国围棋赛。

　　广西围棋队的主要职责是训练、培养广西青少年棋手，代表广西参加全国围棋团体锦标赛、全国围棋个人锦标赛、全国围棋段位赛等比赛。

　　广西围棋队成立后，广西围棋的整体水平有了长足的提高。

　　其间，由刘雅洁、唐盈组成的广西围棋女队打上1993年全国围棋锦标赛女子甲级队，1995年全国围棋锦标赛女子甲级队。由王洪军、刘青琳、邹俊杰、唐兢组成的广西围棋男队打上1996年全国围棋锦标赛男子甲级队，1998年全国围棋锦标赛男子甲级队。刘青琳、邹俊杰、王凡、潘峰先后获得职业段位。

　　以广西围棋队为班底的桂林市围棋代表队在第七届广西运动会围棋赛上获得赛事总共7块金牌中6块金牌。

　　1998年年底广西壮族自治区体委实施奥运战略，撤销了广西围棋队编制、经费。王洪军、葵忠阳编制落入桂林市体育运动学校。

　　1999年起，广西围棋协会接管了广西围棋队，由王洪军继续负责广西青少年棋手的培养，组队代表广西参加全国围棋团体锦标赛、全国围棋个人锦标赛、全国围棋段位赛等比赛。广西围棋协会、广西华蓝集团为棋队提供参加全国围棋团体锦标赛经费，为教练和部分队员提供参加全国围棋个人锦标赛、全国围棋段位赛经费。桂林中族中药股份公司出资冠名广西中族围棋队参加了2002年全国围棋团体锦标赛。

这一时期，代表广西参加全国围棋团体锦标赛、全国围棋个人锦标赛的人员主要有王洪军、邹俊杰、潘峰、唐兢、刘雅洁、唐盈、黎念念等。代表广西参加全国围棋段位赛定段赛的主要有廖行文、刘宇、唐盈、唐崇哲、黎念念、安航、程龙等。其中廖行文、刘宇、唐盈打上职业段位。

2017年，广西区体委和广西围棋协会任命白起一为广西围棋队总教练，选拔、组建、训练广西队参加第十三届全运会群众项目围棋比赛。在天津的全运会围棋赛中，唐崇哲7段获得业余组男子个人第二名，获得全运会赛场上的一块银牌，实现了广西棋类项目在全运会上的突破。唐崇哲并与黎念念一起获得团体第五名。为此，广西围棋队受到嘉奖，唐崇哲荣立一等功。

广西围棋队存续期间，先后培养出邹俊杰六段、廖行文六段、刘青琳三段、刘宇三段、王凡二段、唐盈初段等多名职业棋手。其中刘青琳、邹俊杰、廖行文先后入选国家围棋集训队，刘青琳获第7届世界青少年围棋锦标赛少年组第三名；廖行文获第22届世界青少年围棋锦标赛少年组第一名，获第24届世界青少年围棋锦标赛青年组第二名，获第一届全智力运动会围棋少年组第二名；邹俊杰获第5届全国围棋新人王赛冠军；唐盈获2002年全国围棋锦标赛女子个人冠军。

培养出唐崇哲7段、黎念念6段、安航6段、莫云龙5段、莫云虎5段、周结凝5段、古萍5段、梁瑞琼5段、吴青倩5段、骆燕5段等多名业余好手。其中黎念念获第16届世界双人业余围棋赛冠军；唐崇哲获2016年"晚报杯"全国围棋业余赛冠军，获第13届全国运动会群众体育围棋赛业余组个人第二名，获第九届"陈毅杯"全国业余围棋赛冠军；唐崇哲、黎念念获第13届全国运动会群众体育围棋赛业余团体第五名。

队员中多人多次获广西围棋赛冠军。

广西围棋队的建立，改变了广西围棋之前居全国落后的面貌，实现了广西围棋队成立之初提出的广西围棋要在全国占有一席之地的目标。

（王洪军　白起一）

莫道桑榆晚，为霞尚满天

——记广西围棋协会副主席白起一

2016年5月28日，第30届"黄河杯"全国业余围棋公开赛在兰州落幕。这场历时6天，共有42支参赛队伍，331名棋手参加的比赛，不仅吸引了来自各大著名围棋道场冲段少年，还吸引了业余围棋界胡煜清、王琛、马天放三位业余天王，和来自韩国、日本、中国港澳台地区的选手。

在这些朝气蓬勃、神采飞扬的棋手中间，还有一些头发花白、精神矍铄的老年人，他们老当益壮，与年轻人一起征战在一线战场，同样取得良好的成绩。其中，来自北海弈海清风围棋俱乐部的白起一分外引人瞩目。他1947年出生，今年69岁，依然身姿挺拔，英姿飒爽。在强手如云的赛场上，他一开局就5战4胜，将一干少年精英和绿林豪杰们远远抛在脑后。虽然因年纪过大，精力有限，无法继续辉煌，但老年组第四的成绩已经足够肯定了他的实力。

和许多同龄人一样，白起一走向围棋之路，完全是个偶然。大概是1965年左右，白起一刚上高中一年级，有位同学是围棋爱好者，常常带着他和一些同学，到当时桂林一流棋手黄槎客老先生家里玩。黄槎客老先生为人和气又非常热心，家里的大院子宽敞明亮，前来交流切磋的棋手们络绎不绝。16岁的白起一被那深远奥妙、变化莫测的黑白世界深深吸引了，一有时间就跑到桂林市西城路的院子里看棋学棋。几位喜爱围棋的少年引起大家的关注，当时桂林市体委的张荣禧老师就拿了几副围棋来，不收费的少年棋训班就开始了。当时学习环境是非常宽松的，随便你下棋或者看棋，甚至躺在靠椅上听大人们聊天，或是到院子里踢毽子；黄老先生也不讲课，只是让他们下棋，不时在旁边指点一二。兴趣是最好的老师，学棋一年后，白起一就以少年棋手的身份获得桂林成人组第二名的好成绩，让棋友们都刮目相看。拿奖后的白起一干劲更足了，正在他努力学习棋艺，准备更上一层楼的时候，席卷全国的"文化大革命"开始了。

原本就比较保守的白起一成了彻底的逍遥派，他躲进黄老先生的院子里，学习，再学习，那纯净的黑白世界是他足以慰藉心灵的港湾。这段时光给了白起一充足的自由，让他有时间继续钻研棋艺，以至他的水平突飞猛进，达到新的高度。

白起一参加了工作，进入桂林机床厂的铸造车间，当一个最苦最累的配工。他勤勤恳恳，脚踏实地地工作，第二年就调到技术组。后来又成了很有技术的木模工。曾经的少年长大成人，他与同龄人一样恋爱，结婚，有了自己的小家。1973年的"飞鹅杯"广西围棋邀请赛由柳州铁路局举办，在柳铁俱乐部开赛，白起一拿到了他人生中第一个全区围棋赛冠军。1976年，芜湖举办全国围棋邀请赛。本次比赛不管职业和业余棋手，都混在一起较量，这对代表广西出战的白起一是个巨大的考验，也是一个向职业棋手学习的好机会。

抱着学习的态度，他珍惜每一个锻炼的机会，认真地下好每一盘棋。在与中国国家围棋队队员、上海的职业六段棋手王群狭路相逢时，他竭尽全力，奋力拼搏7个多小时后，终于侥幸半目取胜。几个小时的斗智斗勇，殚精竭虑，让他几乎虚脱；但苦战过后的胜利，又让他满心喜悦，充满了成就感。这是他学棋以来，下得时间最长，最艰苦的对局，让他刻骨铭心，至今不忘。1977年、1978年白起一继续征战哈尔滨和厦门的全国赛，陆续赢过几位职业棋手，显示出不俗的实力。在1987年广西第一次的全区定段赛中，白起一以出色的表现，骄人的战绩，从0段直接定到5段，还连续获得1988年、1989年区赛冠军，成为广西围棋界毫无争议的顶尖高手。

1977年，高考恢复了！按捺不住曾经的大学梦，白起一拾起了蒙灰的课本，短期复习后，在录取率只有3%的考试中成功突围，成为一名光荣的大学生。为了兼顾家庭，白起一选择了桂林师范的大专班，学习三年后，又到北京师范大学研究班进修，最终留在桂林师专任教，执教《文选》和

《文学概论》。从一名普普通通的工人到前途无量的大学生，到桃李满天下的大学老师，白起一完成了人生的逆转，然而，这样的逆转还没有结束。

1984年，中日围棋擂台赛横空出世，以大起大落、跌宕起伏的进程，使中国民众对围棋的关注达到了空前的高度，大量的青少年连锁效应般地涌入围棋殿堂，对围棋的推广和发展产生了难以估计的影响。许多普通人因此认识了围棋，了解了围棋，开始学习围棋。桂林市体委在这个大环境下，与时俱进，积极发展围棋教学，但苦于缺乏高水平的好老师。于是，棋艺高超，又身为大学老师、拥有渊博的学识、丰富教学经验的白起一成了他们锁定的目标。

当时的白起一已经有了7年教龄，而且是教研室负责人，未来评讲师、教授都顺理成章；而围棋教学刚刚起步，困难重重，前途难测。一边是安逸平静的生活，一边是坎坷波折的兴趣爱好，怎么选都留有遗憾。经过反复思考后，1989年年底，白起一离开平静的大学，全身心地投入围棋教学之中。这一年他的工作分外繁忙：加入由广西围棋协会主席季桂明带队的中国桂林围棋队，与队友葵忠阳征战由美国洛杉矶举办的国际城市围棋邀请赛，荣获冠军；报考围棋最高级别的裁判资格，成了国家级围棋裁判；加入新成立的广西围棋协会，任裁判委员会主任；几年后又被推选为广西围棋协会副主席。

为了多方位宣传围棋，白起一还筹办了广西唯一的一张围棋报刊《围棋之友》，集总编、主编一体，兼组稿、写稿、审稿一身，还负责排版、校对数职。万事开头难，没有稿件，他到处拉稿组稿，埋头通宵写稿；不会排版画版，自己慢慢摸索慢慢学；没有排版纸，就千方百计找《桂林日报》借。版面排好后，他还要立刻乘坐火车送到南宁印刷厂，等印刷完毕，再发行到各地。《围棋之友》每期6000份，它的发行给广西棋迷们带来了丰盛的精神食粮，收到棋迷们的广泛欢迎。但随着工作的日益繁忙，白起一的时间和精力都难以承担这样超负荷的运转，《围棋之友》发行四期后停刊，成为他心中永远的憾事。

出于当时求快求成绩的现状，白起一和同事们把主要的精力用于培养有基础、崭露头角的孩子。在他们的努力下，桂林围棋队很快就培育出曾夺中国围棋新人王的邹俊杰五段、潘峰四段、刘青琳三段。获得全国女子冠军的唐盈等职业棋手，现在称雄业余棋坛，荣获"700网晚报杯"冠军、豪领70万奖金的唐崇哲7段，就是白起一从启蒙到入段，亲手培育的。除了教授棋艺，白起一还在各方面都关注照顾自己的学生：正当唐崇哲展翅高飞的时候，他父亲意外去世，白起一牵线搭桥，得到了中族中药董事长唐小森先生的鼎力相助，才可以继续求学，取得如今成绩。

长期执教于围棋普及的第一线，让白起一开始慢慢思考围棋的意义。

围棋在他的眼中，不再是单纯的竞技运动，它包含有丰富的文化底蕴和迷人的思想意境。世人总是着眼于它惊心动魄、变化莫测的过程，沉醉于它翻云覆雨、震撼人心的结果，无限放大围棋竞技的作用，忽视了围棋最初的本质。尧造围棋，以教朱丹，围棋一开始，应该是启发智慧，教育他人为主——围棋除了胜负，更有锻炼计算能力、逻辑思维能力，提高记忆力、注意力，和磨炼性格，陶冶情操，提高素质等更广泛更深远的作用。时至今日，无论社会的重视程度，棋迷的数量，比赛的规模，围棋都已经发展到一个史无前例的高度，想要继续发展，必须得与时俱进，推广围棋的教育作用，扩大围棋人口的基数。他敏锐地感觉到，在现实社会中，独生子女越来越多，家长对孩子的期望也越来越高，如果孩子们能在少年时期接触围棋，对将来的学习和生活都有不可低估的好处。

2004年，白起一出任桂林文化宫棋艺中心总教练，开始面向社会，宣传围棋，普及围棋。经他辛勤耕耘，棋艺中心现在拥有潘峰职业四段、唐盈职业初段和黄文、莫云龙、莫云虎、安航、刘昱辰、程龙、刘成林、许艺川、李文龙等多个业余5段，共40来名经验丰富、教学耐心细致的授课老师，为桂林培育了大量优秀的小棋手。

2005年至2013年，白起一带领桂林晚报中族队，连续征战"晚报杯"中国业余围棋锦标赛。在这个高手如云、豪杰林立的业余顶级赛事中，曾取得团体第五名的好成绩。《桂林晚报》对"晚报杯"的比赛非常重视，每到比赛期间，就留出整版的版面，全方位直播比赛现场和棋手们精彩的表现。有过办报经历，文笔俱佳，又是教练的白起一成了最忙碌的人，每天除了比赛，还要协助晚报的记者写稿发稿，自己还得单独写上800字以上的专栏稿件，天天争分夺秒地与时间赛跑，忙得不亦乐乎。2015年，白起一还应桂林电视台的邀请，在《板路》栏目里做了两期电视节目，现身讲述桂林围棋的历史。他以渊博的知识和生动的语言，为大家披露桂林围棋的历史轶事，得到大家的一致好评。

除了努力传播围棋文化，他还老当益壮，参加各种比赛。2016年泛北部湾围棋联赛在北海举办，是广西近年来规模比较浩大的赛事，共有190余名业余棋手参与，分成63支队伍，其中甲级队18支，乙级队45支。覆盖了广西、广东、海南、四川、江西共5个省区22个城市。白起一本来作为教练，带领桂林中族中药队参加比赛，但临行前，选拔好的队员李志欣无法出战，他临时顶上，以队员的身份参赛，最后与莫云龙、安航共夺甲级组桂冠。

从1965学棋开始，白起一已经与围棋结缘半个世纪。在桂林围棋界，抑或在整个广西围棋界，他几乎都是一个万金油的存在。桂林和广西大大小小的比赛都离不开他的身影：不管是出任组委会成员为比赛运筹帷幄、坐镇主席台；还是客串主持，讲解棋局；抑或作为选手身先士卒、冲锋陷阵；更是身为领队、教练协调比赛，搞好后勤，他都认真地做好每一次工作，最大限度地发挥自己的作用。他还特别关注围棋界的动向，近期人工智能阿尔法挑战李世石的世纪之战，白起一特意多方了解人工智能的程序和原理。就他看来，阿尔法的工作原理非常先进，一套"价值网络"负责计算，另一套"策略网络"选择下子，在目前所有的方案中选择最佳的着法，比起容易被情绪和感情干扰的人类更少出错，更容易获得胜利。再加上阿尔法一天能下成千上万盘的对局，或研究所有高手的棋谱，这么令人恐惧的学习能力，让他并不完全看好李世石。当然，李世石的惨败也出乎他的意料，人工智能的进步如此飞速，给白起一深刻的印象和隐隐的担忧：放眼未来，人工智能势必要取代人类，在各个领域发挥巨大的作用，给将来的社会带来翻天覆地的变革。

临近古稀之年，围棋已经是白起一生命中不可或缺的一部分。但他的生活中并不只有围棋。闲暇时，他还喜欢篮球、排球、游泳等运动，不时与朋友们聚聚，喝酒品茶，唱歌跳舞。偶尔清闲下来，他还喜欢看看书报，写写诗词，这首《感怀兼答葵、李二君》的七律就写出了他平生感慨：

枰中黑白度流年，不觉秋霜染发巅。
把酒会当百盏醉，狂歌也有半天闲。
常依童稚得童趣，偶遇妙招结妙缘。
薪火相传入盛世，师恩每念敢不前。

人生易老天难老，以白起一的年纪，完全可以抛开俗务，清清静静地安享晚年。夕阳无限好，虽然近黄昏。年龄从来都不是白起一的障碍，他一直活跃在广西和桂林的棋坛上，为心爱的围棋事业默默地添瓦加砖。

（陈志萍）

原载《围棋报》2016年第3期

棋人棋事棋诗

我投身桂林围棋界已经半个多世纪，对围棋可谓倾注了大半生的感情。我对围棋的普及发展，推广交流做了一些有益的工作，对推动桂林甚至广西的围棋运动起到促进作用；而我以诗言棋、写人、叙事、抒情，则记录了我钟爱围棋的历史轨迹。她抒发了我心中的棋情，也记载了我的心路历程。

棋人棋事赋言

我，1950年出生于桂林。1962年学棋，原中南五省、广西围棋冠军袁兆骥老师是我的启蒙老师。1963初，袁老师要从桂林冶金地质学校，调去广州当围棋教练。调离前，他委托其内弟张柏芳老师（也是我读小学时的体育老师和学围棋的引路人），带我与另两位同学李昌邦、陈承祖三人，到西城路的"黄家大院"，拜桂林围棋高手、文化界名人黄槎客先生为师（以下简称黄老。黄老时年63岁，在棋、诗、书、画、声律、谜语等方面学养深厚，博识多通。黄老还是原围棋国手、中国围棋协会副主席、河南围棋"教父"黄进先老师的父亲），成为黄老的亲传弟子。

黄老在教棋中，还教我们如何做人，他说：下棋要有棋品，做人要有人品，要与人为善，和为贵，讲诚信，讲操守。空闲之时，传授我们诗、词、联、书、画等方面知识，这对我的成长很有益，我的诗词底功就从那时练起，为以后写下了许多与围棋有关的诗词打下基础。棋和诗与我朝夕相伴，成了我一生的依恋，我也做出了些成绩，赢得社会的认可：现担任桂林市围棋协会副主席、中华诗词学会会员、桂林诗词楹联学会理事、桂林市春风诗社副社长。今年我70岁，以一首七律对自己人生作了概括：

七律 七十初度（新韵）

人生已度古稀年，往事烟云涌眼前。

秃笔吟诗超百首，开盘论道岂千篇。

醉心音乐求师教，济世悬壶继祖传。

淡去荣枯无困事，悠闲自在亦陶然。

1964年暑假期间，我参加了广西体委在南宁举办的少年围棋培训班，当时黄老的小儿子黄进先老师任教。在培训期间，黄老师给我们讲了围棋的许多基本理论，使我们对围棋定式的领会、棋形的理解、大局观的掌控都有了新的认识，逐渐提高了我们的棋艺水平。事后，在黄老指教下，我写了首诗：

南宁棋训有感（古风）

各地棋童绿城逢①，名师授教情意浓。

棋山登顶勤为径，弈海扬帆乐其中。

注：①南宁又名绿城。

1964年至1966年期间，黄家大院又陆续加入了白起一、葵忠阳、邹永华、麻泽民、白起虹、容作信、叶汉芳等近二十位黄门弟子。黄家大院成了不收费的少年围棋培训班，可谓是桂林围棋界的"黄埔军校"。因为这些黄门弟子（或是再传），后来均成为桂林围棋的主力军，也成为桂林、广西的冠军（如白起一、王民学），甚至全国冠军（如唐盈，夺得女子围棋全国冠军）。黄门弟子们在黄老指导下，相互手谈和切磋棋艺，大家在一起充满了欢乐和友谊。为此我赋诗抒怀：

黄门弈棋有感（古风）

黄家大院醉棋乡，黑白扬刀比锋芒。

夺地攻城豪俊勇，运筹帷幄智者强。

旁敲侧击施巧计，破釜沉舟挽危亡。

三思而行谋略展，笑谈胜负友情长。

1975年秋季，我收到黄进先老师从河南郑州寄来的三本围棋资料，资料是用手刻蜡纸油印后装订成册。收到后我内心激动不已，它凝聚着黄老师的心血和对家乡棋友们的赤诚之心。我的眼睛湿润了，有诗为证：

厚意深情（古风）

腊板油印墨迹香，名谱成册为友忙。

手捧经籍①朝北望，酒醇酒香众乡情。

注：①经籍，指图书。

1985年4月，黄老去世，享年86岁。我们黄门弟子去尧山墓地为其祭奠，并搬石培土，修建了一座墓园。为此写词悼念黄老：

忆秦娥·悼念恩师黄槎客先生

泣声咽，先生魂断桃江月①。桃江月，亲朋好友，痛伤离别。

忆师教授情真切，如今辞世阴阳绝。阴阳绝，英灵已渺，天堂安歇。

注：①西城路的"黄家大院"坐落在桂林桃花江畔。

黄老去世后，我虽不常去"黄家大院"了，但我常常怀念他，怀念那段受教受益、身心愉悦的时光，他令我终生难忘。而且我的棋诗情结不变，黄门弟子情缘仍牵。吟诗作证：

七律 黄家大院情意留

西城往事趣相投,逐鹿纹枰乐忘愁。

挚友结交心共悦,师徒相印脉同流。

人生岁月经风雨,世事红尘去苦愁。

回首犹存棋几许?黄家大院意情留。

2018年中秋之际,我和"黄门弟子"白起一、葵忠阳、李昌邦及棋友萧文兵在回忆那段难忘的岁月时,相互深情地写诗吟怀:

中秋怀友(诗)

葵忠阳

故人白发已飘飘,往事西城久寂寥。

敬想加餐还健步,吟魂清夜为君遥。

中秋怀友(和忠阳君)

李昌邦

韶年绮事若烟飘,时对虚窗苦独寥。

携手黄家花月夜,而今长忆梦魂遥。

白起一(和诗)

秋风乍起叶轻飘,独对江山倍寂寥。

老病逢时怀旧友,未至中庭思绪遥。

萧文兵(和诗)

泛舟碎月叶如飘,一盏临风享寂寥。

木狐相伴中秋夜,绝艺如君天际遥。

七绝　中秋怀友（和诸位棋友）

黎小泉

桂子天香云外飘，中秋念友苦寥寥。

西城忆想黄家院，论道纹枰自逍遥。

1988年2月12日，我获得桂林市"青旅杯"季军：

获"青旅杯"季军有感（古风，新韵）

手谈扬起黑白剑，论道纹枰不等闲。

驰骋弈林关隘越，笑饮美酒季军缘。

2002年9月14日，桂林业余5段女棋手唐盈（黄门再传弟子），在四川成都举行的2002年"满庭芳杯"全国围棋个人赛中，夺得女子组的冠军，令围棋界震惊。

闻讯后很是激动，赞叹不已，有感而发：

七律　唐盈夺冠吟怀（新韵）

象山漓水孕精英，享誉蓉城亮彩屏。

黑马称雄七隘越，巾帼夺冠四方惊。

数年风雨酬宏愿，几载艰辛记历程。

奖状凝集棋友意，锦旗融汇老师情。

2007年初，在白起一老师（广西和桂林市围棋协会副主席、市文化宫棋艺中心负责人）努力下，成立"桂林市快乐围棋俱乐部"（以下简称俱乐部），俱乐部主席为义祥辉，名誉主席为申银皎（市体委主任）、容作信（桂林市政协副主席），顾问为：陈雨萍（原桂林市委书记）、黄进先、白起一，指导老师有：刘青琳三段、唐崇哲7段、李志兴5段、莫云虎5段、莫云龙5段，我担任秘书长职务。并于当年5月，在桂林市森林公园举行首次围棋比赛活动，有8人参加了活动：义祥辉、黎小泉、容作信、容明轩、谬执中（专程从昆明飞回）、曾庆虎、朱芳智、刘建军。我赋诗抒怀：

七律　快乐围棋俱乐部首届活动有感
快乐围棋首点兵，森林庭苑聚群英。
纹枰对垒千般趣，黑白逐鹿万缕情。
国粹传承湖海阔，风帆踊跃浪涛平。
山城棋友心相印，诗赋春风引共鸣。

俱乐部的棋友们在黑白世界里，相互传递友谊、增进感情，既有棋局的激战，也有心灵的交融。棋友们为之痴迷，它陶冶了每个人性情，给大家带来快乐。为此，赋诗吟怀：

快乐围棋感赋（古风）
志趣相投有缘来，岁催白发伴棋台。
捕捉战机施巧计，围歼大龙展奇才。
遨游弈海抒胸臆，痴迷黑白悦心怀。
不循世俗荣枯事，潇洒人生快乐哉。

2010年6月14日—15日，俱乐部邀请南宁市快乐围棋俱乐部一行14人，来桂与我们在灵川潭下的松湖星月度假村进行友谊赛。两天共进行了三场对抗赛，桂林队以30比25获胜。为此赋诗吟怀：

邕桂围棋友谊赛抒怀（古风）
山城雨露润心房，八桂棋友聚一堂。
酒光照座杯盘灿，茶气侵人笑语香。
短信平台飞诗意，松湖手谈叙衷肠。
潇洒人生欣旷达，天下知交共情长。

2008年5月至2016年10月期间，俱乐部还陆续与河南南阳市、洛阳市、开封市的各界围棋队进行相互访问、交流并切磋棋艺，对弈中我悟出些棋理。有诗志兴：

与河南棋友相聚感怀（古风）

纹枰对垒共痴迷，熟虑深思捕战机。
腾挪近身时时击，侵消攻垒步步移。
双飞燕阵夺城地，单骑骁关破铁篱。
吴图玄机心顿悟，人生也是一盘棋。

忆秦娥·惜别

金秋夜，与君惜别榕湖苑①。榕湖苑，心声倾诉，情真意切。纹枰论道堪豪杰，翰墨神蕴兰亭帖。兰亭帖，佳作流芳，悬笔一绝②。

注：①2016年10月31日，在桂林榕湖饭店与来访的河南书画界的棋友们告别时，相互依依不舍，含泪告别，笔者见此盛情，填词抒怀。②悬笔一绝，开封市书法家张汉魂先生的悬笔书法，堪称一绝。

俱乐部还接待了外国的围棋友人。2013年9月15日，接待了美国围棋队；2014年5月，在三里店穿山体育中心的桂林棋院，与韩国光州围棋队代表团进行棋艺交流。亦有诗咏之：

中美韩棋友相聚感赋（古风）

三国棋友豪兴盛，手谈黑白聚山城。
输赢胜负烟云过，纹枰结谊赋真诚。

2013年11月30日，南宁市快乐围棋队再次来桂访问，在市体育中心棋院进行了5场友谊赛，桂林队以14∶13险胜。诗曰：

七绝　桂邕友谊赛吟怀

未了宝刀常试锋，纹枰几度夕阳红。

调兵遣将中军帐，黑白沙场志若虹。

俱乐部从2010年到2019年止，连续10届组队参加"广陆杯"桂林围棋联赛，对联赛的手谈过程享受很多，感受颇深：

七律　"广陆杯"围棋联赛感怀（新韵）

无烟战火起纹枰，争斗黑白巧用兵。

边角抢夺先占地，中央挺进再张形。

臭棋一下危城困，妙手三招险处生。

世事如棋难预料，何须相互较输赢。

2011年8月11日—14日，"真龙（禅韵）杯"广西围棋排名赛在南宁举行，俱乐部罗宪、李建华经九轮比赛，获乙组冠亚军。他们为桂林争了光，作词志庆：

忆秦娥·赞广西"真龙杯"（乙组）冠亚军获得者

邕州月，纹枰论道倾心血。倾心血，绿林好汉，争夺激烈。

真龙杯赛九关越，　艰难夺冠奖杯接。奖杯接，春风满面，如花笑靥。

2016年4月29日，俱乐部指导老师唐崇哲7段，在第一届"700网晚报杯"业余围棋公开赛总决赛中夺得冠军，捧走70万元奖金。赋诗祝贺：

唐崇哲"晚报杯"夺冠有感（古风，新韵）

论道黑白藏奥妙，纵横十九有奇招。

唐君笑傲楸枰里，晚报杯赛领风骚。

2017年10月3日，快乐围棋俱乐部名誉顾问、原桂林市委书记陈雨萍先生去世。陈书记对桂林围棋的发展倾心倾力地支持，是我们围棋界棋友们的良师益友，棋友们惊闻噩耗后，纷纷前去悼念，痛哭离别。我赋词祭悼悲吟：

忆秦娥·悼念陈雨萍书记

泣声咽，陈君仙逝哀英杰。哀英杰，大地泪歌，九天飞雪。

夕阳残照心啼血，友朋痛悼悲声切。悲声切，思君容貌，泪飞陵阙。

2018年11月25日至27日，我和曾庆虎、黄进、萧文兵、陈淳等5位快乐围棋俱乐部成员，代表桂林市到梧州参加广西全民健身运动会的围棋比赛，获得第七名的成绩，荣获三等奖，受到市体育局的好评。诗赞：

广西全民健身运动会围棋赛感赋（古风）

梧州水都又相逢，八桂弈友情更浓。

黑白手谈博其趣，纹枰论道妙无穷。

2019年3月18日，桂林市围棋协会举行选举大会，我当选市围棋协会副主席。为此，我作诗感赋：

桂林市围棋协会改选感赋（古风）

十九春秋手谈中①，国粹传承志相同。

八方来客寻棋梦，四海扬帆壮碧空。

笑语举杯思往事，豪情击节忆初衷。

岁月化作乌鹭曲，唱醉岭南一抹红。

注：①桂林市围棋协会，于2000年11月24日挂牌成立，至今19年。

2019年8月，桂林市快乐围棋俱乐部改选，我被选为俱乐部主席（副主席为张中林和黄进），我们决心更好地为棋友们服务，为传承国粹文化作出新贡献。为此，赋诗吟怀：

快乐围棋俱乐部新服务班子成立有感（古风）

纹枰知己十二秋①，黑白手谈情意稠。

修订章程道新意，选出班子话良谋。

甘为驭驾扬蹄马，愿作操犁俯首牛。

殷勤烂柯开山路，快乐围棋展鸿猷。

注：①快乐围棋俱乐部自2007年成立，至今已12年。

2019年9月，在内蒙古阿尔山市举办的2019年首届全国少数民族围棋大赛中，俱乐部的义祥辉校长获得个人赛银奖。诗赞：

七绝　义校长获银奖抒怀

内蒙棋战雄风展，善用纹枰黑白兵。

人世万般皆一理，全凭运智定输赢。

2019年12月3日，中国围棋协会原副主席、广西围棋协会名誉主席、广西人民政府原副秘书长季桂明先生，在南宁去世，享年87岁。我赋词悼念：

忆秦娥·悼念季桂明主席

苍天泪，季翁仙逝星陨坠。星陨坠，冬风悲歌，亲朋祭酹。

不忘初心为民累，勤恳棋坛终无悔。终无悔，鞠躬尽瘁，令人敬佩。

2019年12月8日，中族药业董事长唐小森和办公室主任张中林，在中族药业集团的哈佛大楼，为黄进先老师和申银皎主任举行相遇、相识、相知六十年友情纪念会。会上忆往昔，谈现在，追未来，棋友们推心置腹，充满深情，让人难以忘怀。诗曰：

黄老师、申主任相识相知六十年志庆（古风）

黑白银球绿城缘，相识相知六十年。

情栽弈林千园秀，心倾乒坛百花妍。

哈佛楼里怀旧事，山城大地听新弦。

倚窗远眺晴霄外，桑榆晚霞更艳天。

2020年7月19日，在"新冠"肺炎疫情过后，快乐围棋俱乐部迎来了当年的第一次围棋活动，即"漓江国粹文化周围棋精英赛"。

七绝　漓江国粹文化围棋精英赛抒怀

漓江国粹精英赛，悦府鏖兵展弈才。

其乐融融心畅快，无穷趣味自棋台。

城围联赛抒怀

2015年，城围联开赛以来，俱乐部每年都组队参加业余组的三人棋赛。开赛当年，我代表桂林合和队业余组参加南宁城围联赛活动，诗曰：

城围联赛南宁行（二首，古风）

一

城围联赛聚邕江，弈友相逢又举觞。

纹枰执手同论道，棋坛盛会铸辉煌。

二

城围联赛邕州逢，桂林合和展雄风。

传承国粹古文化，弈林驰骋立新功。

城围联 2016 年赛季总决赛，于 2017 年 2 月 25 日至 26 日在上海举行，我有幸代表桂林合和队参加百团大战，新的赛事和形式给我带来新的感受。有诗为证：

城围联赛上海行（二首，古风）

一

城围联赛沪江行，大战百团出奇兵。

改革棋坛新赛事，弈友拍手笑心鸣。

二

沪上纹枰硝烟起，黑白搏杀抓战机。

两角攻占扩边地，单骑打入救孤急。

将遇良才平秋色，棋逢对手伯仲里。

精彩名局呼过瘾，弈友情缘永珍惜。

2017 年 12 月 23 日至 25 日，我与俱乐部容作信、曾庆虎等三人，代表桂林合和队，到成都参加城围联 2017 年赛季总决赛的各项活动，感受颇多，作诗吟怀：

成都城围联赛感赋（古风）

黑白硝烟起蓉城，十九纵横铁骑鸣。

百团对垒争金鼎，一代雄风扬征程。

夺地张势三军志，韬略神机百万兵。

欣喜棋坛新赛事，国粹传承遍海瀛。

2019 年 1 月 14 日至 16 日，在南宁的南国弈园和广西电视台演播大厅举行城围联 2018 年赛季总决赛活动，决赛两支队伍分别为：江苏南京苏中建设队和上海中国天楹队，苏中队 2 比 0 胜出。我应邀到现场参加活动，并赋诗抒怀：

咏2018赛季城围联决赛（古风）

南国弈园聚群贤，双雄捉对舞翩跹。

逐鹿邕州显身手，苏中胜出奏凯旋。

2019年5月25日至26日，"柳钢杯"城围联2019年赛季开幕战企业家围棋赛在柳州钢铁厂举行。俱乐部主席义祥辉校长与南宁市两位棋友合作，夺得企业家组三人联棋赛冠军。我与俱乐部罗宪、曾庆虎组队参加企业家组三人联棋赛，第四轮中我们战胜了韩国九段棋手梁宰豪为首的队，颇感自豪，并与梁九段合影留念。之余，写诗抒怀：

城围联企业家赛感赋（古风）

群贤聚会柳钢楼，喜入方圆乐悠悠。

玉指落揪抒雅兴，棋企结缘话良谋。

纹枰手谈情互倾，运筹博弈意交流。

一腔壮志今犹在，击浪推波又泛舟。

2019年12月1日至3日，城围联2019年赛季决赛、棋迷接力赛、企业家联棋赛在北海银滩的假日大酒店举行。我应邀参加，对整个活动感觉很好。写下了系列组诗：

城围联北海行五首（古风）

一、城围联北海行

城围联赛灵洁地，多少豪杰出弈林。

佳讯频传喜不禁，层楼更上豁眸襟。

珠城银滩风云卷，皇冠酒家悦棋音。

吴图老将犹亮眼[①]，纹枰新秀总经心。

注：①吴图，指围棋。

二、咏北海弈海清风围棋队（城围联总决赛队之一）
十九纵横出奇兵，纹枰对垒细柳营。
桂军虎将英雄胆，决赛珠城展壮情。

三、咏南京苏中建设围棋队（城围联总决赛队之一）
建业之城蕴俊雄，城围征战建奇功。
棋才深厚威力盛，夺冠豪情贯长虹。

四、赞城围联接待人员
满腔热血操心碎，辛苦千般为友忙。
一片赤诚忠职守，情操陶冶散馨香。

五、咏最佳传播奖刘帆老师
纹枰论道说今古，沃土弈林喜耕耘。
摆谱栏目聆教诲，最佳传播玉石音。

这次到北海参加城围联的活动感受很深，城围联自2015年初在南宁成立至今已5年，5年来由一株幼苗逐渐成长壮大，开创了围棋新的历史，取得了辉煌的业绩，在国内外围棋界享有盛誉。为此，我作诗赞叹：

城围联，明天更辉煌
——城围联五周年有感（自由诗）

今天，我看到了城围联
五年来走过的辉煌
啊！城围联
从创始的那一天

就奠定了你们的梦想
追寻华夏文明的足迹
传承中华国粹的精髓
绽放弈林百花的芬芳
为世界棋坛架起一座友谊的桥梁……

城围联，
你诞生于邕州之地
你走进八桂，
生长养育你的家乡
你走出广西，
走进广袤的神州大地
走入棋迷们的心房
把革故鼎新的理念
把别具匠心的赛事
传播四方
……

啊！城围联
五年来，在这片土壤上
辛勤耕耘，抛洒汗水
群策群力，恣意汪洋
深深挖掘围棋蕴含的丰富内涵
让围棋四千多年的文化底蕴
在你们的手中
传承发扬
……

五年来

你们勤奋努力

与时俱进

为中国围棋的历史

书写新的篇章

如今，

人才荟萃，高手云集

莺歌燕舞，百花齐放

一年比一年

取得了

"百尺竿头，更进一步"

不断地成长

……

城围联，

五年来，

你们走过了辉煌

今天

你们又开始

新的里程碑

"九层之台，起于累土；

千里之行，始于足下"

我相信，

城围联的明天

必定更辉煌

也一定更辉煌。

赞围棋杰出贡献者

桂林围棋与中国围棋的发展一样，离不开各级领导和各界人士的支持和关心，离不开围棋界的国手高手、名士宿儒们的指导和帮助，这些围棋界杰出贡献者的关爱情怀和拓展精神令人敬仰、赞叹不已！

2008年1月15日至18日，第四届倡棋杯中国职业围棋锦标赛决赛在桂林举行，古力九段以2：1击败刘星七段夺得冠军。中国棋院院长陈祖德九段亲临桂林赛场，与桂林棋院刘雅洁（女）二段作挂盘讲解。在刘雅洁二段默契的配合下，陈院长的讲解妙语连珠、循循善诱、引人入胜，使棋迷们拍案叫绝。我也深受感动，吟诗赞颂：

咏围棋国手陈祖德九段（古风）

江南灵地蕴鸿俦，纵横纹枰展远谋。

取胜东瀛怀大志，泛舟弈海立潮头。

匠心别具新定式，享誉棋坛中国流。

古谱精解十六卷，超越自我传千秋。

2018年11月30日，聂棋圣与王元八段到桂林访问，与棋友们坐船共游漓江，切磋棋艺，其乐融融，棋趣无穷。

赞棋圣聂卫平九段（古风，新韵）

豪放弈林俱仰公，棋圣封号获殊荣。

体育杯赛八称霸，访问东瀛六度雄。

中日擂台施妙手，神州刮起聂旋风。

纹枰传颂名局谱，论道篇章阅未穷。

王汝南，1946年9月2日出生于安徽合肥，中国著名围棋运动员，中国棋院院长，中国围棋协会主席。

在王汝南院长的正确领导下，常昊夺得应氏杯后的一年间，中国棋手又夺得了CSK杯亚洲团体冠军，罗洗河九段、古力九段又先后赢得了三星火灾杯和LG杯世界冠军。吾有诗曰：

咏国手王汝南八段（古风）

庐州①孕育栋梁才，受命临危亦壮哉。

帷幄运筹韩流破，纹枰沥血世冠回。

弈坛争霸棋论道，战地指南谜解开②。

七四之龄不服老，扬帆弈海泛舟来。

注：①庐州，指合肥。②弈坛争霸和战地指南，指王汝南出版的著作《弈坛争霸三十年》和《中盘攻防指南》等书籍。

2011年12月23日，国手马晓春九段应邀到桂林访问，我有幸参加了接待。在桂林粥城共进午餐并合影留念。享誉世界棋坛的马九段，风度翩翩，语言风趣，给我留下深刻印象：

赞围棋国手马晓春九段（古风，新韵）

名人连霸谁争锋，富士东洋两度雄。

三十六计施妙策，笑傲纹枰自始终。

黄进先，1943年出生，桂林人。前围棋国手，专业六段。曾担任河南省围棋队总教练，中国围棋协会副主席。黄老情牵故土，经常回到家乡，为桂林、为广西乃至中国的围棋事业初心不改，勤勤恳恳、耕耘不已。

2005年11月15日，黄进先老师回到家乡桂林，深入桂林市民主路小学，在学校龙校长陪同下，开展围棋普及活动，将国粹文化传承后人。我深为感动，赋诗吟咏：

赞黄老传棋 （古风）

教头黄老临校院，论道纹杆赞圣贤。

国粹弘扬传后辈，而今白发不言闲。

2008年，《围棋天地》杂志第19期封面，刊登黄进先老师照片，称之为河南围棋教父。诗曰：

赠黄进先老师 （古风）

围棋教父黄进先，枚杆论道数十年。

且喜满园桃李艳，莫悲两鬓黑白间。

2010年10月国庆期间，黄进先老师夫妇从郑州回桂林与快乐围棋俱乐部的棋友们相聚。离别时，大家都依依不舍，含泪执手，倾诉衷肠。我见此景此情，作词抒怀：

青玉案·与黄老师夫妇相聚有感

师生共沐漓江雨，意深切，情倾诉。循循善诱黑白谱，乐洒甘霖，心血浇注，勤搭登攀路。

长亭送君又离去，快乐棋友盼再聚。问我相思有几苦？一首辞赋，半壶美酒，思绪随云翥。

2018年，黄进先老师回到广西，受聘于城围联担任顾问。虽身患隐疾，却为中国的围棋事业继续发光发热、奋斗不已。诗赞：

咏围棋国手黄进先 （古风，新韵）

弈坛泰斗早名传，应聘中原启后贤。

四海精英频顾盼，五湖棋才更秀妍。

情牵故土乐乌鹭，古稀之年喜未闲。

倾心纹枰皆锦绣，春风笑傲岭南间。

2000年1月9日，围棋国手刘小光九段在桂林举行的"2000年挑战吉尼斯围棋赛"中，同时与139人对弈，并取得120胜3和16负的佳绩（胜率达到80％以上）。这一成绩超过1998年1人对130人的王海钧七段而成为新的吉尼斯纪录。上海大世界吉尼斯总部当晚向刘小光颁发了证书。

我有幸参加了这次车轮大战，对刘小光九段的辛勤付出和坚强毅力由衷地钦佩。赋诗感怀：

七律　咏围棋国手刘小光九段（新韵）
奇才一代起开封，后浪横空跃卧龙。
拼搏沙场呈睿智，流连棋阵获殊荣。
几回夺冠赢清誉，百谱成篇唱大风。
沥血呕心培柱栋，李桃繁茂耀霞虹。

林建超，男，生于1952年。祖籍陕西大荔，出生于湖北汉口，成长于北京。党的十七大代表。原中国人民解放军总参谋部办公厅主任，少将军衔。2017年12月29日，林建超当选第十届中国围棋协会主席。林建超主席学识渊博、博古通今，对围棋理论有深而广的研究。

七律　咏林建超主席
中军执掌历沧桑，筚路荒开气宇昂。
论道丛书①传妙谛，棋谈大众②续辉煌。
几多谋论圆心结，无数情怀著锦章。
国粹弘扬光四海，千秋赞颂永流芳。
注：①论道丛书，指林建超著有的《围棋与国家》大型丛书；②棋谈大众，即棋入大众，指林建超提出的围棋要"六进"：进学校、社区、乡村、企业、机关、部队，以及"五业"：事业、行业、职业、产业、学

业。使围棋更加大众化，产业化，国粹文化更加深入人心，更加发扬光大。

2019年11月19日至20日，2019年相城区第四届"太平书镇杯"围棋元老邀请赛，在苏州相城区太平书镇举行，聂卫平九段战胜黄进先六段夺得冠军。

黄进先老师，把消息告诉我，并微信发了张四位国手的合影照片。我望着照片，心潮涌动，赋诗遥寄：

第四届"太平书镇杯"围棋元老赛感赋（古风）
太平书镇战旗扬，小院盈香聚栋梁。
棋落楸枰化春色，黑白从心谱华章。
坐隐吴图推岁月，驰骋弈林感沧桑。
乌鹭悠悠飞河洛，弈友手谈醉斜阳。
注：坐隐、乌鹭、河洛指围棋。

雷翔，1957年10月，生于四川成都。广西华蓝集团党委书记、董事长兼总经理，华智城围联体育产业股份公司董事长。现任中国围棋协会副主席，广西围棋协会主席。

2015年在绿城南宁，雷翔在城市围棋联赛上，以新的赛制形式开创了围棋运动新的格局，受到棋手、棋友、棋迷们的热烈欢迎。它推动了围棋运动的发展与普及，促进个城市围棋界的交流与合作，推动了围棋产业发展。

咏城围联赛创始人雷翔（古风）
城围联赛绿城扬，开辟先河颂雷翔。
别出机杼创赛制①，追求卓越铸辉煌。
传承国粹凝心血，绽放弈林溢芬芳。

放眼纹枰年五载，方兴未艾正郁苍②。

注：①别出机杼，比喻有所创新。②郁苍，指草木苍翠茂盛。

刘帆，专业四段，著名围棋节目主持人，城围联武汉队总教练。

2018年5月20日，刘帆老师到桂林访问，我有幸接待了刘帆老师，与他交谈甚欢。诗曰：

与刘帆老师相聚有感 （古风）

长江孕育悟性灵，天元围棋亮荧屏。

纹枰论道展才智，摆谱栏目献真诚。

句句妙语育学子，字字精炼历心程。

遍地蕙兰施化雨，满园桃李感春情。

咏国手於之莹六段（古风）

太湖明珠①女英雄，师从聂门②蓄内功。

奋发棋海千重浪，勇攀柯山万仞峰。

六霸中信扬盛誉，五捧金杯展从容。

扶摇又向邕城去，城围决赛唱大风。

注：①太湖明珠，指无锡市。②聂门，於之莹9岁到北京聂卫平道场学棋。於之莹所在的天域生态江苏队六次夺得中信置业杯女子围棋甲级联赛第一名。从2009年到2018年，於之莹夺得五项国内和国际的冠军。是城围联2019年赛季参加决赛的队伍江苏南京苏中建设队主力队员之一。

咏国手周睿羊①九段（古风）

开拓方圆二十秋，倾心黑白展鸿猷。

泛舟棋海轻荡漾，学艺纹枰苦追求。

奇兵破垒施妙计，雄关飞越显风流。

七捧金杯载史册,城围决赛立潮头。

注:①周睿羊,1991年生于陕西西安。7岁学棋,至今20年。他7次获得国内和国际的各项赛事冠军。现在城围联的上海中国天楹队,进决赛。

咏国手刘世振①七段(古风)

少小成名惊浦江,伟略雄韬胸内藏。

新人王赛夺桂冠,中韩对抗创辉煌。

栉风沐雨培桃李,热血丹心育栋梁。

赞声鲜花犹记忆,城围决赛又扬航。

注:①刘世振,城围联赛决赛队之一的上海中国天楹队教练兼队员。1977年出生于上海。1992年入段,2007年升七段。2000年获第7届新人王赛冠军和第3届中韩新人王对抗赛优胜奖。2009年担任上海围棋队主教练,培养后备力量。

咏业余围棋天王胡煜清①8段(古风)

黄浦江水育精英,天元围棋共心鸣。

绿林征战成霸业,江湖清谈②感赤诚。

园丁辛苦一堂秀,岸柳成荫百花明。

风流倜傥凌云志,城围联赛见豪情。

注:①胡煜清,围棋业余界四大天王之一。城围联决赛队伍之一的上海天楹队队员。②江湖清谈,天元围棋中的一个栏目,由胡煜清老师主持。

白起一,桂林人,生于1947年9月。广西围棋协会副主席,广西著名教练,国家级裁判,业余6段。曾多次获广西围棋男子个人冠军。担任教练后曾培养全国业余冠军唐崇哲、全国女子冠军唐盈,以及潘峰四段等一批职业和业余高手。21世纪初组建并任桂林希望之星围棋学校(原文化宫棋艺中心）总教练，倡导围棋促进素质教育，其学生曾夺得两届桂林高考理科状元。

白起一老师对桂林乃至广西的围棋发展作出重大贡献，值得称赞：

赞白起一老师（古风）

剑气箫心①美誉留，八桂夺冠少年头②。

黑白逐鹿雄风劲，纹枰手谈弈力道。

栋梁造就撑大厦，桃李芬芳溢九州。

花谢花开遵时序，唯有棋思不尽休。

注：①剑气箫心，指能文能武的才子。②少年头，指年轻时代。

2017年8月8日至10日，在内蒙古自治区鄂尔多斯市举办的中国围棋大会全民围棋团体锦标赛上，白起一以70岁高龄取得五胜一负的成绩，晋升为业余6段，引起轰动，创造了高龄升段的新纪录。为此，笔者心中激动不已，赋诗吟怀：

七绝　起一先生七十升段感赋

弈海扬帆续远航，征途踏浪气高昂。

江湖跋涉磨铮骨，七十荣升颂夕阳。

"广陆杯"是桂林围棋界的盛会，自2010年以来，连续举行了10届，每年有近30支队伍、200人参加，在桂林很有影响力，赞助商为桂林广陆数字测控有限公司的董事长彭朋。对他的鼎力支持和他深厚的围棋情结，有诗为赞：

赞企业家彭朋（古风，新韵）

鼓鼙声振岭南风，漓江河畔聚棋雄。

韶华拼搏企业里，卸甲悠闲手谈中。

逐鹿黑白神奕奕，坐隐吴图乐融融。

相会山城抒情意，玉指落楸荡心胸。

在桂林，还有一位大力支持桂林围棋事业发展的企业家，他就是桂林中族中药股份有限公司董事长唐小森。长期以来，是他不遗余力地支持着桂林围棋运动的发展，使得桂林的围棋事业得到长足的发展。赋诗以赞：

赞企业家唐小森（古风，新韵）

中族药业聚神农，为民制丹夺天工。

汇集奇方除疾病，精研妙品去愁容。

百草回春常青树，千方济世不老翁。

倾心棋道扬国粹，携手联谊绘彩虹。

申银皎，原桂林市体委主任、市围棋协会主席。他对围棋总是不遗余力地关心、帮助、支持，对桂林围棋事业作出很大贡献。以诗表达感谢之情：

赞体委申银皎主任（古风，新韵）

体坛元老赞银皎，带领桂军夺锦标。

银球网上施技巧，黑白博弈展高招。

一叶关情常聆语①，四时勤政费心劳。

不为青蚨②有骨气，名留史册赞英豪。

注：①一叶关情，指对百姓的事都关心，牵动情感。聆语：仔细认真听取意见。②青蚨：钱的代称，古代指铜钱。

王洪军，河南安阳人，1965年6月生人，职业七段。桂林市围棋协会常务副主席兼秘书长，桂林棋院院长。

1990年与妻子刘雅洁（围棋职业二段）从河南到桂林执教广西围棋队，

为桂林乃至广西的围棋事业作出卓有成就的贡献。为此，赋诗雅赞：

七律　赞王洪军老师

安阳离别三十秋，携妻南援到桂州。

五尺讲台传所学，半生心血尽涓流。

勤浇园圃培新秀，辛苦耕田做老牛。

似酒棋情乌鹭里，楸枰黑白醉胸头。

诗弈情缘与艺术追求

诗言志、抒情、叙事，诗中描述围棋的岁月天地，抒发围棋人的志向抱负，表达围棋的人情事理，像一座桥梁和一条纽带，将围棋的人和事与诗紧密联系在一起，为围棋人的相遇、相识、相知，作了很多铺垫。好的诗篇，让人涤荡心灵，陶冶性情，使我们的道德情操得到升华。我将不忘初心，沿着这条路坚持走下去。诗曰：

七律　诗弈情缘抒怀

扬帆棋海度春秋，诗弈情缘艺术求。

变幻风云枰记载，沧桑岁月谱存留。

图强奋发方圆业，击楫中流立浪头。

七十老翁虽已是，初心不忘又层楼。

（黎小泉）

一个围棋高手的关爱情怀

我要说的围棋高手是桂林围棋界知名"三家"[1]之一、"潘家"中的潘世兰先生，大家都亲切地称他"老潘"。在桂林围棋界颇有名声，在20世纪六七十年代的桂林围棋赛中多次获得冠军。老潘为人谦和，平易迎人，乐于助人，关爱青少年棋手和棋迷朋友，他们中许多人都得到老潘的培训和指教，使棋力大长，成为桂林围棋界的骨干。其中，"老潘"与棋迷朋友朱芳智的一段棋缘，成为桂林市围棋界的一段佳话，至今回忆起来，还津津乐道。

1983年8月，老潘的亲戚告诉他：她所在的桂林第三砖瓦厂，有个叫朱芳智（大家都叫他老朱）的同事，30多岁的小伙子，酷爱围棋。但苦于没有高手指点，没长进，水平不高。很想有高手来指导他提高棋艺水平。她知道老朱的想法后，就告诉他，有个亲戚叫潘世兰，在桂林下围棋有点名气，老朱一听，顿时眼前一亮，心里一振，说：那的确是个高手，如果能指导我下围棋，那再好不过了！老潘知道这事后，冒着酷暑，步行十多里，到桂林砖厂与老朱下了几盘让子棋，并复盘讲解，这令老朱十分感动：一个市里的围棋冠军，如此平易近人，一点架子都没有，而且这么大热天，步行这么远到厂里来指导一位素不相识的围棋爱好者，这体现了一个围棋高手的关爱情怀。

从那以后，老潘与老朱结识成了棋友、朋友。老朱从老潘身上学到的不仅是围棋知识，还有人文的关爱情怀。后来，老朱的棋力大有长进，成

---

[1]桂林市围棋界有知名的"三家"：即"黄家"，以黄裩客先生为代表；"潘家"，以潘世兰先生为代表；"龚家"，以龚焕文先生为代表。

了桂林市"快乐围棋俱乐部"的高手。而且他也以关爱情怀感恩生活、回馈社会，多次出资赞助桂林市"元老杯"围棋赛和"快乐围棋"的各种比赛，还特邀老潘参加比赛。

（黎小泉）

围棋教育的几点思考

我几十年的好朋友、老棋友义祥辉博士现任华智围棋学校校长，他鉴于我的教育学学科背景，建议我去开一门围棋教育学课程。虽然离开高校很久了，但听到能去上课，还是会有一些莫名的兴奋，特别又是相对熟悉的围棋和教育领域。冷静后细想，又觉得哪里不太对。围棋教育学成立吗？美国学者伯顿·克拉克在《高等教育新论》中提出：学科包含两种涵义，一是作为知识的"学科"；二是围绕这些"学科"而建立起来的组织。从创造知识和科学研究的角度看，学科是一种学术的分类，指一定科学领域或一门科学的分支，是相对独立的知识体系。围棋本身作为极具华夏文化印记的文化现象，虽然已存在了四千多年，长期以益智游戏和智力竞技运动存在于人们生活实践之中，如同庖丁解牛、轮扁斫轮等技艺一样。至今未成为一门独立的学科。虽然古今中外不乏专门研究围棋的大师，如东汉班固的《弈旨》，重立象比德；黄宪著《机论》强调围棋以机取胜，为治国之道；敦煌《棋经》为棋艺理论专著；北宋张拟《棋经十三篇》融儒、道、兵、棋诸家思想，为围棋理论和实战集大成之作；元代棋谱合集《玄玄棋经》；近现代的吴清源《二十一世纪的围棋》；当代陈祖德主编的《中国围棋年鉴》；棋圣聂卫平《聂卫平自战百局》等，从历史、文化、政治、军事、艺术等全方位多角度对围棋进行探索，但多集中在技艺方向。随着 *AlphaGo* 的横空出世，围棋技艺研究达到了前所未有的顶峰。而围棋理论研究却少有出陈易新，更谈不上完善的理论架构、学术假说以及科学实验等学理基础。围棋学尚处在摸索之中，远未成熟。建构在围棋学之上的围棋教育学又因何而生呢？

带着问题去查阅围棋理论研究的成果，林建超主席的宏观巨著《围棋与国家》系列，陈祖德先生的《围棋文化研究丛书》等都试图从围棋理论研究方面进行突破。知网上从20世纪90年代至今的120多篇硕博论文，也在尝试从不同领域，不同着力点，去推动围棋学的巨轮。就目前研究成果来看，依然显得甚为单薄。对比目前已成型的学科，无论是古老的哲学、医学、法学、神学、数学，还是年轻的计算机学、量子力学、人工智能学、生物感应学、影像学等，都有着百万、千万级的论文沉淀，围棋学的学科建设在目前围棋研究的基础上，真的可以破茧而出吗？据义祥辉博士介绍，林建超主席正在组织筹备出版《围棋学概论》，我索要草稿未能如愿，只能期盼了。

　　又说回围棋教育学课程，更是问题多多，汇总起来有两大方面问题。第一，围棋方面的问题。首先，绕不开的是如何定义围棋？林建超主席认为，围棋是中国人发明，现存最悠久的棋类游戏，是以黑白两色棋子，双方轮流行棋在纵横各轨道的棋盘上，争夺361个交叉点中多数交叉点的智力博弈活动。戴耘先生认为：围棋是争夺地域空间的战争游戏，其本质是争夺资源，维护利益而产生的冲突和妥协，以及利益重新分配的过程。赵之云、许婉云编《围棋词典》认为：围棋，一种策略型两人棋类游戏，中国古代称"弈"，西方名称"go"。这些定义从不同维度对围棋进行了界定，或宏观或具象，但围棋本质是什么呢，很是疑惑。围棋的广义边界在哪里，是文明？是文化？都相关，都能达成某种共识，也都能逻辑自洽。围棋肯定是文明的产物，围棋必然是一种文化现象。可细细一想，人类社会所有的活动又有哪个不烙上文明文化的印记呢？围棋的广义边界延展到文明和文化是否太大了，太宽泛了。围棋上位属界定在哪里比较恰当呢？逻辑学给概念的概念这样的约定的，并被学术界普遍认同。概念是思维的基本形式之一，反映客观事物一般的本质特征。人类在认识过程中，把所感觉到的事物的共同特点抽象出来，加以概括，是本我认知意识的一种表达，形成概念式思维惯性是人类所认识的思维体系中最基本的构筑单位。给概念下定义一般遵循一个公式，即被定义概念=种差+邻近上位属概念。以此为思考元点，围棋的邻近上位属就值得认真探讨。我的初步想法是有两个方向的上位属，一个是游戏方向，一个是体育方向。先谈游戏方向，皮亚杰根据游戏与认知发展的关系，把游戏分为练习性游戏、象征性游戏和规则游戏。其中规则游戏是两个以上游戏者在一起按照预先规定的规则进行的，具有竞争性质的游戏。再谈体育方向，在我国体育总局机构设置中，围棋归口于项目管理中心中的棋牌运动管理中心（又称中国棋院）的围棋部，与象棋部、国际象棋部、桥牌部、国际跳棋部并列。在这个十字路口上，围棋理论研究该向哪个方向走？走的方向不同，甚至侧重不同，围棋理论研究和教育就会出现重大分野。围棋教育的培养目标，就会有巨大分歧。是培养围棋专业人才，还是以围棋为手段培养合格的社会人才？似乎，后者更为重要，更具"普世价值"。其次围棋有哪些种差属性，最基本的种差属性是什么？是重表征种差属性，如黑白子，三百六十一个点，对局双方，轮流行棋等；还是重抽象种差属性，如子力、子效、定式、获胜方式等。其种差属性的研究既要区别于围棋与其他棋类（如中国象棋、国际象棋、日本将棋等），又要发掘围棋的本质属性。季博青先生提出围棋的本质是资源、利益的纷争、妥协和再分配；又如韩国郑寿铉教授提出的解决问题的能力等。种差属性研究不仅能揭示围棋的价值、围棋的魅力，又能为围棋教育提供递进式的合理规划。最后，围棋的终极目标是什么？此问题至少涉及围棋技艺的终极目标和围棋模拟学习的终极目标。从现代围棋的发展方向上来看，*AlphaGo*为代表的AI的迭代所建构不同算力模式、剪枝选向模式，无疑代表着围棋技艺发展的未来。随着量子计算机的研发，使得单点演算过渡到多比特同步演算，其算力将会呈现几何级增加。去中心化、去人类经验化的AI模式，在围棋技艺发展上，使得人类与计算机的差距将会扩大到维度差的级别。这就产生了一个问题，人类围棋的终极目标是什么？以围棋为手段，借助围棋的独特性，教化人们对未知推导、复杂关系建构、资源利用和拓展等能力学习以适应万千变化的现实和未来。作为人类围棋发展的终极目标真是不得而知，值得深思和探索。

第二，围棋教育方面问题。首先跳出来的问题就是围棋教育对象和教育目标，就教育对象而言是围棋文盲，还是围棋爱好者，或是职业围棋选手？是学龄前儿童，学龄青少年还是成人？也许都有。但以谁为主呢？围棋教育对象的不同，其教育内容、课程设计、教育方法、教育目标等均存在巨大差异。针对不同对象和目标建立起来的不同的围棋教育生态链才能丰富和完善围棋教育的整体生态环境。其次，如何定义围棋教育学？即围棋教育学是研究什么的一门学科？王道俊、郭文安编著的《教育学》给教育学的定义：普通教育学（通称为教育学）是揭示教育规律，探讨教育价值观念和教育艺术的学科，是研究教育的一般原理和中小学教育的一门学科。以教育学的概念为元点可归纳出围棋教育学的概念，即研究围棋教育全过程中所蕴含的教育规律的学科。由于围棋教育学的学理不够丰富就会催生一系列问题。围棋教育全过程中蕴含了哪些教育规律？这些教育规律是建构哪些理论基础之上的？可以科学验证吗？等等。围棋在传承几千年的过程中，围棋教学法相对比较成熟，围棋教育机构比比皆是，同时也培养了一代又一代顶级国手和众多的爱好者。但围棋教学论至今尚未成形，更谈不上围棋教育学了。从教学法、教学论和教育学的研究对象上分析，其侧重点各有不同。教学法是以教学过程中，教师的工作方式、方法为主要研究对象，是建立在教学经验总结的基础上，是以对"怎么教"的研究为核心，着重研究教学中的具体方法。教学论是以研究教学过程为对象，揭示教学过程中的基本规律、基本特点，它着重从理论上研究问题，需要有一个比较完整的理论体系，对教学实践进行指导和预判；教育学是以整个教育过程为研究对象，是一门研究教育现象、问题、培养人的，揭示教育本质、教育规律和探讨教育价值、教育艺术的学科。由此可见，围棋教育学的学科建设还有很长的路要走。最后，围棋教育学的性质是什么？以科学为依据，从教育学的分类上分析，教育学是总论，分科教育学是分支。而围棋教育学如何归类呢？是分科教育学吗？似乎不太像，更像是与分科教育学并列的技艺教育学，而技艺教育学目前还是一个空白领域，此领域极大且极杂。若将技艺理解为：个体运用已有的知识经验，通过练习而形成的一定的动作方式或智力活动方式，即掌握并能运用专门技术的能力。

那么各类技艺是否都能创建一门教育学呢？如象棋教育学、篮球教育学、解牛教育学、钢琴教育学、斫轮教育学，等等。不同技艺与围棋一样都有其独有的教法，其理论体系均不完整。能独立成为学科吗？若能成立，技艺教育学将是一个尚未开垦的处女地，潜质无限。

尝试，是一种精神，敢于尝试，是一种生存态度。对围棋教育学的尝试和思考，似乎可以触及一个新的学科领域。

借用"懒蚂蚁效应"作为此随笔的收尾。日本北海道大学进化生物所研究小组对三个分别由30只蚂蚁组成的黑蚂蚁群的活动进行观察，结果发现：大多数蚂蚁勤劳地工作，只有少数蚂蚁终日无所事事，东张西望。研究者把这少数蚂蚁叫做"懒蚂蚁"。有趣的是，当蚁群断绝食物来源时，平常很勤快的蚂蚁一筹莫展，而"懒蚂蚁"们则挺身而出，带领蚁群向它们早已侦察到的新食物来源转移，原来"懒蚂蚁"们大部分时间都花在了"侦察"和"研究"上了。

我希望自己能成为一只"围棋蚁族"中的"懒蚂蚁"……

（曾庆虎）

我在华中师大下围棋

我20世纪80年代进入位于武汉的华中师范大学政治教育专业八三级读书时，正逢学校从"华中师范学校"升格为"华中师范大学"，校长是著名学者章开沅。

那时华中师大的整体围棋水平不高，与周边大学相比，差距不小。我又恰逢是刚学会围棋不久因而棋瘾最大的时候，所以在学校围棋群体中，可以很开心地与学校中的棋友们任意手谈，不像一回到高手如林的家乡桂林，就只有在旁边看棋的份了。

初进华中师大时，学校里还没有学生的围棋组织，大家都是空暇时自由对弈。记得进校后才两天，我就凭着下棋人的本能找去了数学系同学的宿舍中，与棋友杀到了深夜方归，这是我在华中师大第一次下棋留下的记忆。

记得1985年9月，正是第一届中日围棋擂台赛打得最惊心动魄的阶段，可整个武汉受影响很小，学校周边的七八个书店中，围棋图书几近于无，学棋基本只能靠个人在实战中慢慢摸索。

学校每周都会在露天大操场上放两场电影，这时基本就属于棋友们放飞自我的时候了。当时学校中棋力最高的是数学系的朱得高老师，其杀风凌厉、不拘定式，我先后与朱老师下过7盘，战绩是4胜3负。

当个人之间的对弈渐渐觉得不过瘾时，我就和同学们谋划起组织团体打比赛来促进棋赛的正规化。1986年底我们曾组织过学校进修生与本科生的团体对抗赛，结果是进修生6：4获胜。

在此基础上，我和一些热情高的同学们分工向学校报备成立学生围棋协会，我负责跑学校学生会去申请经费。感谢母校学生工作部门各级人员的支持，我很顺利就获得了300元的使用指标。获得经费批准后，我第一件事就是设计好图纸，寻至学校大门附近的一个加工场，恳求工人师傅帮制作一个可以挂棋的木制大围棋盘和配套的棋子。热心的师傅们只象征性收了110元钱的用工和材料费，用两天时间完成了棋盘和棋子的制作。这期间，不知天高地厚的我们，曾组团去与学校附近的武汉工学院进行过一场对抗赛，结果全军覆没，只在加赛中一位同是从桂林到华中师大读书的女学生唐庆华胜了对方的女选手，算是为首次出征挽回了一点点颜面。

1986年12月成立华中师大学生围棋会时，围棋热已经在同学们中间开始升温了，成立大会气氛非常热烈，武汉工学院由吴景枢老师带队也来助兴，吴老师并屈尊和华师图书情报系学生崔海清公开挂盘下了一场友谊赛，由我来担任大盘讲解。在这次表演赛中，针对以往传统记谱、传谱的不便，我设计了一种新式计谱方法，就是以棋盘的天元为原点，规定落子坐标为"序号+（00，00）"，以第一着落子的位置为第一象限，用坐标中的X、Y轴两组数值的双位数来标定落子位置。其中每组数值由两位数显示，第一位以0表示象限为正、1表示象限为负；第二位表示数轴的值。如果前四手分别走成平行星位，则记谱结果就是：

001（06，06）；002（16，16）；

003（06，16）；004（16，06）。

这种记谱法尾数最大值为9，并且对称点一目了然，对上机或观察征子

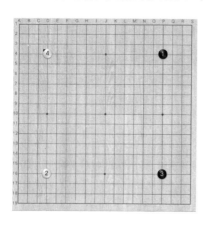

极为方便，特别是对实战传谱特别便捷，避免了原来的按顺序记谱法得满图按顺序找下一手的麻烦。这个记谱法本来是我在思考为电脑编制围棋对弈程序时的一个切入点。可惜事过境迁，几十年过去了，电脑围棋的发展早已经超出了当时的想象，这个记谱法也成了我青春梦中的一朵小小浪花。

华师学生围棋协会成立后，我印象深的活动有：

1.为学校棋协的第一次活动作讲座，主题是讲棋史和棋德。

2.邀请汉口六中围棋代表队来学校进行友谊比赛，这是我第一次与业余3段棋手分先较量（在桂林基本是被让子的情况下才有机会与业余3段棋手下棋），结果还算侥幸，获得了胜利。比赛结束后的中午，还是由我个人为活动垫支了12元菜金和5斤饭票。这在20世纪80年代的经济条件下还是挺让人得咬紧牙关才能支付的。

1987年上半年，华中师大举办首届艺术节的同时，学生围棋协会组织了第一届学生围棋大奖赛，赛制是先分组进行单淘汰赛选拔前10名，然后是前10名分组进行循环赛。非常让人开心的是一轮一轮赛下来，我居然获得了个人冠军。

虽然当时所谓的大奖赛，最终奖品也只是一笔一本一证，但这仍给我留下了一生对母校幸福满满的回忆。

（寄小文）

围棋组织

桂林棋院

桂林棋院成立于1990年，是在时任桂林市委书记陈雨萍、市长袁凤兰的关心、支持下，由时任桂林市体委主任申银皎具体操作成立的。

桂林棋院是桂林市体委（后改为体育局）下属的事业编制单位，也是迄今为止广西唯一的一所官方举办的棋院。

成立初期的桂林棋院位于桂林市体育场内桂林市体操学校一楼，主要任务是为桂林市围棋爱好者提供下棋的交流场所，培训青少年棋手，对内、对外开展围棋交流活动。

2004年初，棋院搬至穿山东路桂林市体育中心内新建棋院。新棋院为总面积1400多平方米的三层独立建筑，共有三个比赛大厅及办公场所。之后的桂林市棋类比赛，如桂林市青少年围棋赛、桂林市中小学生围棋赛、桂林市围棋联赛、桂林市围棋业余棋王争霸赛、桂林市中小学生象棋赛、桂林市象棋公开赛等比赛、活动多在此举办。

2008年后，经桂林市体育局确定，桂林棋院的主要职责是培训青少年棋类爱好者，提高青少年棋类爱好者棋艺水平，代表桂林市参加广西棋类比赛，组织、承办棋类比赛、活动。

桂林棋院首任院长由时任桂林市体委主任的申银皎兼任。1999年，王民学担任棋院院长。2004年，由葵忠阳主持棋院工作。2008年，桂林市体育局任命王洪军为桂林棋院院长。

桂林市围棋协会

桂林市围棋协会于 2000 年由桂林市体育局批准并在桂林市民政局登记成立，申银皎任桂林市围棋协会主席。协会活动地点初期在桂林市三皇路。

2004 年，桂林市围棋协会搬至穿山东路桂林市体育中心内新建桂林棋院。

2013 年协会换届，选举彭朋为桂林市围棋协会主席，王洪军为常务副主席兼秘书长，白起一为副主席。刘雅洁、刘青琳、唐盈、黎小泉、秦漓、王民江为理事。

2019 年协会换届，选举彭朋为桂林市围棋协会主席，王洪军为常务副主席兼秘书长，黎小泉为副主席。刘雅洁、刘青琳、唐盈、秦漓、王民江、潘峰、莫云龙为理事，李志欣为监事。

多年来，桂林市围棋协会主办、承办了 18 届"张涛杯"桂林市青少年围棋赛，10 届"广陆杯"桂林市围棋联赛，3 届桂林市青少年围棋级位赛，2 届"广陆杯"桂林市围棋业余棋王争霸大奖赛，1 届"广陆杯"桂林市围棋精英争霸大奖赛、10 届桂林市中小学生围棋赛等多项围棋赛事，极大地丰富了桂林市围棋爱好者的文化生活，为桂林市体育事业的发展作出了应有的贡献。

桂林中族围棋俱乐部

桂林中族围棋俱乐部成立于 2009 年，成立的宗旨是推广围棋活动，开展发展围棋的相关事业，是以公益事业为主的一个公司。公司董事长为中族药业公司的董事长唐小森，总经理为张中林。地址在桂林哈佛大厦中族总公司。公司下属还成立了中族围棋研究会，以桂林市文化宫棋艺中心为基地，团结了一大批桂林的职业和业余棋手，在研究会成立初期即举办几届围棋研究会切磋交流比赛。当时有职业棋手刘青琳、唐盈，业余高手严剑刚、莫云龙、李志欣、莫云虎、邓双陆、黄府山等多人，棋艺中心总教练白起一组织并欣然入场角逐。同时还有不少水平较高的爱好者如容作信、义祥辉、黎小泉、朱芳智、罗宪等，经常分甲乙组升降级比赛，大家切磋棋艺，其乐融融。这些与中族围棋俱乐部的支持是分不开的，对桂林围棋发展起了很好的促进作用。

桂林市希望之星围棋培训学校

桂林市希望之星围棋培训学校有限责任公司（希望之星围棋培训学校）办学地址为桂林市秀峰区依仁路38号文化宫娱乐中心综合大楼六层。

桂林市希望之星围棋培训学校有限责任公司原名为"桂林市棋艺中心"，由广西著名围棋教练白起一等老师于2004年创建。该校初创时是与桂林市工人文化宫联办，经数年发展，成为桂林市最大的围棋学校，也是广西的围棋名校，在桂林市级、广西区级的各类围棋比赛中多次取得优异的成绩。该校以素质教育为主竞技围棋为辅，学生最多时达824人。目前校长潘峰（职业四段棋手），管理拥有一支实力较强，知识结构全面，热爱本职工作，具有良好师德，能够胜任进修、培训、辅导教育的专兼结合的师资队伍。学校注重素质教育，学生曾摘取两届桂林高考理科状元和一届文科状元及众多清华北大等名校生。学校办学声名鹊起，社会声誉日益提高。学校现为广西围棋协会会员，并成为广西希望之星围棋教育联盟的常务理事单位。于2018年报批秀峰区教育局审核，成功获得民办学校办学资格，办学期间零投诉、无安全责任事故，开展"广西围棋希望工程"公益活动，已免费培训学生达数千人。

新育苗围棋培训学校

该校是桂林市希望之星围棋学校三里店分校区，创办于2016年11月，位于桂林市七星区七星路29号家乐商贸城二楼。校长为梁瑞琼（业余5段），广西女子冠军，国家一级裁判，广西女子三杰之一。现有专职教师13人，其中业余5段2人，业余3段12人。分校成立伊始，就大力进行教师培训工作，不但培训教师专业围棋技术，还有围棋历史文化、儿童心理、家校沟通等技能，以及家长沟通技术、儿童沟通技巧。学校举办了桂林最早的园校协同幼儿围棋赛。4年之内，共举办5次桂林市"希望之星"幼儿围棋大赛。这一活动有效地在幼儿中普及推广了围棋活动，得到区文体局的支持，电视台等也作了专门的报道，达到了很好的社会效果。4年来，三里店分校稳步前进，从无到有，学员从第一年160人，快步跳到第二年280人，随后第三年336人，2019年第四年，最高峰达499人，加上联达教学点，达到532人。三里店分校正在日益走向兴旺发展。

桂林雨辰围棋培训学校

桂林雨辰围棋培训学校创立于2016年，是桂林市希望之星围棋培训学校叠彩区分校。开办至今一直专注于围棋的普及与发展。该校交通便利，位于叠彩区最繁华的沃尔玛商业区，学校面积达600余平方米，校区明亮整洁。是桂林目前教学设施最完善、师资力量最雄厚、班级设置最合理、环境最优雅的围棋培训机构之一。该校是广西最大的围棋品牌——广西希望之星围棋教育联盟的连锁机构。拥有强大的师资和深厚的围棋底蕴。一直秉承"希望之星"围棋"以棋冶情、以棋益智、以棋会友、以棋育人"的办学思想。在儿童围棋教学上倡导"以棋艺练素质，以素质促学业"让孩子"坐得下、想得进、懂得想"，通过围棋提高孩子的素质与能力。为了响应广西围棋协会关于在全区开展"广西围棋希望工程"大型公益活动的号召，该校每年免费开设四期每期免费一个月的围棋公益课程，不遗余力地推广和普及围棋文化。在该校全体员工的不懈努力和学员家长以及社会各界人士的鼎力支持下，学校日新月异，不断壮大。从最初的十几名学员，发展到最多达400余人。在桂林市和广西的各个围棋比赛中获奖学员辈出。

学员发展的同时教练队伍也不断壮大和提升，定期组织教练培训，不断修改丰富围棋教学教材和内容。建立起教学管理机制、先进的教学理念和规范的教学模式。培养出一批教学经验丰富、爱岗敬业、充满爱心的优秀教师。总校派出获得广西运动会围棋团体冠军的5段棋手莫云龙、莫云虎两位名师支持，在该校开设了名师高级班。这些软实力的提升，让他们更有信心去回馈社会，更有信心去服务各位家长，更有信心让每一位莘莘学子通过围棋，了解棋道，修炼自己，顿悟智慧。打造围棋名校，以围棋教育和文化的底蕴，托起明日人才之星。

智峰围棋培训学校

智峰围棋培训学校成立于2018年，由秀峰区教育局批准给予青少年培训资质，在工商部门登记成立。

该校是桂林"希望之星"围棋学校的秀峰区初级分校，主要依托于总校的强大师资，进行初、中级班的教学，进而为总校输送进入高级班、高段班及最高班的学员。因而该校老师特别专注于研究初中级学生的特点，形成一整套合理有效的教学体系和方法，在近年的训练和竞赛中崭露头角，取得骄人的成绩。

该校是广西"希望之星"教育联盟的成员，响应联盟部署，自成立之日起即开展广西围棋希望工程，免费培养了6期学生，为普及围棋作出了贡献。

桂林棋人

义祥辉，瑶族，二级教授，理学博士。曾任桂林师范高等专科学校校长、桂林航天工业学院副院长。获得过国家自然科学基金、美国西太平洋癌症基金会、教育部以及自治区科技厅科研项目多项。获自治区科技进步奖二等奖、三等奖，自治区科技发明奖三等奖等奖项。围棋业余5段。2020年11月成为中国围棋协会首届围棋师资培训讲师团成员，2010年12月获桂林市首届围棋甲级联赛团体冠军，2011年10月获广西围棋争霸赛名流组冠军，2014年7月获粤桂黔琼四省区企业家围棋邀请赛团体冠军，2019年5月在城围联企业家围棋邀请赛上受3子战胜韩国棋院前总长、世界冠军梁宰豪九段并获得该项比赛冠军，2019年9月获全国首届少数民族围棋大赛男子个人银奖。对围棋中的数学有一定的研究、在围棋与学习能力的培养等方面也有一些心得和体会。现为广西华智围棋学校校长。

王洪军，1965年6月生，河南安阳人，职业七段。广西围棋协会副主席，桂林市围棋协会常务副主席兼秘书长，桂林棋院院长。

1984年代表河南队获全国围棋锦标赛（团体）第二名，1985年、1986年全国围棋锦标赛（团体）第三名，1987年全国围棋锦标赛（个人）第六名，1987年第六届全运会围棋赛团体第三名，1989年苏联喀山国际围棋赛第一名，1990年进入全国围棋"名人赛"循环圈。1990年任教广西围棋队后，所带女队两次进入全国围棋锦标赛女子甲级队，男队两次进入全国围棋锦标赛男子甲级队。带领桂林市围棋队在第七届广西区运会上获得围棋项目总共7块金牌中的6块。培养出邹俊杰六段、廖行文六段、刘青琳三段、刘宇三段、王凡二段、唐盈初段等职业棋手；培养出唐崇哲7段、黎念念6段、安航6段等多名业余好手。

王民学，1961年2月生，桂林市人，业余5段。1977年获全国少年第六名；1986年和1999年两获广西全区围棋赛男子个人第一名。现为中族棋院院长。

王梓桂，2005年5月生，业余5段。2016年"贵州湄窖杯"第二届全国少儿围棋赛少儿A组第四名；2017年第20届全国"建行·育苗杯"围棋赛少年组男子第四名；2017年广西青少年围棋锦标赛5段组冠军和小学男子冠军；2018年"好特杯"广西围棋少年王争霸赛亚军；2019年第十届安顺"百灵杯"全国少儿围棋公开赛少年组第十名。

古萍，1974年生。"广西十大税收卫士"荣誉称号获得者。

1985年获桂林市小学生围棋赛女子冠军，进入桂林市体委围棋队训练，师从潘世兰、白起一、葵忠阳等老师。1986年10月，入选桂林围棋队。1987年8月，获广西围棋锦标赛女子冠军。1988年，战胜来访的日本熊本市围棋代表团村田房子5段，对方是当年日本业余女子个人第三。1987—1991年，包揽广西女子冠军。1996年、2000年又两度夺取广西区运会围棋赛女子个人、团体冠军。

申银皎，1942年9月生，湖南邵东人，原桂林市体委主任、桂林市围棋协会前主席。

在担任领导期间，支持、组织和举办了许多围棋活动：1984年第6届"新体育杯"围棋赛；1989年12月，带领桂林市围棋队，参加在美国洛杉矶举行的"中华杯"围棋锦标赛，夺得团体冠军；1995年6月，举办第八届

"富士通"世界职业围棋锦标赛；1998年6月，举办第二届"乐百氏"全国围棋赛；举办了1998年第4届、2001年第7届、2002年第8届的NEC杯围棋赛；2003年4月，在桂林和百色举行了三国女子围棋冠军对抗赛；组团到俄罗斯和南非进行围棋交流活动；2012年与李新华配队，获"中族杯"双人围棋邀请赛冠军；2016年带队去南宁参加城围联赛活动，获业余围棋三人赛冠军。

田沛璇，2000年3月生，业余5段。

2012年，广西青少年围棋锦标赛小学女子个人第1名；2012年"希望之星杯"广西青少年围棋团体赛暨高段争霸赛A组团体第一名；2012年，广西首届全民健身运动会围棋混双项目比赛第二名；2014年，"疍家人凉茶杯"广西青少年围棋锦标赛中学女子第一名；2016年，代表广西参加全国业余女子围棋锦标赛；2019年，东南大学"联盟杯"新生围棋比赛第一名。

白起一，1947年9月生，桂林人，广西围棋协会副主席，现任广西围棋顾问，广西著名教练，国家级裁判，业余6段。

曾获1986年广西区运会围棋男子个人冠军，1988年广西围棋男子个人冠军，1990年美国"中华杯"锦标赛团体冠军。曾培养全国业余冠军唐崇哲、全国女子冠军唐盈，以及潘峰四段等一批职业和业余高手。2017年，任广西围棋队总教练，带队参加全国第十七届运动会，队员唐崇哲获银牌，受到区体委表彰。21世纪初组建并任桂林希望之星围棋学校（原文化宫棋艺中心）总教练，倡导围棋促进素质教育，其学生曾夺得两届桂林高考理科状元。

兰茵，1960年生，业余3段。2005年至2016年任桂林市体育局局长，在此期间，完善了桂林棋院内部设施建设；创办了桂林市围棋联赛，并将桂林市围棋联赛经费纳入市级财政预算，使围棋联赛这一深受桂林棋友喜爱的赛事活动得以长期开展；组织承办了首届桂林中、日、韩职业围棋世界冠军争霸赛。

伍静璇，1975年1月生，1988年、1989年广西区运会女子少年组冠军，1990年广西区运会女子成人组冠军。

刘青琳，1979年5月生，职业三段，桂林师范高等专科学校老师。曾获全国少年围棋选拔赛冠军、广西棋王赛冠军、世界青少年围棋锦标赛第四名。

刘雅洁，1970年5月生，河南省洛阳市人，职业二段。现任桂林市围棋协会副秘书长。1983年，获河南省女子围棋冠军，1984年，获得职业初段，同年，获全国少年女子冠军，1985年，入选国家队，1986年，晋升职业二段。多次代表广西参加全国围棋锦标赛，并于1993年、1995年两次打入全国围棋锦标赛女子团体甲级队。1991年，开始在桂林市体育局任围棋教练，曾培养出廖行文六段、刘宇三段、唐盈初段等多名职业棋手和黎念念业余6段。2000年，应伦敦智力体育奥林匹克组委会的邀请，带领时年6岁的廖行文赴伦敦参赛。廖行文获青少年组冠军，并战胜众多成年业余强手，BBC和天空卫视对此进行了采访报道。2004年，由中国棋院指派，为推动欧洲围棋的发展，与另两名职业棋手一起出访荷兰、法国和捷克，进行了围棋交流和指导。

刘宇，桂林人，1991年生，职业三段。6岁开始学棋，先后师从刘雅洁二段、王洪军七段。

2003年，获广西围棋棋王公开赛最佳少年棋手；2003年6月，入选广西围棋专业集训队；2005年，获得第18届"群英会杯"全国业余围棋锦标赛季军；2007年，成为职业棋手；2011年，升为职业三段；2008年，晋级"理光杯"新秀赛8强；2012年，获得第12届国际新锐围棋对抗赛季军；2013年，入选国家青年队；2014年，转为杭州围棋学校职业教练。出版了三本个人著作——《实战飞刀与组合拳》《神之一手》《猪小见学棋记》。

刘子葭，2011年4月生，业余5段。2017年，第八届"百灵杯"全国少儿围棋公开赛E组女子第三名；2018年，第九届"百灵杯"全国少儿围棋公开赛E组第三名、女子第一名、团体第二名；2018年，第三届杭州分院杯儿童业余围棋公开赛8岁组女子第一名；2018年，全国少年宫"希望杯"7岁组女子第一名；2019年，第十届"百灵杯"D组女子第一名、团体第三名；2023年定为初段职业棋手。

刘松，1969年生，华蓝设计集团有限公司桂林分公司总经理。公司于2017—2020年连续赞助桂林队参加城市围棋联赛，为桂林棋友参加高水平围棋活动给予了极大支持。

安航，1988年12月生，业余6段，城围联高级围棋教师。2016年，广西围棋联赛第一、北部湾围棋联赛第一；2018年，西部八省围棋赛第二。

苏琦玮，1965年8月生，桂林人。1986年定为初段，1991年升为二段。曾获1985年广州军区运动会围棋团体第二，1987年第六届全运会女子团体赛第四，1988年全国女子团体赛冠军，1991年女子个人赛第十名。

李昌邦，1950—2020年，桂林市人，业余5段。桂林市棋艺中心资深教练。1962年学围棋，师从桂林围棋高手、文化界名人黄槎客先生。1974年，获桂林市围棋赛男子组冠军。

李志欣，业余5段。广西师范大学计算机科学与信息工程学院教授、博士生导师。

曾获湖北省大学生围棋赛个人和团体双料冠军、桂林市"国税杯"围棋锦标赛个人冠军、桂林围棋联赛3次团体冠军等成绩。2005年，代表桂林市参加三亚"晚报杯"业余围棋锦标赛。2005—2006年期间，代表桂林市参加了多次城市对抗赛。2010—2018年，连续参加9届桂林围棋联赛，获得3次冠军。2015年，代表中族中药队参加北部湾联赛获团体亚军。2015年，代表广陆数测队参加广西围棋甲级联赛获团体亚军。2018年，与胡煜清、唐崇哲、黄府山合作，获中国围棋大会城围联棋迷接力赛冠军。

严古韵琪，2005年生。2015年、2016年，中国城市少儿围棋公开赛乙组女子冠军。2015年，晋升业余5段；2016年，广西青少年围棋锦标赛小学组女子冠军；2017年，广西青少年围棋锦标赛中学组女子冠军；2018年，"百灵杯"少儿围棋公开赛少年组女子冠军；2019年，全国围棋锦标赛少年组女子冠军，"版纳茶仓杯"全国少儿围棋公开赛少年组女子冠军，全国中学生围棋锦标赛女子亚军，广西围棋甲级联赛冠军，广西区运会围棋赛女子团体冠军、个人亚军；2022年定为初段职业棋手。

吴稚华，1953年2月生，桂林人，业余5段。获1989年广西围棋男子团体赛冠军，1990年广西围棋男子个人第三名，1995年广西围棋男子团体赛冠军。

邹俊杰，1980年生人，桂林人，职业五段。7岁学棋，1991年，进入广西队，1992年，定为职业初段，同年，进国家少年围棋队。1998年获全国"新人王"冠军，成功进入1998年—1999年度中国名人赛循环圈。2002年获全国个人锦标赛第三名。

汪振雄（1903—1960），桂林人，20世纪50年代棋坛公认的一流棋手，与刘棣怀、顾水如、王幼宸、魏海鸿、过惕生等齐名。青年时在北京读大学，曾受刘棣怀的指导。1925年，参加上海围棋邀请赛，获亚军，成为全国名手之一。1954年，只身到上海定居，以棋为生。棋风柔软，灵活多变，善于腾挪，在棋坛自成一个流派。《围棋》月刊创办后，他担任副主编。

张南旋，1945年生，祖籍桂林，美国中华围棋协会理事长，业余4段。一直以来参与组织各种围棋赛事、活动，致力于围棋在美国的普及、国际间的围棋文化交流。1991年，开始在桂林中学、阳朔中学设立奖学金；2002年，开始赞助桂林青少年围棋比赛，为纪念其祖父——清朝阳朔县令张涛，将赛事冠名为"张涛杯"，已举办18届，单次比赛的参赛人数已逾2000人。

张中林，1960年生，桂林人，业余2段。桂林中族围棋俱乐部总经理、桂林市快乐围棋俱乐部副主席。在中族集团负责处理中族围棋事务；2008年、2009年带领中族队参加广西围棋甲级联赛获冠军。2006年，赞助快乐围棋到恭城开展围棋活动；2016年，赞助快乐围棋"慈素坊杯"活动；2019年2月，赞助"林昊杯"春节快乐围棋活动；2019年9月，赞助并组织桂林围棋界六十位元老座谈会。

张春生，1972年生。广西合和科技有限公司董事长。公司曾于2015年赞助长沙队参加城市围棋联赛，后于2016年和2017年改为赞助桂林合和队。为桂林棋友增添了很多参与高水平围棋活动的机会。

张尹，1998年12月生，业余5段。2008年到2010年，蝉联广西小学女子组冠军；2011年，获广西青少年围棋赛中学女子组第一。

陈雨萍（1930—2018），桂林人，曾任广西围棋协会顾问，桂林围棋协会顾问。对桂林围棋事业的发展起了很大的推动作用。

20世纪80年代，陈雨萍担任桂林市委书记，应当时广西围棋协会主席季桂明和广西体委的要求，积极推动广西围棋队的组建，并指示当时的市体委对广西围棋队落户桂林市提供了很多的条件。1989年，组建桂林棋院，在风景秀丽的伏波山建立训练基地。桂林棋院在此举办了桂林国际围棋邀请赛，有多个国家的队伍参加。他支持桂林队参加"中华杯"美国国际围棋赛，桂林队第一次在国际围棋赛中获团体冠军。他本人棋风彪悍，擅长贴身近斗，常有妙着取胜。

陈雨萍早年喜欢象棋，造诣很深，曾与特级大师吕钦下成和棋。他还是一位诗人，有《回桂诗抄》两卷传世。

罗超毅，1960年4月生于桂林市，教育学博士。

1988年起在国家体委科教司工作14年，后任国家体育总局田径运动管理中心、体操运动管理中心主任、党委书记16年。

曾任亚洲田径联合会副主席，国际田径联合会理事；中国体操协会主席；中国蹦床协会主席；亚洲体操联合会第一副主席。现任国际体操联合会副主席。

2018年至2020年任国家体育总局训练局局长、党委书记。曾带队参加过四届奥运会。2012年获中国奥委会金质奖章。

2000年至2016年任中国体育科学学会运动训练学分会副主任委员。目前担任北京大学等多所大学的特聘研究员或客座教授。

2017年起担任国家体育总局棋牌运动管理中心主任、党委书记两年。在任期间带领中国队获取多个世界冠军；开创了"中国围棋大会"等多种围棋新型活动。全面设计推动并实施了中国围棋协会化的改革；曾发表"围棋是凝聚着深厚的中华文化的智慧游戏"等重要观点。主持举办了影响世界的浙江乌镇围棋"人机"大战，对围棋走向世界发挥了极大的推动作用。

曾任国际围棋联盟事务总长（执行主席）、中国围棋协会副主席。

季桂明（1933—2020），天津人，中国围棋协会原副主席，广西围棋协会的创会主席，领头创建了广西围棋协会，并任主席一职达30多年，为广西围棋的发展作出重大贡献。

20世纪80年代，与桂林有关部门一起，筹建了广西围棋队，并以桂林为训练基地，培养了大批围棋人才。1989年末，任桂林围棋代表团团长，率队参加美国"中华杯"国际围棋锦标赛获团体冠军。1991年创办《围棋之友》报，任主编并把编辑部设在桂林，为传播围棋不遗余力。2004年代表广西围棋协会与桂林市政府合作，成功举办了"八桂大厦杯"全国晚报杯业余围棋锦标赛，这是桂林历史上规模最大的一次全国性围棋赛。他棋风平淡充和，大局观强。并喜好诗文，有《吟围棋诗》传世。

周英林，1948年生，桂林人。20世纪80年代到南非创业，加入南非籍。中国文化部中国艺术研究院研究生，现为职业画家，定居台湾。

在南非约翰内斯堡与儿子周广建立围棋道场，获得日本棋协认可，每年的世界业余锦标赛都享有一个参赛名额。培养了一批白人、黑人棋手。于1996年邀请桂林围棋代表团到南非访问；1998年，邀请由王汝南八段率领的中国围棋代表团（还有黄进先六段和朱宝训四段）访问南非。为桂林乃至中国的围棋事业作出了积极贡献。

周广，1975年生，桂林人，1990年移民南非，南非围棋协会业余7段，从事软件开发工作。曾获1987年广西少年冠军、1988年桂林"青旅杯"冠军。移民南非后一直蝉联南非冠军，多次代表南非参加世界业余围棋大赛，2005年获得第5名。还是2008年第一届世界智力运动会围棋业余组8强、第一至第四届"丰田杯"世界围棋大赛非洲区冠军、2017年"熊猫网杯"世界冠军、第15届"炎黄杯"尧帝组冠军、第20届"炎黄杯"黄帝组冠军。

周耀曾，1946年生，柳州铁路局桂林铁一中前数学教师兼围棋教练员，围棋一级裁判。1973—1991年在桂林市少年宫任课外围棋辅导老师，为桂林市及柳州铁路局培养了一批围棋学生。1991年12月，当选广西围棋协会委员并兼任裁判委员会主任，1996年11月，连任该职务。在此期间，多次组织广西围棋比赛并担任裁判长工作，同时，也在广西培训和发展了一批围棋裁判员。

1980—2000年间，多次获得柳州铁路系统围棋赛冠军；2006—2007年代表南宁铁路局（前身为柳州铁路局）参加广西围棋甲级联赛，均取得甲级队资格，并获得个人"甲级棋士"称号；2007年11月，获第十一届广西区运会围棋团体第二名。

段淞译，1998年生，业余5段。2009年"张涛杯"桂林青少年围棋赛小学女子个人冠军，2009年广西青少年围棋锦标赛小学女子个人亚军，2010年桂林市中小学生围棋赛小学女子冠军，2011年广西青少年围棋锦标赛小学女子个人冠军，2012年广西青少年围棋锦标赛中学女子个人冠军。

贺诗璐，2000年5月生，业余5段，国家一级运动员。2014年"健诚杯"全国少年儿童围棋锦标赛女子组第3名，多次获得广西青少年围棋锦标赛中学女子组第1名，曾任中国科学技术大学围棋协会会长。

秦漓，1963年3月生。围棋国家级裁判员。桂林市少年宫副主任、围棋教师。

1974年，开始学习围棋，师从葵忠阳。1975年11月，担任中日围棋友谊赛桂林站比赛裁判工作；1983年4月，担任中日围棋对抗赛西安站比赛裁判工作；1983年11月，担任"新体育杯"围棋赛裁判工作；1995年，担任"富士通杯"围棋赛桂林站比赛裁判工作；2004年1月，担任"晚报杯"围棋赛编排工作；2003年4月，担任中日韩三国女子围棋冠军赛副裁判长；2018年8月，担任在桂林市少年宫举办的全国青少年宫协会"希望杯"围棋赛裁判长。1991年7月、1992年7月，率桂林市少年宫围棋队参加全国青少年宫协会"希望杯"围棋赛；1995年7月、2019年8月，应邀率桂林市青少年围棋友好代表团访问日本熊本。

袁兆骥（1921—2004），北京人。1946年毕业于北京辅仁大学。1948年参加解放军第四野战军工作。1955年转入地方工作。于1959年调广西桂林冶金地质学校任教，1963年，调广州市体委工作。参加过第一届全运会的围棋比赛，获得第九名；曾获广西第一届全区运动会围棋比赛第一名；中南五省、区围棋比赛第一名。带出的学生有：黄进先、容坚行、容定行、敖立贤、敖立婷等围棋国手、高手。

莫云龙，1977年生，业余5段。1992年第七届广西区运会团体冠军；1993年广西名人赛冠军；1998年广西围棋锦标赛团体冠军；1999年广西围棋锦标赛团体、个人亚军；2002年、2003年连续两年广西"名人"赛亚军；2003年第十一届区运会团体冠军；2008年广西棋王赛第三名；2013年广西联赛团体冠军；2014年广西联赛团体冠军；2016年广西联赛团体亚军；2018年广西联赛团体第三名；2017年泛北部湾联赛团体冠军；1998—2000年连续三年全国大学生赛团体第三名；1999年桂林市个人赛冠军。

莫云虎，1977年生，业余5段。1998—2000年连续三年全国大学生赛团体第三名；2014年泛北部湾联赛团体第二名；2016年桂林联赛团体冠军；2019年第十四届广西区运会团体冠军。

唐景崧（1841—1903），字维卿，灌阳人。同治四年（1865）进士，选庶吉士，授吏部主事。

1884年，中法战争爆发，张之洞令其募勇入关，入越参加抗法斗争。中法战争结束后，率军回国。以功"赏花翎，赐号迦春巴图鲁，晋二品秩，除福建台湾道"。光绪十七年（1891）迁布政使，二十年，署理台湾巡抚。1895年，罢官回到故乡，在桂林造"五美园"，倡导桂剧和围棋。园中有戏台与"看棋亭"。在他的提倡下，桂林棋风一时兴盛，"五美园"也成了棋客们的会所，在常年的相互切磋中，桂林出现了辛甫廷等多位高手。

唐小森，1964年生，广西全州人。桂林中族中药股份有限公司董事长，桂林市中旗房地产有限公司董事长，全国工商业联合会会员。

支持建立了6所围棋学校。企业从2001年连续三年赞助桂林市中小学生围棋比赛，并设立围棋希望基金。多次邀请中国国手陈祖德、马晓春、聂卫平、黄进先等到桂林开展围棋活动，资助广西华蓝围棋队的桂林主场比赛。资助唐盈、唐崇哲等一批棋界之星。2004年，与桂林市围棋协会组建中族中药围棋研究会。2005年，创立了桂林市中族围棋俱乐部有限责任公司、市中族围棋俱乐部八中教学基地等教学点。2003年至2013年连续10年与桂林晚报社组建"中族中药"围棋队，出征"晚报杯"全国业余围棋锦标赛，并取得过全国第五名的好成绩。

唐盈，1982年生，职业初段。1997年广西围棋女子冠军，2000年广西棋王战女子组冠军，2002年全国个人赛女子组冠军，2003年"大石围天坑杯"中日韩女子围棋冠军对抗赛冠军。

唐崇哲，1991年6月生，业余7段。

7岁学棋，师从广西著名业余高手白起一。少年时期在广西、桂林市的比赛中多次取得优异成绩。曾赴河南、北京等地的道场学艺，冲击职业段位，在此期间得到黄进先、王洪军等教练的指点。连续四年冲段未果，重拾学业，2014年毕业于上海复旦大学。在全国业余比赛中活跃，夺得过中国国内棋战最高（当时）的"700网晚报杯"冠军，在"丽水清韵杯"连续三年夺冠，也创下了同一全国业余比赛中取得30连胜的传奇纪录。此外，取得过杭州"商旅杯""怀安杯"等多项全国比赛的冠军，为中国业余棋界的代表人物之一。

唐韬，桂林人，1998年5月，在安徽黄山举办的全国金融系统比赛中获并列第二，因第一名李海为职业七段，顺延晋升业余6段。多次代表桂林甲级队参加广西联赛。

容作信，1954年生，桂林人。曾任桂林市政协副主席、民进广西区委常委、广西壮族自治区政协委员。12 岁开始学习围棋，师从黄槎客先生。

2002 年桂林围棋联谊赛冠军；2004 年"华鼎杯"广西围棋联谊赛第一名；2005 年"广陆杯"桂林新春围棋联谊赛（A 组）第一名；"2007 广西领导干部迎春围棋赛"第一名；2011 年"浦发银行杯"广西领导干部围棋赛棋士风格奖；2011 年"达科杯"首届华南业余围棋名人赛个人赛季军；2019 年广西围棋精英邀请赛第一名。

黄省（1899 —1985），字槎客，桂林人。1915 年，考入广西法政学堂。1919 年毕业，投身教坛 30 年，教书育人。曾任教兴安、平乐中学及桂山、桂林中学。曾任桂林市第四届政协委员，1981 年，被聘为广西文史馆馆员。

先生家学深厚，博识多能，在诗棋书画方面尤为突出，兼品性宽和，幽默豁达。毕生诗赋数千，多咏家乡风物，生动传神。其修撰桂剧唱词，绘情述境，韵律铿锵。其书法铁画银勾，堪为后范。先生对桂林围棋之贡献无人能及，其亲授弟子或再传弟子多成桂林、广西主力，更有如唐盈、唐崇哲等获全国冠军者。

黄进先，1943 年 8 月生，桂林人，职业六段。曾任中国围棋协会副主席，《中国围棋年鉴》编委，河南省围棋队总教练。

1965 年，入选中国围棋队，获第 3 届全运会个人赛第八名。在他主政期间，河南队培养出全国冠军刘小光九段、女九段丰云，以及汪见虹九段、周鹤洋九段、王檄九段、王冠军八段等高手。很多外省队员也到河南参训，一时河南有"第二国家队"的美誉。不少广西棋手也曾到河南接受他的训练，如全国女子冠军唐盈初段、"新人王"邹俊杰五段、潘峰四段、中国业余围棋强豪唐崇哲 7 段等。

黄文，业余 5 段，中小学一级教师。桂林市 2016 年职工赛第一名。从事围棋教学三十多年，所教学生多次在广西、桂林获得优异成绩，擅长围棋启蒙教学，全国职业女子围棋冠军唐盈等曾由其启蒙。

黄建云，1962年生。1976年全国比赛（合肥）广西队队员，1977年全国比赛（哈尔滨）裁判。1978年第4届全区运动会少年男子冠军、团体冠军（少年选手），1978年全国少年比赛（温州）广西队队员，1979年全国少年比赛（沈阳）广西队队员，1983年第二届柳州市工人运动会男子个人冠军，1986年全国比赛（苏州）广西队队员，1987年全国比赛（石家庄）广西队队员，1988年全国比赛（杭州）广西队队员，1989年全国比赛（武汉）广西队队员。2011年第12届全区运动会团体亚军。第一、第二届桂林市"围棋十强"。1986年全区运动会裁判长，1991年全区运动会副裁判长。1989年任国家级裁判，1990年"应氏杯"世界青年围棋赛裁判。

梁瑞琼，1975年11月生，业余5段，国家一级裁判，新育苗围棋培训学校校长。1990年入选广西围棋队，多次代表广西女子队征战全国赛。1990年全国青少年"希望杯"女子组第三名；1993年、1994年广西女子成年组冠军；1996年广西第8届全运会女子围棋第二名；2012年广西围棋女子棋王赛冠军；2019年第14届区运会围棋女子团体冠军；2022年第十五届区运会围棋女子个人冠军。

彭朋，1949年10月生，上海人。桂林市围棋协会主席，高级经济师，桂林广陆数字测控股份有限公司董事长。公司2007年在深交所成功上市，曾多次被评为广西和桂林著名企业。公司长期以来支持桂林市围棋运动，多年来连续赞助"广陆杯"桂林市围棋联赛，并积极组队参与比赛。广陆队曾多次获得桂林围棋联赛甲组冠军。

葵忠阳，1947年生。师承桂林中学退休名师黄省先生。围棋高级教练，曾任桂林棋院负责人。现为城围联华智围棋俱乐部顾问。

1972年，调入桂林市体委任围棋教练，兼少年宫教练；1973年，代表广西赴郑州参加全国围棋邀请赛，获青年组第六名；1972年、1974年、

1977年在桂林市组织、承办中日围棋对抗赛；1976至1977年，入选国家围棋集训队；1985年，回到桂林市体委任专职围棋教练直至退休；1985年，在桂林组织、举办第6届"新体育杯"全国围棋赛；1989年，与白起一组队赴美国洛杉矶参加第二届中华围棋锦标赛，夺得团体冠军；1989年，任广西围棋队教练，1993年，获高级教练职称。

著有围棋专著《弃子战术》。在全国围棋赛以上的比赛中获得名次的弟子有：邹俊杰、唐盈、刘青琳、王民学等。

雷翔，1957年生，四川成都人。现任中国围棋协会副主席、广西围棋协会主席、华智体育产业股份公司董事长。"全国优秀企业家""全国群众体育先进工作者"等称号获得者。

曾任桂林市副市长（1998—2000）。在桂林期间，大力支持围棋活动。2000年，调任广西建筑综合设计研究院院长，2007年，改制为华蓝集团，任董事长兼总经理。

2007年，成立广西华蓝围棋俱乐部，组建广西华蓝围棋队参加中国围棋甲级联赛（2007—2015年）。曾在桂林举办"上漓江"专场。2011年，华蓝集团建成了建筑面积1.3万平方米的南国弈园，成为广西围棋活动的主要场地。2015年1月31日，雷翔发起成立城市围棋联盟（简称"城围联"），创立了城市围棋联赛。城围联是国内首个由企业主导、以联盟形式运作的大型围棋联赛，并支持桂林市2015年起组队参与。

雷业祚（1896—1952），号永锡，桂林全州人，清朝吏部郎中雷祖迪第五子。1928年，日本棋手濑越宪作七段将他评议为五段（以吴清源为九段作参照）。1928年，其父在京城去世后，扶柩返还老家桂林全州，后长期居于全州龙水镇。1942年，抗战期间曾在桂林参与创建中国围棋研究社并组织围棋比赛，李济深亲笔书写"文艺之光"四字为贺。雷永锡有三子一女：雷修志（霖）、雷修宪、雷修德、雷静贞，俱喜好围棋。在1948年《围棋通讯》第5号刊中标注当时的通信地址为"广西桂林正阳街173号广西面粉厂"。

雷业祐（1900—?），号葆申，桂林全州人，清朝吏部郎中雷祖迪第七子。1928年，日本棋手濑越宪作七段将他评议为六段（以吴清源为九段作参照）。1943年曾在《华文震华》刊物上署名连载《围棋初步》；新中国成立初曾与其弟雷溥华在北京中山公园开设棋艺室，聂卫平、聂继波、聂姗姗兄妹最早曾在此学过棋。聂卫平后来在回忆个人的围棋成长时说过幼年"曾得到棋坛前辈过旭初、雷葆申的指导"。1952年，北京棋艺研究社成立时，雷葆申被聘为棋社专职研究员。1953年，棋社成立社务委员会，雷葆申为委员兼秘书组组长及编辑委员会委员。1957年，与过惕生合作编著《围棋》一书，由北京人民体育出版社出版。《吴清源对局全集》中收有山崎有民、雷葆申、吴清源（白）对吴涤生、雷溥华、崔云趾（黑）一局联棋棋谱。1951年9月，在北京举行的雷溥华、陈藻藩、崔云趾、过旭初（黑）对过惕生、雷葆申、金亚贤、汪振雄（白）棋赛，是新中国最早的一局联棋比赛。

雷业祐（1902—约1968），号溥华，桂林全州人，清朝吏部郎中雷祖迪第八子。1928年，日本棋手濑越宪作七段将他评议为七段（以吴清源为九段作参照）；1934年，日本木谷实六段认为雷溥华具有日本职业三段棋力；1934年6月6日《时事新报》［无锡通讯］"围棋国手游锡"曾载：我国围棋国手吴清源（5段）及日本名棋手木谷实（6段）、安水一（4段）、田刚敬一及围棋名宿顾水如、刘棣怀、雷溥华等，于3日上午，由沪伴同来锡，由薛汇东顾就杨氏画舫，驶往太湖鼋头渚等处游览，当在舟中开始对弈，一局系吴清源对薛。翌日无锡围棋社全体社员，在公园池上草堂开欢迎会，并举行中日大联棋，双方各席4人均用高路战法，争扭虽剧，未及终局，而四周观众，甚为挤堵。吴等于当晚8时离锡返沪。1942年日本承认雷溥华为四段。《吴清源对局全集》中收有雷溥华（黑）对吴清源（白）三局棋谱，雷溥华二胜一负；另有山崎有民、雷葆申、吴清源（白）对吴涤生、雷溥华、崔云趾（黑）一局联棋棋谱；新中国成立初曾与其兄雷葆申在北京中山公园开设棋艺室，聂卫平、聂继波、聂姗姗兄妹最早曾在其中学过棋。聂卫平后来在回忆个人的围棋成长时说过"雷溥华先生是陈老总直接指派教我的"。1951年9月，在北京举行的雷溥华、陈藻藩、崔云趾、过旭初（黑）对过惕生、雷葆申、金亚贤、汪振雄（白）棋赛，是新中国最早的围棋联赛。1952年，北京棋艺研究社成立时，雷溥华被聘为棋社专职围棋教练。

黎小泉，1950年5月生，桂林市围棋协会副主席，桂林市快乐围棋俱乐部主席，桂林市春风诗社副社长。

1962年学习围棋，曾师从广西围棋冠军袁兆骥老师和桂林围棋界高手、文化名人黄槎客老师。1988年桂林市"青旅杯"季军；2007年桂林市围棋联谊赛（A组）亚军；2007年5月，组建桂林市快乐围棋俱乐部；2012年9月，参加第六届全国历史文化名城围棋赛，获团体赛第5名；2013年4月，获桂林市"五一"职工围棋擂台赛团体赛季军；2015年12月，获"广陆杯"桂林市围棋联赛乙级队冠军；2018年11月，获广西全民健身运动会围棋团体赛第7名；2019年10月，获桂林市快乐围棋双人赛冠军。

黎念念，1987年11月生，业余6段。1998年，全区少年女子冠军；2005年，世界业余混双冠军；2017年，全运会业余女子组第七名；第十四届全运会业余围棋女子个人冠军。

潘世兰，生于1940年，桂林人，桂林著名棋家——潘家传人。曾获1966年桂林市围棋男子个人冠军，20世纪80年代初曾代表桂林参加广西围棋赛，获个人第三名。后担任围棋教练，培养了广西女子冠军古萍、梁瑞琼及男子冠军王民学等人。

潘峰，1983年6月生，职业四段，任教于桂林希望之星围棋学校。曾进入全国个人围棋锦标赛十强，多次进入"名人""天元"等棋战本赛。